中国电建
POWERCHINA

中国电建集团西北勘测设计研究院有限公司

U0560442

水利绿色发展技术丛书

疏浚底泥生态袋 在河道岸坡 建设中的应用

严耿升　胡向阳　王宝　赵成　高德彬 等　著

中国水利水电出版社
www.waterpub.com.cn
·北京·

内 容 提 要

本书首先对当下疏浚底泥资源化利用的主要方式和存在的问题进行了综述，在分析了灞河河道底泥的基本性质及重金属污染情况的基础上，着重讨论了生物炭和蛭石添加对疏浚底泥污染物淋滤、肥力及可植性的影响，同时系统介绍了疏浚底泥生态袋工程力学的提升方法。

本书可为从事水利水电、环境科学与工程、市政工程等相关专业的技术人员提供借鉴参考，也适合作为相关院校师生的教学参考用书。

图书在版编目（CIP）数据

疏浚底泥生态袋在河道岸坡建设中的应用 / 严耿升等著． -- 北京 ： 中国水利水电出版社， 2024. 11.
（水利绿色发展技术丛书）． -- ISBN 978-7-5226-2956-8

Ⅰ．U656.31

中国国家版本馆CIP数据核字第2024V8Z702号

书 名	水利绿色发展技术丛书 **疏浚底泥生态袋在河道岸坡建设中的应用** SHUJUN DINI SHENGTAIDAI ZAI HEDAO ANPO JIANSHE ZHONG DE YINGYONG	
作 者	严耿升 胡向阳 王 宝 赵 成 高德彬 等 著	
出版发行	中国水利水电出版社 （北京市海淀区玉渊潭南路 1 号 D 座 100038） 网址：www. waterpub. com. cn E - mail：sales@ mwr. gov. cn 电话：（010）68545888（营销中心）	
经 售	北京科水图书销售有限公司 电话：（010）68545874、63202643 全国各地新华书店和相关出版物销售网点	
排 版	中国水利水电出版社微机排版中心	
印 刷	清淞永业（天津）印刷有限公司	
规 格	184mm×260mm　16 开本　13.75 印张　277 千字	
版 次	2024 年 11 月第 1 版　2024 年 11 月第 1 次印刷	
印 数	0001—1000 册	
定 价	**88.00 元**	

前　言

在我国很多城市，由于城市管网建设和雨污分流不到位，大量生活污水和工业废水未经处理直接排入河道，导致河道水体出现季节性甚至常年性黑臭现象，严重影响河道沿岸居民的生产和生活。对底泥进行疏浚是消除黑臭水体的最有效手段之一。然而疏浚工程会产生大量含有污染物的疏浚底泥，如何对疏浚底泥进行处理和处置已成为底泥疏浚工程能否顺利开展的关键。另外，在黑臭水体治理过程中，除了要对底泥进行疏浚以外，往往还需要将传统的硬质岸坡改造为生态岸坡，以恢复河道水体自净功能。目前常用的生态岸坡建设方法是堆砌生态袋。建设生态袋岸坡需要大量的营养土以填充生态袋，而填充生态袋的营养土主要是地表营养土，剥离地表营养土不仅会造成生态破坏，而且地表营养土的购置成本也较高。因此，如何获得环保且经济的营养土是生态袋岸坡建设工程必须解决的问题。

尽管疏浚底泥中含有一定量的污染物，但其同时也含有大量的有机质、氮、磷、钾等各种植物生长必需的营养元素，供肥能力较强。若疏浚底泥可以用作生态袋的填料，不仅可以解决底泥的出路问题，同时也为生态袋找到了合适的填料。但是疏浚底泥是一种含有一定的污染物高含水率材料，将其用作生态袋填料需要解决3个问题。一是控制生态袋中河道底泥所含污染物淋滤；用河道底泥填充的生态袋堆放在河道岸坡时，必定受到降雨和河水的淋滤或冲刷作用，在此情况下，疏浚底泥中的污染物将不断向外迁移，因此有必要控制疏浚底泥中污染物向外淋滤，防止其对河水造成二次污染。二是生态袋在岸坡使用时，往往都是以堆叠的形式进行码放，在此情况下，疏浚底泥将发生固结变得过于紧实，透水和透气性能将变差，所以用疏浚底泥填充生态袋，必须改善疏浚底泥的可植性，使其能够维持绿化植被良好地生长。三是生态袋堆砌在岸边，将经受降雨或河流的冲刷，为了降低地表洪流对两侧岸坡的侵蚀、冲刷，保证河道岸坡稳定，河道底泥填充的生态袋自身以及生态袋与岸坡之间必须具有足够的力学强度。

为解决河道底泥用作生态袋填料时存在的问题，中国电建集团西北勘测设计研究院有限公司联合西安建筑科技大学和长安大学，依托承担的西安市长安区、灞桥区以及蓝田县河道综合治理项目，开展疏浚底泥生态袋在河道岸坡建设中的应用研究，并取得了大量的研究成果。本书依据研究成果编撰而成。全书共分为8章：第1章为绪论；第2章为疏浚底泥基本特性及重金属环境风险评价研究；第3章为疏浚底泥中典型污染物钝化研究；第4章为生物炭和蛭石添加对疏浚底泥理化特性影响的研究；第5章为生物炭和蛭石添加对疏浚底泥可植性影响的研究；第6章为疏浚底泥工程改性强度及水稳性试验研究；第7章为疏浚底泥生态袋与河道岸坡土体界面强度试验研究；第8章为疏浚底泥生态袋抗冲刷性及稳定性试验研究，并建立底泥生态袋的稳定计算模型。

本书第1章由严耿升和王宝撰写；第2章由严耿升和胡向阳撰写；第3章由王宝、张迪和赵亚峰编写；第4章由王宝和张迪撰写；第5章由严耿升和钟建平撰写；第6章由高德彬、赵成和马学通撰写；第7章由杨俊、鲁博和雷颖撰写；第8章由胡向阳、高德彬和李庆斌撰写。全书由严耿升统稿。

本书的研究工作得到了中国电建集团西北勘测设计研究院有限公司的有力支持。部分研究内容反映了西安建筑科技大学和长安大学多名研究生的学术研究成果。在本书撰写过程中，还参考了国内外许多相关文献。在此，对中国电建集团西北勘测设计研究院有限公司、各位研究生以及国内外同行一并表示由衷感谢。

由于目前研究课题成果较少，部分研究还处于探索阶段，书中难免有错误或不完善之处，敬请批评指正。

作者

2024 年 10 月

目 录

第 1 章

绪　论

1.1 研究背景及意义

底泥是河流陆源性输入污染物的主要蓄积场所，同时也是上覆水体潜在的污染源。对于被污染的河流，即使其外源污染物的输入得到控制，但由于底泥中污染物的持续释放，其上覆水体的污染情况在短时间内仍然难以得到改善。疏浚是治理黑臭水体的最有效手段，已在众多城市黑臭水体治理工程中得到应用。但是，疏浚工程中会产生含有大量污染物的疏浚底泥。例如，浙江省在"十三五"期间疏浚底泥的产生量达到了 3.5 亿 m^3。河流污染底泥疏浚如图 1.1 所示。如何对疏浚工程中产生的大量底泥进行处理已成为疏浚工程能否开展的关键。

目前，处理疏浚底泥的方法主要有土地填埋和土地利用。土地填埋是应用最广泛的一种方法，如图 1.2 所示。然而，填埋需要占用大量土地，对于土地资源相对短缺的地区，想要获得足够的疏浚底泥处置场地极为困难。另外，疏浚底泥在填埋过程中有可能对地下水造成二次污染。为此，很多地区选择将疏浚底泥简单堆肥后用作土地肥料，但疏浚底泥中往往含有一定量的污染物，这些污染物有可能造成土壤质量下降，进而影响农作物食品安全，最终给人类的健康造成危害。事实上，疏浚底泥的土地利用很难得到当地环境保护部门和农业管理部门的批准。因此，开展疏浚底泥的处理与处置研究就显得尤为重要。

图 1.1 河流污染底泥疏浚　　　　图 1.2 疏浚底泥处置场地

在城市黑臭水体治理工程中，除了要对底泥进行疏浚以外，往往还伴随着硬质岸坡的改造问题。在城市建设初期，大部分城市河流的岸坡是使用水泥或浆砌石建设的硬质岸坡，这类岸坡具有耐水流冲刷的特点，传统硬质岸坡如图 1.3 所示。然而，硬质岸坡破坏了河流与周围地下水之间的水力联系，另外，硬质岸坡不适合动植物寄居生活，导致动植物物种多样性减弱，生态系统退化，进而导致水体自净能力下降。

　　20 世纪 80 年代，国外水利与生态环境方面的专家对岸坡建设技术进行反思，提出了生态岸坡的理念。所谓生态岸坡是指在达到传统河流治理目标的基础上，采用亲近自然的方法建设岸坡，恢复水体与岸边的生态联系，并恢复岸坡生态系统。目前，日本、美国和欧洲很多国家的岸坡建设都是在这一理念指导下进行的。我国目前正在推进的城市黑臭水体整治工作中，也对水体的岸坡生态建设提出了要求。堆砌生态袋是目前常用的水体岸坡建设方法，如图 1.4 所示。然而，填充生态袋需要大量的营养土，若剥离地表营养土作为生态袋填料，不仅会破坏生态环境，还会导致工程建设成本增加。所以，使用地表营养土填充生态袋在环境和经济两个方面都受到了制约。

图 1.3　传统硬质岸坡　　　　　　图 1.4　堆砌生态袋在水体岸坡
建设中的应用

　　基于此，本书提出将疏浚底泥用作生态袋填料，不仅可以解决其处理与处置难题，同时还能减少地表营养土剥离，并降低购买生态袋填料的费用，具有明显的环境效益和经济效益。

　　然而，尽管疏浚底泥含有一定量的营养盐（氮、磷和钾）和有机质，具有作为生态袋填料的潜质，但疏浚底泥中还含有一定量的污染物，当其作为生态袋填料使用时，若污染物的淋滤得不到控制，将会对环境造成二次污染；另外，疏浚底泥的可植性（营养盐比例、容重和渗透系数等指标）并不理想，直接作为生态袋填料可能很难维持植被良好生长。因此，在使用疏浚底泥作为生态袋填料时，有必要对其所含污染物的淋滤行为进行控制，并改善其可植性。

　　生物炭和蛭石是多孔轻质吸附材料，具有来源广泛、价格低廉以及无二次污染等众多优点，被广泛用于土壤污染控制和可植性改良。本书研究将两者混合添加到底泥中，分析其混合添加对疏浚底泥中污染物淋滤行为和可植性的影响，研究结果将为疏浚底泥用作生态袋填料提供理论指导。该技术的成功应用，将为黑臭水体治理工程提供强有力的技术支持。

1.2 研究目的

生态袋堆放在河道岸坡时,必定受到降雨和河水的淋滤作用,在此情况下,疏浚底泥中的污染物将不可避免地要向外迁移。所以将疏浚底泥用作生态袋填料面临的第一个问题是如何控制疏浚底泥中污染物向外迁移,防止其对河水造成二次污染。另外,生态袋在岸坡使用时,往往都是以堆叠的形式进行码放,在此情况下,生态袋中的疏浚底泥将发生固结而变得紧实,透水和透气性能将变差;而且疏浚底泥中营养物质含量不均衡,单纯的疏浚底泥难以维持绿化植被正常生长。所以,将疏浚底泥用作生态袋填料面临的第二个问题是如何对疏浚底泥的肥力质量(物理和化学特性)进行改良,使其满足绿化植被生长的要求。再有,生态袋堆填在岸边,将经受降雨和河水冲刷,为了削弱地表洪流对两侧岸坡的侵蚀、冲刷能力,需保证河湖两侧岸坡稳定。由此,疏浚底泥用作生态袋填料时面临的第三个问题是堆砌在岸坡两边的生态袋必须具有足够的力学强度。

此外,基于以上问题,有必要开展疏浚底泥环境风险控制及肥力改良的研究和疏浚底泥生态袋在生态岸坡建设中工程力学特性的研究。通过以上研究,将为疏浚底泥处理以及生态岸坡建设奠定坚实的理论基础,具有显著的社会效益、环境效益和经济效益。

1.3 国内外研究现状

1.3.1 疏浚底泥中污染物的淋滤与释放行为

邵立明等研究了上海市杨浦区虹江底泥中污染物在降雨作用下的淋滤行为。结果显示,在降雨淋滤作用下,底泥中的硝酸盐会大量溶出,特别是第一个植物生长季节中,污染物淋滤最为严重,另外底泥中的重金属镉和汞也会随着雨水向外迁移,对地表径流和地下水造成污染。孟波研究了降雨作用下滇池底泥中有机质、氮和磷等污染物的淋滤行为。试验结果显示,滇池底泥颗粒较细、孔隙度低、渗透性差,雨水较难进入到底泥中,底泥中污染物淋滤释放量较小。李磊等对西五里湖的疏浚底泥和经过固化后的疏浚底泥进行了污染物淋滤对比研究。结果表明,在降雨作用下,未经固化的底泥中的氮、磷和有机质等污染物会持续向外部淋滤,对周围的环境造成一定污染，而经过固化处理后的底泥向周围环境释放的污染物的量要少得多。

黄雪娇等采集了四川省泸州市泸县玉龙湖中心部位水平面 6～7m 处的底泥进行污染物释放试验。其研究发现，底泥中磷会快速释放进入上部水体，特别是在前 50d 内，其释放速度极快。周锴等系统研究了太湖河口及调水区河流的水动力条件对底泥中氮和磷释放的影响；他们采用直水槽模拟河流的水动力条件变化情况，分析上覆水体中总磷和总氮的平均释放速率；试验结果显示，上覆水体中总磷的释放速率随着水体底部切应力的增大而增大，随着底部压强的增大而减小，总氮的释放规律与总磷类似。李雨平等以无锡市滨湖区某一河道为试验点，研究过氧化钙联合生物炭原位覆盖技术对底泥污染物释放的控制效果；试验结果表明，该技术可以提高底泥孔隙水中溶解氧的浓度和氧化还原电位，促使氨氮、化学需氧量（COD）和总磷浓度下降。金晓丹等采集了长江河口青草沙水库的底泥，对其中磷的释放行为进行了全面分析，研究结果显示，底泥中磷具有向上覆水体释放的趋势，释放的磷主要来自 Fe/Mn 结合态磷、钙结合态磷以及有机磷。李运奔等采用室内模拟试验，在静态和动力扰动两种不同的情况下，研究了太湖西岸区、梅梁湾以及东太湖底泥中总氮和总磷的释放行为；试验结果显示，各研究区域底泥氮和磷营养盐释放能力较强，总氮、总磷释放速率分别在 $7.26～29.65mg/(m^2 \cdot d)$ 和 $0.37～1.42mg/(m^2 \cdot d)$ 之间；他们在研究中还发现，脱水固结处理后，底泥内源氮、磷释放能力尤其是总氮释放能力明显减小。

1.3.2 疏浚底泥污染物钝化

1. 水泥、石灰、粉煤灰等钝化疏浚底泥研究

钝化是指在底泥中加入特定的材料以减少底泥中的污染物向外界环境中淋滤。目前常用的钝化材料主要有水泥、石灰以及粉煤灰等。

水泥是底泥钝化处理技术中经常使用的材料。水泥钝化技术是通过水泥的水化反应将底泥中的污染物包裹以及使底泥中污染物转化为低迁移形态以实现污染物控制。Careghini 等使用水泥钝化处理汞污染底泥，其试验结果显示，水泥能够有效降低底泥淋滤液中的汞浓度。魏丽等使用普通硅酸盐水泥作为钝化剂对某市含重金属底泥进行钝化处理，其研究发现，通过向疏浚底泥中加入 10%～25% 的普通硅酸盐水泥，可以有效降低底泥中重金属的淋滤量。

近年来许多学者尝试使用石灰对疏浚底泥中污染物进行钝化。石灰主要通过提高底泥 pH、降低底泥中重金属有效态比例实现钝化重金属污染物。苏良湖等研究发现，当石灰投加量为 75g/kg 时，底泥中锌、铅、钡和锰的淋滤量分别降低了 72.8%、67.6%、34.9% 和 94%；但石灰投加量过多会导致底泥体积增大，不利于底泥后续处置。然而，也有研究指出石灰钝化效果不稳定，对污染物的钝化持久性

弱，且石灰呈强碱性，过高施入量会造成底泥中水生植被死亡。

为了降低钝化成本、实现固体废物资源化，科研人员使用各类工业固体废物对底泥中污染物进行钝化。工业废物一方面可以通过与碱激发反应生成水化硅酸钙凝胶等物质包裹底泥中的污染物，另一方面还可以通过提高底泥 pH 或吸附作用钝化底泥污染物。张鸿龄等向疏浚底泥中添加了碱性炉渣和锯末以钝化沈阳细河重污染疏浚底泥中的重金属镉、铜、铅和锌，其研究结果显示，钝化剂的添加可以显著降低疏浚底泥中重金属污染物向紫花苜蓿中转移，紫花苜蓿地上部分和根部对重金属的富集系数和转移系数均小于 1.0。随后，张鸿龄等还尝试使用粉煤灰和炉渣对疏浚底泥中的重金属进行控制，其研究结果表明，两种钝化剂加入后，显著降低了底泥基质中可溶态重金属的比例，其中交换态、有机结合态的比例下降最为明显，重金属的浸出率大幅度降低。

为了克服单一钝化剂存在的缺点，越来越多的研究将各种钝化剂混合使用。彭丽思等使用水泥、石灰和高炉矿渣作为钝化剂对佛山汾江河底泥进行钝化，其试验结果显示，上述混合钝化剂能够降低底泥中污染物的淋滤量。贾晓蕾使用普通硅酸盐水泥和粉煤灰作为钝化剂，对霞湾港重金属污染底泥进行钝化，研究发现，经过钝化处理后，底泥中的锌、铅和镉的淋滤量有了较为，明显的下降。薛传东等选用粉煤灰和石灰为覆盖物，处理位于滇池东岸的池塘区域内的底泥，研究发现，粉煤灰和石灰可以抑制底泥中氮和磷的释放，同时粉煤灰和石灰不会造成修复水体污染。Chen 等将水泥、碳酸钠和二氧化碳添加至底泥中，结果显示为水泥、碳酸钠和二氧化碳可以降低底泥中锌、铅和镍的淋滤量。Tomasevic 等研究了粉煤灰和高岭石对污染底泥的钝化效果，其试验结果显示，钝化处理后底泥中锌、镍的浸出量显著降低。在底泥中加入硅酸盐水泥，同时加入黏结剂、灰浆、火山灰质材料，底泥淋滤液中铅、镉、砷、铬的浓度明显降低。Dermatas 等向底泥中同时掺加火山灰材料、生石灰以钝化铬和铅，发现底泥中重金属的淋滤量显著降低。

黄雪娇使用三种不同类型的紫色母岩（飞仙关组、蓬莱镇组和遂宁组）、石灰石和方解石对底泥进行覆盖，以降低底泥中磷的释放量，其研究结果显示，三种紫色母岩覆盖层对底泥中总磷向上覆水体释放的抑制作用较强，效果远好于方解石与石灰石。其中，飞仙关组紫色母岩覆盖层对底泥中总磷向上覆水体释放的抑制效果最好，抑制率为 94.4%。李雪菱等则使用成都龙泉山的红壤对底泥进行覆盖控制其中磷和磷向上部水体中释放，其试验结果显示，红壤覆盖可有效控制氮和磷污染物释放，覆盖 60d 后，上覆水中总氮、氨氮的释放抑制率分别为 77% 和 63%。

2. 生物炭钝化疏浚底泥研究

生物炭是将生物质材料在低氧或无氧条件下进行高温热解而产生的一种炭质材料。生物炭具有较强的吸附能力，因此将其作为疏浚底泥的钝化剂成为最近几年研究的热点。谭小飞以水稻秸秆、稻壳、花生壳、木屑、甘蔗渣、油茶壳、水葫芦、竹材和椰子壳制取生物炭，用于钝化污染底泥中的重金属；其试验结果显示，在底泥中添加生物炭后，底泥上覆水体以及孔隙水中的重金属浓度会出现不同程度的下降；据此，研究人员认为生物炭是一种具有潜力的底泥钝化剂。靳前等使用玉米秸秆生物炭钝化黑土和泥炭土中的铅，其试验结果显示，当掺加 500℃温度条件下制成的玉米秸秆生物炭比例达到 3% 时，黑土中水溶态、弱酸提取态和可还原态的铅含量分别下降 64.42%、22.95% 和 22.91%，可氧化态和残渣态铅含量分别上升了 107.58% 和 61.18%；泥炭土中水溶态、弱酸提取态和可还原态铅含量分别下降 48.25%、27.71% 和 22.86%，可氧化态和残渣态铅含量分别上升 71.72% 和 74.49%。施用玉米秸秆生物炭可有效改变土壤中铅赋存形态，促进铅由不稳定态向稳定态转化，从而减轻土壤重金属污染危害。曹琛洁使用污泥基生物炭钝化底泥中铜、镉和铅，研究发现，三种重金属由弱酸提取态和可还原态向可氧化态和残渣态进行转化，底泥经钝化后，三种重金属的淋滤浓度均低于《地表水环境质量标准》（GB 3838—2002）Ⅲ类水质标准。

为提高生物炭对底泥中污染物的钝化效果，研究人员尝试使用各种改良剂对生物炭进行开发利用。曹璟等使用 $FeCl_3$、$AlCl_3$、$MgCl_2$ 和 $KMnO_4$ 为改良剂，芦苇为原材料制成四种钝化剂，用于钝化底泥中的氨氮、硝态氮、溶解性总氮、正磷酸盐、溶解性总氮和重金属，其试验结果显示，在生物炭中添加 $FeCl_3$ 后，底泥上覆水体中的正磷酸盐、溶解性总氮和砷的浓度均具有不同程度的降低，当生物炭经过 $AlCl_3$ 改性后，底泥上覆水体中氨氮、溶解性总氮、正磷酸盐、溶解性总磷和镍的浓度均具有不同程度的降低。

除了使用单一钝化剂以外，研究人员还尝试使用多种钝化剂联合对底泥中污染物进行钝化。李雨平等采用 CaO_2 联合生物炭对底泥中的酸挥发性硫化物和磷形态进行钝化；研究发现，在底泥中添加 CaO_2 和生物炭后，底泥中酸挥发性硫化物含量降低 37.03%，底泥中磷转化为稳定铁铝结合态磷和钙结合态磷。蔡彩媛使用生物炭和白腐霉真菌对底泥堆肥中的重金属进行了钝化；研究发现，生物炭/白腐真菌的添加均能有效降低堆肥中有效态锌和镉的含量；他们还发现，在白腐真菌组、生物炭组和生物炭＋白腐真菌组中有效态锌（二乙烯三胺五乙酸浸提）的提取率分别降低了 45.72%、42.55% 和 43.22%；有效态镉（二乙烯三胺五乙酸浸提）的提取率分别降低了 45.20%、37.15% 和 44.45%。

3. 各种新型钝化剂钝化底泥研究

为提高对疏浚底泥中污染物的钝化效果，研究人员开发了大量新型钝化材料。彭志龙使用氯化钠改性沸石和生物炭两种材料对底泥-土壤混合物中铜、镉和铅三种重金属离子进行了钝化。在 100d 的淋滤试验期间，与空白组相比，经过钝化的底泥施用于土壤后淋滤液中的重金属浓度明显下降，重金属持续释放时间缩短；此外，氯化钠改性沸石与生物炭相比，对三种重金属呈现了更好的稳定效果。任琪琪等使用镧改性膨润土对安徽巢湖疏浚底泥中磷的释放进行控制研究。结果表明，当镧改性膨润土投加剂量为 $1553g/m^2$ 时，70d（好氧 17d 和厌氧 53d）内，对上覆水中的磷酸盐去除率达到 90% 以上，沉积物内源磷释放削减 83.1%，但会引起上覆水体中总氮、氨氮以及硝态氮的增加。Tanyol 等考察了酸和热改性膨润土对磷酸溶液的去除效果，经处理后吸附剂的表面面积增加，对初始磷酸盐浓度为 150mg/L 的最大吸附量可达 21.1mg/g，对磷的去除效果显著高于原状膨润土。Kasama 等研究表明，在磷初始浓度为 99.2mg/L 以及 pH 值为 3.0～7.0 时，羟基铝柱撑膨润土的磷吸附容量可达 634.26mg/g，比未改性膨润土高出 2 个数量级。冯琳琳使用给水处理厂产生的含铝污泥以及含铝废渣控制疏浚底泥中磷的释放，其研究结果表明，铝污泥投加可显著降低上覆水及间隙水中磷的浓度，且投加量越大，上覆水体中磷的浓度越低；另外，她在研究中还发现，在总剂量相同的条件下，一次投加和分次投加对上覆水体中磷浓度的影响无明显差别；铝污泥的投加可将底泥中不稳定、易释放的弱吸附态磷（NH_4Cl-P）、氧化还原敏感态磷（$BD-P$）转化为稳定、不易释放的金属氧化物结合态磷（$NaOH-rP$）和盐酸提取态磷（$HCl-P$），但对残留磷（$Res-P$）含量影响不大，即铝污泥的投加可使底泥中的磷形态变得更稳定，能够达到锁磷的目的。

1.3.3　疏浚底泥可植性改良

使用天然材料对疏浚底泥的肥力进行改良，使其满足绿化植被的种植和生长需求是目前研究人员关注的重要课题之一。石稳民等向襄阳护城河清淤底泥中添加了水稻秸秆和玉米秸秆粉，并辅以其他矿物粉料，以 75：15：10 的比例进行混合，然后进行快速堆肥，制作绿化种植土，其试验结果显示，经过肥力调控的河流底泥可以满足上海青、栀子花和月季等植被的生长要求。冯波等向武汉某湖泊的疏浚底泥中添加脱硫石膏和有机肥对其肥力进行改良，研究发现，添加了改良剂后，底泥的理化指标得到明显的改善，有机质、有效磷和速效钾等营养元素的含量显著提高；他们使用改良后的底泥种植高羊茅、狗牙根、碱茅草和月见草，其研究结果显示，改良后的底泥能够满足上述四种植被的生长需要。

张茅等使用水泥、秸秆、锯末、稻壳、有机肥和复合肥对疏浚底泥的可植性进行改良，并使用改良后的底泥作为基质材料种植黑麦草、马蹄金、高羊茅、红三叶草、白三叶草、四季青以及结缕草等植被，研究发现，向底泥中添加 10% 秸秆、5% 锯末、稻壳以及 3% 的复合肥能够对底泥的肥力进行调节，改良后的底泥无论是植被的发芽率还是后期的长势都要好于未改良底泥。

卢珏等向疏浚底泥中添加不同比例的泥炭和珍珠岩对疏浚底泥的可植性进行改良,研究其作为园林绿化基质的可行性,她们在研究中采用盆栽试验种植了狗牙根和凤仙花来确定最佳配方。其研究结果显示,利用70％底泥堆肥+10％泥炭+20％珍珠岩的配方,狗牙根草播种第12d的发芽率达到89％,植株的鲜重增加至0.14g,株高增加至3.80cm,植株叶面积增加至9.04mm^2;凤仙花植株鲜重由2.86g增加至8.27g,植株株高由8.00cm增加至18.50cm。经过可植性改良后的疏浚底泥更适合植被生长。

胡浩南以疏浚底泥为主要原料,利用粉煤灰和中药渣作为改良剂,采用极端顶点法设计了16种物料配比,通过田间试验将基质原料按体积比均匀混合铺放在塑料薄膜上种植矮生百慕大草,至草皮成卷成坪;种植期间测量草皮生长和品质指标,待草皮成坪后采集植株、土壤样品进行测试分析。采用响应面法分析疏浚底泥、粉煤灰、中药渣三种物料与草皮生长和品质指标及综合品质的关系,通过混料逐步回归构建数值模型,筛选最优基质配比。

由此可以看出,目前的研究都是针对南方河流开展的,而针对西北地区河流的研究还不多见。当下,研究在进行污染物淋滤控制时,为了控制效果,使用了大量的人工合成钝化剂,这些钝化剂技术还不太成熟,而且价格高昂,无法大规模使用。更为重要的是,这些钝化剂在使用过程中可能还会对周围环境产生二次污染。由于河道生态岸坡工程量巨大,而且与修复水体紧密相连,因此有必要采用廉价易得、对生态环境友好的钝化剂来控制疏浚底泥中污染物向外淋滤。

1.3.4 底泥工程改性

国外在土壤固化剂方面的研究兴起于20世纪40年代,在20世纪70年代左右,土壤固化剂在欧美等发达国家取得了较为广泛的应用。早期的研究也多是集中在以水泥、石灰等为原料,再掺入能增加强度的无机类土壤固化剂,或是将工业废弃物与熟石灰等无机材料混合得到有利于环境保护的固化剂。

早期单一的无机类土壤固化剂由于强度低、易开裂、抗渗性差等缺陷不能满足当今市场的需求。因此,随着技术的发展,固化剂的研究也逐步由无机类土壤固化剂向着有机类、离子类及生物酶类的土壤固化剂发展。除了增加原有固化剂的强度外,还研究出能显著提升土壤的加州承载比(CBR)值和塑性指数的固化剂,以及可以有效提高土壤的加固、排水和过滤功能的固化剂等多种新型固化剂。

Locat等通过定量分析底泥矿物组成及比表面积,探讨了底泥基本物理化学性质与黏土矿物的相互作用关系,发现底泥的岩土工程性质取决于不同黏土矿物的相对比例和本身结构。Tomohisa等提出采用混凝土粉渣、纸浆废渣、粉煤灰对含水率高和有机质含量高的土壤进行固化处理。Attom等利用约旦地区常见的橄榄废弃物对伊尔比德的四种不同的高含水率底泥开展固化试验研究，发现橄榄废弃物具有良好的经济适用性。Tsuchida 等采用一种新型的轻质土工材料——EPS 颗粒配合水泥来固化东京湾底泥，发现其具有显著的固化效果。

Tremblay 等利用掺入多种不同的有机物来研究有机物对水泥土的固化影响，结果表明，一些有机物会阻碍土体强度的形成，另一些有机物只会延迟水泥的水化反应但并不会影响土体强度，有机物与水泥作用会改变孔隙溶液 pH 值，进而会影响水化产物的生成及固化土的最终强度。Phetchuay 等研究了以粉煤灰和碳化钙残渣为主要成分的土工聚合物对海相底泥的固化效果，试验结果表明，该复合固化剂相对于水泥更绿色环保，且具有更强的黏合性。

我国对土壤固化剂的研究起步较晚，大约从 20 世纪 90 年代才开始较大范围地引进并研究国外的土壤固化技术，并在国外研究的基础上，对我国自己的土壤固化剂进行研发。早期研究成果多以无机类土壤固化剂为主，但随着国内诸多学者不懈的研究探索，经过近 30 年的研究，我国在不同类型的固化剂研究方面皆取得了一系列成果，并已付诸实际运用。在实际工程应用中，底泥质土固化材料的类型较多，按其主要成分可分为有机化合物类、无机化合物类、离子交换类、生物酶类和复合型固化剂五大类。按固化材料发展过程和实用性进行分类，分为传统固化材料和新型固化材料两大类。其中传统固化材料包括水泥、石灰和粉煤灰等，有时也会在其中加入一些工业废料如高炉矿渣、碱渣、废石膏等材料得到复合固化材料。新型固化材料是指各种专用固化剂，包括有机高分子材料、纳米材料等固化材料。梁文泉等研制出一种由特殊二氧化硅及活性铝、铁等组成的白色粉末状无机胶结材料——GA 新型土壤固化剂，其能够固结黏土、底泥粉砂等。黄殿瑛等通过对外加剂的研究得出，硅粉的掺入能够有效减少水泥的用量，且强度也能得到显著的提高。荀勇对水泥中掺入粉煤灰和磷石膏固化软土进行了试验研究，并从微观机理上对固化土强度的形成进行了探讨。研究表明，各龄期下的固化土强度指标均不同程度地优于纯水泥土。裴向军等介绍了粉煤灰的活性组成与测定方法，阐述了水泥土环境中粉煤灰的水化机理，并进一步从机械磨细、热合成、化学激发这 3 个不同角度阐述了水泥土环境中粉煤灰活性的激发方式，并选出了一种复合型激发剂，通过电子显微镜观察等手段指出所选复合型激发剂是行之有效的。王银梅等针对我国黄土进行固化试验，开发了新型高分子固化材料 SH，试验结果表明，经固化材料 SH 固化处理的黄土不但强度高、耐低温、能抗水，而且工程性能优越。邵玉芳等针对西湖疏浚底泥进行了含水率对其固化效果影响的试验研究，认为含水率值对固化效果影响很大，若将含水率降至 100% 以下，底泥固化土的强度随固化材料掺入比和龄期的提高均有较大的增长。郭印等利用 FDN（高效减水剂）、水玻璃、生石膏、石灰、氢氧化钠、高锰酸钾和三乙醇胺配制的复合固化剂固化处理底泥，以消除腐殖酸对水泥固化处理底泥质土的不利影响。曹玉鹏等提出采用水泥—生石灰—高分子添加剂等固化材料联合处理高含水率底泥的新方法，拓宽了水泥固化底泥的含水率范围，达到高效廉价处理高含水率疏浚底泥的目的。王朝辉等研究应用新型 CVC 固化剂，即用复合水泥、蛭石和生石灰固化底泥，再将固化后的底泥填筑道路，发现其路用性能效果良好。赵辰洋等将吸水树脂与高含水率疏浚底泥直接拌和，研究了吸水树脂对底泥状态和质量含水率的影响，发现吸水树脂可快速将底泥由流态转为可塑态。唐晓博等发现三乙醇胺作为助磨剂能显著降低水泥颗粒表面的总表面能和黏附功，进而降低了水泥颗粒破碎过程中所需要消耗的能量，同时有利于颗粒的分散，提高水泥的粉磨效率。牛恒等发现掺入二灰与粉煤灰均能提高上海软土的抗剪强度，并且其抗剪强度随着养护龄期增加而显著增大，在某一养护龄期趋于稳定，且灰的掺量并不是越多效果越好，掺入率在 10％左右即可有效提高上海软土的抗剪强度。

由此可以看出，众多研究者针对软土、底泥及黄土等工程改性（固化）材料进行了大量试验研究，取得了众多研究成果。固化材料选型基本可分为传统材料如水泥、石灰等，工业废弃物如废渣、废石膏等，以及新型有机或无机材料如高吸水树脂、三乙醇胺、纤维类等。根据固化材料的发展趋势来看，加大工业废弃物与新型有机、无机固化材料的利用，减少传统固化材料（水泥、石灰）用量，不仅可以达到以废治废的目的，使其资源再生利用，而且可减少对天然资源的消耗以保护自然生态环境。

1.3.5　生态袋岸坡防护及其强度变形

生态袋最早起源于土工袋，土工袋就是将土、石等材料装入土工材料袋体内，构成满足工程要求的袋装物，常用于护坡、挡墙、地基等工程。国外对于生态岸坡的研究相对较早，20 世纪 40 年代开始，美国等西方发达国家对道路两岸的边坡采取一系列措施，进行植被修复工作。1938 年，Seifert 提出了"近自然河流整治概念"，即河流整治工程应保持河流原有的供水、抗旱防涝、保持水土等基础功能，朝着自然生态的方向努力。1957 年，土工袋初次在水系得到应用，荷兰、德国和日本等国家首次利用合成纤维等材料制成袋体，再用来装填沙土，在护岸防冲工程中提供加固力量，其中荷兰的三角洲工程十分著名。1958 年，在美国佛罗里达州，研究人员利用聚氯乙烯所制袋体充当海岸护坡垫层，此后，美国人开始尝试使用高强合成纤维袋进行护坡、护岸工程。之后其他国家相继开始相关的研究和应用。同年，加拿大将聚丙烯材料应用于植被护坡技术中，并完成系统组件合成材料工程，制成生态袋。此后，生态袋以其优异的物理及化学性能，在第二次世界大战后被日本广泛应用，并取得了植被护坡的巨大成功。

1962 年，Shields Jr 提出将自修复生态法与工程相结合，提出生态工程概念；1965 年，Bittmann 提出生物河流工法，最早以芦草、柳树等进行护岸，并将其应用于莱茵河护岸，取得了良好效果。20世纪60年代后期，西方发达国家逐渐认识到硬质护坡形式的推广会对河流生态系统产生较大的危害，并逐步将生态学原理应用于河道治理工程当中；1970年后，瑞士将其发扬光大，开始着手最新的河流生态改善工程，并对原有的河流治理保护措施提出了质疑。20世纪80年代以来，瑞士、美国、日本等发达国家在乡村河流治理方面开始转向综合治理与生态建设。瑞士率先提出了自然型护岸技术；美国研发了土壤生物工程护岸技术。Krahn等对沙袋堤坝材料进行了大型界面剪切试验研究，以考察沙袋对典型堆积沙堤结构和沙袋与沙堤（草）接触的影响，试验成果后来被用于指导加拿大临时防洪工程设计沙袋堤坝的制定。

我国对于生态袋岸坡防护的研究相对较晚，20世纪90年代中期，国内很多学者对国外生态护坡技术进行了研究，在结合国外生态护坡技术的基础上，我国对生态护坡的认识逐渐加深。21世纪以后，我国对于生态袋的应用逐渐增多，对于其研究也逐渐增多。赵航等对河道生态护坡进行了综合论述，分析了不同技术的特点及其适用性和局限性，对比了国内外生态护坡方面的研究现状，分析了其技术差异及存在的问题，总结了不同生态护坡的适用环境。当下，在生态袋护坡技术发展的基础上，对于生态袋袋体特性的研究比较少，更多的是对于土工袋的研究，但两者具有相似性，可以相互借鉴。

Niu等用半解析法研究了PVD（物理气相沉积）埋藏的泥土充填袋的固结问题，应用半解析法和有限元法计算了室内试验案例。通过半解析法和有限元法之间的比较，表明半解析法对于计算室内试验的固结度具有良好的效果。Zheng等通过工程实例和试验数据研究了生态袋结构在季节性冻土区河滨崩塌边坡中的应用，结果表明生态袋可以作为一般的植被友好岸坡防护结构发挥保护土壤的作用。此外，在季节性冻土区的生态水利工程中，生态袋堤岸边坡不仅具有良好的抗侵蚀性和抗霜冻性，还能为植被提供良好的生长环境。刘斯宏等对土工袋做了大量试验与理论研究，极大地丰富了这方面的理论成果。他研究开发了土工袋加固地基新技术，包括土工袋加固地基的基本原理、基本特性，并在日本应用于房屋地基加固、公路路基加固、堤防加固及构筑挡墙等工程；同时，对土工袋进行了减震试验研究，发现土工袋可以有效降低垂直和水平振动，有利于土工袋在地基方面的应用。在膨胀土挡墙掺入土壤的试验研究中，他还提出了一种利用土工膜包埋降低挡土墙侧向膨胀压力的新方法，研究结果表明加入土工袋可以有效降低膨胀土的侧胀压力。另外，对不同袋内装填材料、排列方式以及运行环境（水上或水下）等条件下的土工袋的层间摩擦特性进行试验研究发现，土工袋的层间摩擦力随着袋体沿受力方向变形的增大而逐渐增大，而且水的作用会使袋体的层间摩擦作用减小。姜海波、周波、田巍巍等进行了室内直剪试验，研究了柔性土工材料的界面摩擦特性。其中，姜海波等采用大型直剪和摩擦角测定的试验方法，发现复合土工膜与坝体粗粒料垫层结构面的剪切力—剪切应变关系呈软化性。周波等通过不固结、不排水剪切试验，发现土工织物与土之间的摩擦系数随着含水率的增加而减小。田巍巍通过直剪试验得到了复合土工膜与砂浆之间的摩擦系数以及摩擦特性规律。高军军等采用无侧限抗压强度试验和固结沉降试验等方法研究了袋装底泥土土工袋的强度变形特性，发现底泥土土工袋有较好的抗压强度，可达普通混凝土的 1/10 左右，而底泥土土工袋受压后，含水率有所降低，摩擦角有所增大，而黏聚力有所减小。赵明华等通过现场冲刷试验以及室内模型试验，对试验依托工程边坡防护的草种进行了比选，并对不同固土技术抗冲刷能力进行了对比分析，发现草种宜采用混种形式，边坡达到某一临界坡角后，单位长度边坡土体冲刷量随坡角增大而减小。张静等通过定水头冲刷模拟试验，对土工织物的物理、水力学、力学参数进行了分析，发现物理性参数难以反映冲刷对材料特性的影响，选用拉伸强度等力学性质参数作为材料抗冲刷性能的反映指标较合理。吴海民等进行了土工管袋充填泥砂浆脱水特性的吊袋模型试验，系统研究了袋布织物的孔径、充填土黏粒含量和砂粒占比（砂粒质量占砂、粉粒总质量的比例）对管袋保土性能、脱水速率和脱水程度的影响规律。章华等通过对土工编织袋的室内单轴压缩试验，得到了单轴压缩强度与编织袋拉伸强度的关系及土工编织袋的应力—应变关系，并与理论分析结果进行对比分析，结果发现，单轴压缩试验结果与理论计算结果基本一致。樊科伟等通过对袋装石土工袋剪切力学特性的研究表明，袋装石土工袋层间咬合和嵌固作用能够增大土工袋抗剪强度；咬合作用随着土工袋上部竖向应力的增大有所减小，而嵌固作用则有所增大；袋装石土工袋在剪切过程中会产生两种破坏形式，分别为土工袋袋体自身变形和层间滑动破坏。

由此可以看出，土工袋、沙袋的力学特性研究取得了大量研究成果，这对生态袋的研究具有重要的借鉴参考价值。同时，基于生态袋或生态袋进行边坡（岸坡）生态防护的应用已愈加广泛，特别是河道治理、生态恢复等方面。但是对于生态袋的力学特性、生态袋与岸坡的稳定性等方面的研究成果相对较少，开展生态袋生态岸坡的强度、变形及稳定性研究具有重要的理论与工程实践意义。

1.3.6　疏浚底泥资源化利用

1.3.6.1　农业土地利用

农业土地利用在过去一直是疏浚底泥资源化利用的首选方式，通过向农业或林业土壤中添加疏浚底泥能够增加土壤的营养成分、促进植物生长。国内外学者在疏浚底泥农业土壤利用方面做了大量的研究。Canet 等将西班牙的 Albufera 湖的底泥用于周围农田种植莴苣和番茄，研究结果显示，底泥的施用可显著增加莴苣的产量，但对番茄的生长及产量几乎没有影响。Chen 等利用大运河杭州段疏浚底泥进行发芽试验和盆栽试验，研究发现，疏浚底泥和底泥改良土壤中小白菜的发芽率均显著高于对照土壤，在盆栽试验中，当疏浚底泥施用量在 $540t/hm^2$ 以下时，可提高植株高度和生物量，但随着底泥施用量的增加，小白菜中重金属锌和铜含量呈线性增加。结果还表明，相比于水稻土，底泥更适用于改良红壤土。

朱本岳等利用西湖疏浚的底泥与化肥以 2：8 配混，加工成有机—无机复混肥；施用该复混肥后，蔬菜产量与相等养分量的进口复合肥持平或略有增加，且蔬菜中硝酸盐含量有一定程度下降。朱广伟等研究发现向农田中施用疏浚底泥可以改善农田土壤性状和提高土壤肥力。高俊等以秦淮河南京市区段疏浚底泥为研究对象，将底泥按不同的比例进行土地投放，并进行盆栽试验，分析种植前后混合土样中的有机质、氮、磷、钾以及重金属含量的变化情况，结果表明，底泥中大量有机质分解将会增加混合土壤中有机质、氮和磷等养分的含量，有利于培肥改土。李伟斯等通过研究不同配比的东湖底泥和黄棕壤混合物对小白菜的生长影响，初步探讨了在营养元素和重金属方面利用东湖底泥种植小白菜的可行性，结果表明小白菜在基质中生长状况良好，所培养的小白菜体内镉、铜和锌的含量基本在蔬菜重金属标准范围内。薄录吉等以江苏省常熟市辛庄镇河道疏浚底泥为研究对象，通过盆栽试验研究了四种底泥农用对水稻生长、产量及品质的影响，结果表明，底泥种植的水稻株高、穗数、生物量和籽粒产量均低于普通土壤。

刘旭研究发现乌梁素海的底泥偏碱性，有机碳和钙含量较高，当底泥施用于农田时，能提高农田的土壤肥力，有益于向日葵作物生长，但随着底泥用量增加，环境风险指数也随之增加，在土壤中出现了氮、磷以及重金属过量累积。苏德纯等将官厅水库的疏浚底泥进行改良后构造成土壤基质，用于杏树苗、玉米等植物的栽种，其结果表明，改良后的疏浚底泥是一种良好的土壤基质，完全可以用于种植植被。马伟芳以天津市大沽排污河疏浚底泥为研究对象，通过盆栽试验，研究了玉米、印度芥菜、超积累油菜、黑麦草等七种植物对复合污染疏浚底泥的修复情况及修复机理，并对天津市三大排污河沿岸的植物进行筛选，研究结果表明印度芥菜、黑麦草、玉米和紫花苜蓿可用于修复底泥。杨丹等通过盆栽试验分析了不同比例的河道疏浚添加对土壤理化性质及玉米苗期生长的影响，结果表明，疏浚底泥添加能显著提高土壤有机质、碱解氮、速效磷和速效钾等养分，促进农作物生长。

1.3.6.2 园林绿化利用

疏浚底泥中含有一定量的重金属等污染物，当其在农业土壤中应用时，其中污染物有进入食物链并对人体造成危害的风险。为了避免这种情况出现，研究人员更倾向于将疏浚底泥用于园林绿化土壤。疏浚底泥用于园林绿化土壤可以促进草坪、花木、树木的生长并提高其观赏品质。朱广伟等将景观水体疏浚底泥进行园林利用，发现随底泥用量的增加，高山羊茅和白三叶的干、鲜重都在增加，与未加底泥的土壤相比，两种植被的鲜重在 90d 时分别增加了 3.9 倍和 2.0 倍。朱奇宏等的研究结果显示，马家沟底泥含有一定量营养成分，将其与无机肥料制成的混合肥所含营养物质高于当地的马粪养分，可替代园林绿化工程中常用的马粪肥料，该肥料还能提高一串红的长势和开花质量，促进其提早开花，延长花期，价格也较无机肥更为低廉。

谢瑞桃研究了黑臭底泥在绿化种植中的可行性，将疏浚黑臭底泥用于种植花卉植物和草本植物，她们通过观测植物生长情况，发现黑臭底泥适用于作为绿化植物种植土，且发现其种植温度在 18～22℃ 时，植物的发芽率较高。徐会显等分析了荆江三口地区枯水期疏浚底泥的颗粒特性、化学成分、营养成分以及毒性等特性。结果表明，荆江三口疏浚底泥表现为黏土质砂，主要污染物重金属含量均低于国家土壤标准风险筛选值，适用于土地绿化利用。李成研究了湖北大冶湖疏浚底泥用于栽种多种植被（红叶石楠、茶梅、金叶女贞、杜鹃、大叶黄杨、金边黄杨、尖齿高山栎、小叶栀子和吉祥草）的可行性，研究结果显示，疏浚底泥不适用于种植杜鹃和尖齿高山栎，主要适用于红叶石楠、大叶黄杨和吉祥草的种植。

1.3.6.3　堆肥

底泥中含有丰富的有机物、氮、磷、钾等营养元素以及植物生长必需的钙、镁、铁等微量元素，施加在土壤中可改善土壤结构、提高土壤肥力、促进农作物生长。但是疏浚底泥中同时也含有大量的病原体和寄生虫，以及镉、汞、铅等重金属和多氯联苯、放射性元素等不易降解的有毒有害物质。因此，用于土地利用的底泥必须先经过无毒无害化的预处理，否则底泥中的有毒有害污染物将对周围环境造成二次污染。堆肥是对底泥进行无害化预处理的可行方法。杨星等以疏浚底泥为主要原料，向其中添加粉碎的玉米秸秆、麦麸以及复合微生物菌剂对底泥进行堆肥，其研究结果显示，经过堆肥处理后的底泥，能够满足《有机肥料》（NY 525—2012）的要求，可应用于园林绿化、花卉种植和矿山修复等领域，实现底泥无害化处置和资源化利用。蒋士磊向重金属污染底泥中加入 2% 的秸秆、杂草，经过堆肥后，发现改良后的底泥适合植物生长并且底泥中重金属迁移能力大大降低。

代浩等尝试对疏浚底泥进行堆肥处理，在研究中，为解决疏浚底泥好氧堆肥存在有机质含量低、高温阶段升温不足的问题，他们向疏浚底泥中投加菌剂强化疏浚底泥好氧堆肥效果。其研究结果显示，添加了微生物菌剂后，河道疏浚底泥堆肥温度升高速度加快，且高温阶段持续时间长，高于 55℃ 的时间可长达 9d，满足《粪便无害化卫生要求》（GB 7959—2012）的规定。菌剂投加促进了堆料腐熟，种子发芽指数从 86.9% 提高到 96.3%。试验组和对照组的碳、氮值分别降低了 22.0% 和14.3%，可见投加菌剂还可以提高堆料保氮效果。

1.3.6.4　建材利用

1. 制陶粒和轻集料

同济大学王中平等利用苏州河底泥研制陶粒，产品性能满足相关标准要求。在进行重金属浸出试验时，其成品用王水浸出时，重金属的溶出量大幅下降，在普通水中浸泡多天未发现有重金属浸出；该研究成果显示，使用底泥制作的陶粒对环境不会产生二次污染。李娜等以太湖疏浚土为原料，制备免烧裹壳骨料，并用其替代碎石骨料制备了免烧裹壳骨料混凝土试件和碎石混凝土试件。结果表明当免烧裹壳骨料的取代率为 100% 时，制备的混凝土试件抗压强度为 20.7MPa，符合 C20 级混凝土的标准。混凝土试件经 25 次冻融循环、25d 硫酸盐干湿循环后的抗压强度损失率分别为 8.31% 和 9.28%。

章泓立将疏浚底泥与城镇污泥进行混合，在高温条件下烧制成陶粒，其认为利用疏浚底泥和城镇污泥烧制陶粒是可行的，在经济、生态和社会等多方面可以产生良性效益，值得发展和推广。Lim 等使用疏浚港口沉积物、钢渣和适量炉渣生产轻质骨料，发现在 500℃ 预热 10min，1175℃ 烧结 15min 的条件下，可得到密度为 1.73g/cm³、吸水率为 3.45% 的轻质骨料，另外通过高温烧结工艺，也降低了水溶性氯化物和重金属含量。Liu 等研究发现当 SiO_2 含量在 30%～45%、Al_2O_3 含量在 11%～19% 之间时，由污泥和疏浚底泥经高温烧结制备的轻骨料的综合性能良好。张国伟利用疏浚底泥为原材料制备陶粒，发现底泥掺比 70% 左右时，可以制备出性能优良的陶粒，底泥中重金属经过高温烧结过程完全被固化在陶粒中，其环境风险大大降低。刘贵云和王建超等对疏浚底泥陶粒烧制的工艺条件进行探讨，发现预热温度和预热时间对陶粒的形态结构有显著影响。梁标等使用桂林市古桂柳运河和良丰河的疏浚底泥与大理石废粉进行掺和，然后在 1180℃ 条件下烧制 15min，制成了高强度陶粒，这些陶粒能高效地去除污水中的磷。

2. 制水泥熟料和混凝土

杨磊等利用苏州河底泥生产水泥熟料，其研究表明，苏州河底泥可以满足水泥生料的配料要求，且底泥所含的有机污染物和重金属在水泥生产和产品使用中对环境和人体均不会造成二次污染和损害。Dang 等提出并研究了由硅酸盐水泥与 8%、16% 和 33% 热处理底泥的混合物制成的新型混合水泥，发现底泥可以作为混合水泥生产的新材料来源，但是含有热处理底泥的混合水泥比波特兰水泥需要更长的养护期来发展强度。王雨晴等使用水泥回转窑对疏浚底泥进行处置，在 900～1450℃ 条件下进行煅烧，磨细后用作水泥熟料。Tay 等利用疏浚底泥制备混凝土样品，其抗压强度可达 9～31MPa。

3. 制砖

薛世浩等利用安徽省南淝河底泥进行了制砖试验，结果表明成品符合 Mu7.5 级砖的等级要求，干容重为 1364kg/m³，低于烧结普通砖容重 20%，其导热系数比烧结普通砖低 53%，具有一定保温隔热性能，证明了利用南淝河底泥制砖的可行性。刘贵云等用苏州河底泥进行制砖试验，分别以煤粉和城市污泥为添加剂，通过调节配方可以制得轻质砖，抗压强度达到 $6.7 \sim 9.4 MPa$。通过高温焙烧后，原料中绝大多数重金属固化在成品中。蒋正武等使用疏浚底泥替代黏土原材料烧结多孔砖，该研究表明疏浚底泥属于以二氧化硅为主的黏土质材料，采用合理的混合料配比与生产工艺烧结出的多孔砖与使用黏土为原材料烧结的多孔砖具有相同强度等级，且其各项技术指标均达到或者超过国家标准规定要求。林映津等将疏浚底泥和猪粪、矿渣、水玻璃以及碳酸钙作为添加剂，制作成生态砖。

李启华等向底泥中添加了石灰、水泥，用于制造免烧砖，他们系统研究了水泥掺量、养护温度和时间对底泥免烧砖力学性能的影响，优化了底泥免烧砖的配比组成；在此基础上，探讨了底泥免烧砖的抗冻性能。结果表明：$30\% \sim 40\%$ 的石灰掺量可使底泥—石灰免烧砖有较高的强度；另外，水泥的掺量越高，底泥—石灰—水泥系统免烧砖力学性能和抗冻性能越佳；综合考虑生产、经济因素，养护温度在 80℃ 为最佳。Samara 等将处理过的污染底泥以 15% 的替代率替代砂（石英砂）引入到砖的制造中，结果表明，经底泥改良的砖能满足黏土砖的工程力学要求；此外，对底泥改良砖进行的浸出试验表明，浸出液中重金属的浓度在规定的范围内。

4. 工程填土

Wang 等利用 $23\% \sim 71\%$ 的疏浚底泥制备填方材料，研究发现泥沙的大掺量添加会干扰水泥水化反应，导致填方材料的抗压强度下降，当底泥掺量为 45%、固化剂掺量为 10%，填方材料的抗压强度能达到 4MPa，可用于堤防建设。张春雷等使用粉煤灰和石膏等材料固化底泥，发现固化后的底泥满足筑堤要求，但需要对固化体进行洒水养护以防开裂。Yee 等通过土工布管对轻污染底泥进行脱水，发现经过脱水处理的底泥在水泥固化后可以用于现场部分路面土方工程中。彭丽思等使用水泥、石灰和高炉渣对底泥进行固化，研究固化底泥作为工程填土的可行性；其研究结果显示，单独使用水泥作为固化剂，底泥固化强度随着水泥添加量增加而增强；当部分水泥被高炉矿渣替代时，早期固化底泥的强度降低，但随着固化时间延长，强度有明显提高；当添加少量石灰时，固化底泥的强度显著增加。在试验范围内，用 5% 水泥、20% 高炉矿渣和 5% 石灰（与底泥的质量比）作为固化剂，养护 90d 后固化底泥强度达到最大，无侧限抗压强度和内聚力分别达 3.3MPa 和 224kPa，可满足填筑土要求。金相灿等在分析滇池草海疏浚底泥方案利用时，提到疏浚产生的底泥主要以填筑造地为主。

1.3.7 疏浚底泥实际工程利用

尽管国内不同领域的学者对疏浚底泥的资源化利用方法提出了很多好的建议，然而，大部分的资源化利用方法仍处于概念和试验研究阶段，这些方法从实验室理论走向实际工程还有很多问题需要解决。目前在实际工程中对疏浚底泥已实现部分资源化利用。

1. 襄阳市护城河河道清淤底泥

襄阳市护城河清淤工程产生的疏浚底泥主要用作土方材料。将疏浚产生的底泥破碎分散后掺入固废掺料和水泥固化材料制成工程土，根据颗粒级配和稠度界限，可将工程土划分为低液限黏土类。工程土14d养护龄期的无侧限抗压强度可达到0.53～0.64MPa，CBR值可达到高速公路或一级公路填土要求，固废掺料的加入不会破坏工程土的力学性能，但会增加工程土颗粒粒径。现场规模碾压试验表明资源化工程土可达到填方材料压实度不小于93%的标准。

2. 温岭市九龙汇滞洪区一期工程疏浚底泥

温岭市九龙汇滞洪区一期工程是温岭城区洪涝水北排金清、西排江厦大港的重要工程。工程位于温岭市城区下游，属温黄平原金清水系，总面积为560hm²。工程区沿河开挖量较大，产生底泥和含水率较高的水下土方共计41万m³。将疏浚产生的底泥用作填筑材料，填筑在温岭市西部平原区。

填筑区位于一期工程东西两侧和2km范围外的温峤镇，共划定了48个弃渣填筑区块，占地共计140.79hm²，全部为农田，属于温岭市地面沉降区范围。填筑区现状地面高程为2.50～2.80m，各填筑区块填筑后地表高程控制在3.80m，平均需填高1.10m，可容纳工程全部底泥以及其他弃土。对填筑区周边有道路的区块，可利用道路路基作为挡墙以拦挡底泥；对目前无可利用挡墙的区块，四周修筑干砌块石挡墙，挡墙修筑高度与各区块填筑高度相同，顶宽0.5m。为防止底泥沿干砌块石挡墙缝隙流失，挡墙修筑完毕后沿挡墙边界填筑水上土方（水上土方填筑顶宽不小于2m，填筑内侧采用放坡处理）。

3. 深圳茅洲河污染底泥

深圳茅洲河在环境综合整治过程中共产生300多万m³疏浚底泥，这些底泥通过清淤船、输泥管等从茅洲河干支流输送到底泥厂，处理后形成余水、垃圾、余砂、余土四种产物。余砂清洗后成为建筑用砂，主要用于人工造地、管道工程沟槽回填、防污建筑拌和材料等建筑工程。余土一部分用作工程回填土，一部分作为原料制成陶粒，而用陶粒制成的各种透水砖，透水性能良好，已成功应用于茅洲河沿河景观带建设。另外，部分陶粒还用于潜流人工湿地中的填料。

4. 杭州市萧山区底泥

杭州市萧山区将清出的10万m³左右底泥，通过添加辅料固化后制砖3亿块，按市场销售每块0.6元的平均价格计算，产值达1.8亿元。

5. 绍兴越城区底泥

绍兴越城区将疏浚产生的底泥进行无氧裂解，该技术能将含有重金属污染物的底泥处理并转化成符合林业用土标准的炭泥，不仅节省底泥运输费用，处理后的底泥还能用于作物种植、建筑材料使用等。

1.4　研究内容

底泥含有大量氮、磷、钾等营养盐，接近植被生长土壤，具有用作生态袋填料的潜质。然而，一方面，灞河底泥中含有一定量污染物，如果直接装入生态袋使用，污染物将在降雨和河水的淋滤作用下不断从生态袋内向外迁移，容易对环境造成二次污染；另一方面，疏浚底泥中黏粒含量较多，装入生态袋内后，由于生态袋的堆叠压实，将使底泥板结，阻碍绿化植被生长。再者，为了削弱地表洪流对两侧岸坡的侵蚀、冲刷能力，保证河湖两侧岸坡稳定，堆砌在岸坡两边的生态袋必须具有足够的力学强度。本书围绕灞河疏浚底泥中污染物淋滤控制、可植性改善以及力学强度，将开展以下研究：

（1）国内外疏浚底泥处理处置与资源化利用现状调查。调查国外主要发达国家和我国南方河道密集地区底泥处理与处置、资源化方法，从处置能力、处置效果和工程可实施性角度对各类方法进行评价。

（2）灞河疏浚底泥物理、化学以及环境风险特性研究。分析依托项目疏浚底泥的容重、粒径分布、含水率、pH 值、有机质含量、确定疏浚底泥的土壤障碍因子；测定疏浚底泥中营养盐含量；测定疏浚底泥中重金属含量，对疏浚底泥的污染特性和环境风险特性进行评价。

（3）疏浚底泥中污染物钝化以及拦截阻隔工艺研究。筛选出高效、经济、环境友好的污染物钝化剂；分析钝化剂对疏浚底泥中污染物的钝化效果，从重金属形态变化的角度揭示污染物钝化的机制。研究钝化剂（生物炭和蛭石）添加量对底泥中污染物淋滤行为的影响，从污染物控制的角度确定钝化剂（生物炭和蛭石）最优添加量。开展批式吸附试验和重金属形态分析试验，探究钝化剂（生物炭和蛭石）控制污染物淋滤的机理。

（4）疏浚底泥的可植性改良方法研究。研究无机矿物改良剂（蛭石等）和有机改良剂（生物炭）对底泥肥力的改良效果，建立改良剂添加量和底泥基质肥力之间的定量关系；研究不同生物炭和蛭石添加量情况下，底泥的 pH 值、渗滤系数、密度、水解氮、有效磷等的肥力指标变化规律，获得肥力指标与生物炭和蛭石添加量之间的对应关系。以黑麦草作为绿化植被，开展盆栽试验，研究不同生物炭和蛭石添加情况下，黑麦草生物量、株高、叶绿素、根系活力变化情况，从底泥可植性改善的角度确定生物炭和蛭石最佳添加比例。

（5）底泥生态袋的力学性能研究。通过对底泥生态袋的抗剪特性、抗压特性，以及底泥生态袋与岸坡地基接触面的强度与变形进行试验研究,并根据底泥生态袋堆放方式,建立底泥生态袋的岸坡稳定计算模型,在此基础上,分析岸坡坡度、地质条件、地下水径流等因素对生态袋的安全稳定的影响规律。其主要研究内容为底泥生态袋堆填不同坡比与不同堆放形式稳定性研究和岸坡地基岩土类型模拟及生态袋接触面强度变形试验研究。

(6)底泥生态袋抗冲刷性能研究。底泥生态袋作为河堤、岸坡等滨水构筑物,应具有一定的抗冲刷能力,因此基于改性疏浚底泥的生态袋堆填后,需通过降雨及浸水试验验证生态袋改性底泥的质量损失情况,首先选用人工模拟降雨装置,分析不同雨强下改性底泥的质量损失情况;通过水流冲刷试验分析不同流速、不同历时,生态袋浸水和半浸水状态下的质量损失情况。进而确定适宜岸坡底泥生态袋的材质、结构及孔径等,尤其是生态袋的孔径尺寸。

(7)底泥工程性质改良。针对底泥本身物性掺加固化材料后,对不同掺加量及配比、龄期底泥的强度、变形、水理性质及其改性底泥的微细观结构等进行室内分析,并提出既经济又安全的固化材料类型及最佳配比。本研究通过资料收集及大量室内土工试验,分析不同底泥固化材料,如水泥、粉煤灰、石灰及其他工业废弃材料等掺加剂对底泥工程性能改良的变化规律,优选出既经济又安全的固化材料及其最佳掺加配比量。

(8)建立生态袋稳定性计算模型。分析岸坡坡度、岸坡地质条件等因素对生态袋的稳定性影响。对生态袋抗剪特性、抗压特性、底泥生态袋与岸坡地基之间的界面抗剪特性以及变形特性进行研究;建立底泥生态袋的稳定计算模型,分析岸坡坡度和地质条件对其稳定性的影响。

1.5　依托工程简介

2020年3月1日,西安市委办公厅下发关于印发《全域治水碧水兴城西安市河湖水系保护治理三年行动方案(2019—2021年)》(以下简称《三年行动方案》)的通知。《三年行动方案》以加强水安全为核心,以提升水生态环境为重点,以河湖长制为抓手,遵循"治、用、保、引、管"的总体思路,实现"堤固、岸绿、水清、洪畅、景美、管理长效",作为全市各区县全域治水的指导方案。根据《三年行动方案》,长安区共承担建设项目40项,其中2019—2021年三年内承担项目24项(其余为远期项目),项目包含了经营类、综合类、公益类三大类。全域治水·长安区河道综合治理、水系连通及农村水系综合整治工程以《三年行动方案》为指导,主要以其中公益类项目为建设内容。

　　本书研究内容依托长安区、灞桥区、蓝田县河道综合治理项目相关工作内容实施。如研究项目之一的灞河河道生态蓄水工程，位于灞桥区灞河河道堤防内，区域地理位置优越，两岸人口集中，交通便利，水、电、通信等基础设施完善。该区段河道虽经多次治理，但河道淤积严重，并未形成较大的生态景观水体、亲水设施等。

第 2 章

疏浚底泥基本特性及重金属环境风险评价研究

试验点位置及取样

研究项目依托"灞河两岸提升改造工程（国际港务区段）二期工程 EPC 项目（右岸）"的岸坡综合治理工程，治理区域行政区划属西安市未央区水流乡。2020 年 5—11 月 4 次现场调查并取样，现场取样位置示意图如图 2.1 所示。其中 5 月 26 日在 1# 点取样、6 月 30 日在 2# 点取样、11 月 10 日在 4# 点取样、11 月 12 日在 3# 点取样。

图 2.1　灞河右岸底泥取样位置示意图

底泥现场取样如图 2.2 所示。底泥取样后装入塑料桶内，快速运到实验室，剔除砾石、贝壳以及动植物残体等杂质。然后取部分用于含水率及密度测定，其余底泥风干，过筛后用于各种基本性质测定和相关试验。

图 2.2（一）　底泥现场取样

图 2.2（二）　底泥现场取样

2.2　含水率及密度测试

为了获得底泥含水率和密度指标，取样后及时送往实验室对其进行多批次的含水率和密度测试。底泥含水率及密度室内试验如图 2.3 所示。

图 2.3　底泥含水率与密度室内试验

室内测试结果表明，疏浚底泥的密度为 1.1～1.19g/cm³。其中 3 个试样的密度小于 1g/cm³（0.76～0.8g/cm³）。含水率为 74.6%～146.4%。由此可以看出，河道底泥试样的密度和含水率差异性较大。同时，现场调查发现，河道底泥的孔隙较多，有机质成分含量多，使得底泥的密度普遍小于其他成因的土体的密度。同时，试验常用的烘干温度为 105℃，容易造成底泥有机质损失，使得密度测试结果偏小。因此，河道底泥在含水率测定或试样烘干加工时温度不应超过75℃。

2.3 液塑限试验

试验仪器选用SYS数显液塑限测定仪来测定底泥的液限和塑限，如图2.4所示。室内分别对四次取得的底泥试样进行液塑限测定，结果见表2.1。

图2.4 SYS数显液塑限测定仪

表 2.1 底泥液塑限测定结果

编 号	液限/%	塑限/%	塑性指数/%	土分类
灞河右岸岸坡底泥（1#底泥）	47.6	29.2	18.4	黏土
灞河河底底泥（2#底泥）	50.6	29.8	20.8	黏土
灞河桥北底泥（3#底泥）	50.8	30.1	20.7	黏土
灞河桥南底泥（4#底泥）	52.6	31.2	21.4	黏土

由表2.1可以看出，灞河右岸岸坡底泥与灞河河底、灞河桥北、灞河桥南底泥试样的液塑限存在一定的差异性。

2.4 粒度分析试验

为了分析底泥的粒度组成，选用Bettersize 2000激光粒度分布仪（图2.5）进行粒度分析。试样需经烘干且过孔径1.0mm筛分处理，对取自不同位置的底泥试样进行两次平行试验以减小试验误差。试验结果曲线如图2.6～图2.9所示，室内试验试样的粒度分析结果见表2.2。

图 2.5　Bettersize 2000 激光粒度分布仪

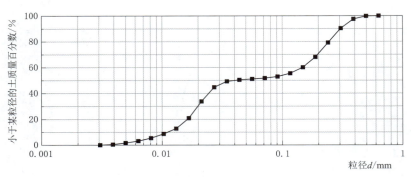

图 2.6　1# 底泥粒度分布曲线

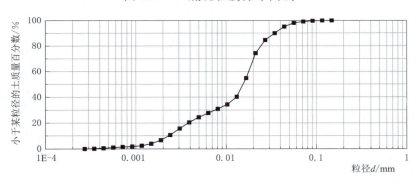

图 2.7　2# 底泥粒度分布曲线

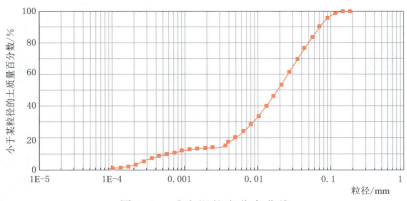

图 2.8　3# 底泥粒度分布曲线

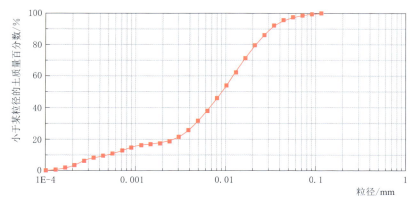

图 2.9 4#底泥粒度分布曲线

表 2.2   室内试验试样的粒度分析结果

编　号	粒度占比/%		
	<0.005mm	0.005~0.075mm	>0.075mm
灞河右岸岸坡底泥（1#底泥）	1.66	50.13	48.21
灞河河底底泥（2#底泥）	24.44	74.69	0.87
灞河桥北底泥（3#底泥）	20.36	69.77	9.87
灞河桥南底泥（4#底泥）	33.03	65.75	1.22

由表 2.2 可以看出，河道底泥在不同区域的淤积物粒度组成差异较大。其中，灞河右岸岸坡底泥（1#）的砂粒（>0.075mm）含量占比 48.21%，粉粒（0.005~0.075mm）含量占比 50.13%，黏粒（<0.005mm）含量占比 1.66%；灞河河底底泥（2#）的砂粒（>0.075mm）含量占比 0.87%，粉粒（0.005~0.075mm）含量占比 74.69%，黏粒（<0.005mm）含量占比 24.44%；灞河桥北底泥（3#）的砂粒（>0.075mm）含量占比 9.87%，粉粒（0.005~0.075mm）含量占比 69.77%，黏粒（<0.005mm）含量占比 20.36%；灞河桥南底泥（4#）的砂粒（>0.075mm）含量占比 1.22%，粉粒（0.005~0.075mm）含量占比 65.75%，黏粒（<0.005mm）含量占比 33.03%。由此可以看出，其中灞河右岸岸坡底泥（1#）粒度较粗，灞河桥北底泥（3#）的粒度组成居中，灞河河底底泥和灞河桥南底泥（2#、4#）粒度均较细。砂粒含量均小于 10%，而黏粒含量最大区间为 20.36%~33.03%。结果表明，不同沉积位置的河道底泥的粒度组成具有差异性，即浅水岸坡沉积的粒度较粗，而河床底部的粒度较细。

2.5　重金属含量测定

疏浚底泥中重金属含量采用《土壤和沉积物铜、锌、铅、镍、铬的测定火焰原子吸收分光光度法》（HJ 491—2019）、《土壤质量　铅、镉的测定　石墨炉原子吸收分光光度法》（GB/T 17141—1997）和《土壤质量　总汞、总砷、总铅的测定　原子荧光法　第 1 部分：土壤中总汞的测定》（GB/T 22105.1—2008）进行测定。试验所用疏浚底泥中重金属的含量见表 2.3。我国绿化种植土壤重金属含量的技术要求见表 2.4。考虑到城市河流水质需要严格保护，疏浚底泥对应的应该是表 2.4 中Ⅰ级使用范围。据此可以认为，灞河疏浚底泥不符合我国绿化种植土壤的要求，其中重金属总镉、总铜和总锌超标，总汞和总镍接近技术要求临界值。所以，灞河疏浚底泥不能直接用于园林绿化。

表 2.3　　　　　　　　　　　　疏浚底泥中重金属的含量

采 样 点	重金属含量/(mg/kg)							
	总镉	总汞	总铅	总铬	总砷	总镍	总铜	总锌
灞河 1#	0.0500	0.304	48.90	179.0	15.9	39.4	48.7	157.0
灞河 2#	0.0470	0.292	50.00	172.0	16.5	40.2	48.1	156.0
送样平均值	0.0485	0.298	49.45	175.5	16.2	39.8	48.4	156.5

表 2.4　　　　　　　　　　我国绿化种植土壤重金属含量的技术要求

分　级		重金属含量/(mg/kg)							
		总镉	总汞	总铅	总铬	总砷	总镍	总铜	总锌
Ⅰ		0.4	0.4	85	100	30	40	40	150
Ⅱ	pH<6.5	0.6	0.6	200	150	35	50	150	250
	pH>6.5	0.8	1.2	300	200	30	80	300	350
Ⅲ	pH<6.5	1.0	1.2	350	250	40	100	350	450
	pH>6.5	1.2	1.5	450	250	35	150	400	500
Ⅳ	pH<6.5	1.5	1.8	500	300	55	200	500	600
	pH>6.5	2.0	2.0	530	400	45	220	600	800

注　1. 水源涵养林等属于自然保育的绿（林）地，其重金属含量应在表中的Ⅰ级范围内。
　　2. 植物园、工业、学校、居住区等与人接触较密切的绿（林）地，其重金属含量应在表中Ⅱ级范围内。
　　3. 道路绿化带、工厂附属绿地等有潜在污染物源的绿（林）地或防护林等与人接触较少的绿（林）地，其重金属含量应在表中Ⅲ级范围内。
　　4. 废弃矿地、污染土壤修复等重金属潜在污染严重或曾经受污染的绿（林）地，其重金属含量应在表中Ⅳ级范围内。

2.5.1　灞河疏浚底泥重金属现状分析

疏浚底泥中 8 种重金属的浓度介于 0.05~179.0mg/kg 之间，8 种重金属的浓度由高到低依次为铬＞锌＞铅＞铜＞镍＞砷＞汞＞镉。

灞河河道中铬的最高浓度为 179.0mg/kg，平均值为 175.5mg/kg，约为陕西省土壤环境背景值（65.70mg/kg）的 2.673 倍，显然，灞河疏浚底泥已经受到了铬污染。更为重要的是，底泥中铬浓度超过了《土壤环境质量 农用地土壤污染风险管控标准》（试行）（GB 15618—2018）中规定的农用地土壤污染风险筛选值（150mg/kg）。所以对灞河疏浚底泥需要加强环境监测，采取必要的安全利用措施。

灞河疏浚底泥中锌的最高浓度为 157.0mg/kg，平均值为 156.5mg/kg。锌浓度为陕西省土壤背景值（65.80mg/kg）的 2.4 倍。锌的浓度低于《土壤环境质量 农用地土壤污染风险管控标准》（试行）（GB 15618—2018）中规定的风险筛选值（200mg/kg）。

灞河疏浚底泥中铅的最高浓度为 50mg/kg，平均值为 49.45mg/kg。铅浓度为陕西省土壤背景值（16.30mg/kg）的 3 倍，显然灞河疏浚底泥已经受到了铅污染；铅的浓度低于《土壤环境质量 农用地土壤污染风险管控标准》（试行）（GB 15618—2018）中规定的风险筛选值（200mg/kg）。

灞河疏浚底泥中铜的最高浓度为 48.7mg/kg，平均值为 48.4mg/kg，比陕西省土壤背景值（23.50mg/kg）高 2 倍多，这说明疏浚底泥已经受到铜污染。而且，灞河疏浚底泥的浓度接近《土壤环境质量 农用地土壤污染风险管控标准》（试行）（GB 15618—2018）中规定的风险筛选值（50mg/kg）。

灞河河道底泥中镍的最高浓度为 40.2mg/kg，平均值为 39.8mg/kg。镍的浓度为陕西省土壤背景值（30.5mg/kg）的 1.3 倍；镍浓度低于《土壤环境质量 农用地土壤污染风险管控标准》（试行）（GB 15618—2018）中规定的风险筛选值（60mg/kg）。

灞河河道底泥中砷的最高浓度为 16.5mg/kg，平均值为 16.2mg/kg。砷的浓度为陕西省土壤背景值（12.70mg/kg）的 1.3 倍。砷浓度低于《土壤环境质量 农用地土壤污染风险管控标准》（试行）（GB 15618—2018）中规定的风险筛选值（30mg/kg）。

灞河疏浚底泥中汞的最高浓度为 0.304mg/kg，平均值为 0.298mg/kg。汞的浓度为陕西省土壤背景值（0.086mg/kg）的 3.5 倍。汞浓度低于《土壤环境质量 农用地土壤污染风险管控标准》（试行）（GB 15618—2018）中规定的风险筛选值（0.5mg/kg）。

灞河疏浚底泥中镉的最高浓度为 0.0500mg/kg，平均值为 0.0485mg/kg。镉的浓度为陕西省土壤背景值（0.12mg/kg）的 0.04 倍。镉浓度低于《土壤环境质量 农用地土壤污染风险管控标准》（试行）（GB 15618—2018）中规定的风险筛选值（0.3mg/kg）。

灞河疏浚底泥重金属与陕西省土壤背景值相比较的超标情况如图2.10所示。

2.5.2　重金属污染程度评价

1. 单因子污染指数法

单因子污染指数法是以土壤元素背景值为评价标准来评价重金属元素的累积污染程度，是国内外通用的评价土壤和河流底泥重金属污染的常用方法，是其他环境质量指数、环境质量分级和综合评价的基础。其表达式为

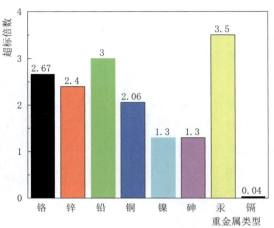

图2.10　灞河疏浚底泥重金属与陕西省土壤背景值相比较的超标情况

$$P_i = \frac{C_i}{S_i} \quad (2.1)$$

式中　P_i——土壤中重金属的环境质量指数；

　　　C_i——重金属的实测值，mg/kg；

　　　S_i——重金属的评价标准，选用《土壤环境质量　农用地土壤污染风险管控标准》（试行）（GB 15618—2018）标准的临界值，mg/kg。

若$P_i < 1.0$，则重金属含量在土壤背景值含量之内，土壤未受到人为污染；若$P_i > 1.0$，则重金属含量已超过土壤背景值，土壤已受到人为污染，指数越大则表明土壤受重金属累积污染程度越高。

灞河疏浚底泥污染情况的单因素评价结果见表2.5，根据两个取样点底泥的P_i可以看出，除了镉以外，其他重金属的P_i全部大于1，说明疏浚底泥已经受到了人为活动的污染。

表2.5　　　　　　　　　灞河疏浚底泥污染情况的单因素评价结果

重金属类型	1#点实测值/(mg/kg)	2#点实测值/(mg/kg)	重金属背景值/(mg/kg)	1#点单因子污染指数	2#点单因子污染指数
铬	179.000	172.000	62.500	2.86	2.75
锌	157.000	156.000	69.400	2.26	2.25
铅	48.900	50.000	21.400	2.29	2.34
铜	48.700	48.100	21.400	2.28	2.25
镍	39.400	40.200	28.800	1.37	1.40
砷	15.900	16.500	11.100	1.43	1.49
汞	0.304	0.292	0.086	3.53	3.40
镉	0.050	0.047	0.090	0.56	0.52

2. 内梅罗综合污染指数法

为了能够准确反映灞河疏浚底泥中多种重金属污染物对环境的综合危害情况，研究采用内梅罗综合污染指数法评价疏浚底泥重金属污染情况。内梅罗综合污染指数法兼顾了高浓度污染物和多种污染物对环境可能产生的综合影响，是目前疏浚底泥污染状况评价中广泛使用的一种方法，内梅罗综合污染评价分级标准见表 2.6。内梅罗指数计算公式为

$$P = \sqrt{\frac{\left(\dfrac{C_n}{S_n}\right)^2_{max} + \left(\dfrac{C_n}{S_n}\right)^2_{ave}}{2}} \qquad (2.2)$$

式中　　P——综合污染指数；

C_n——污染物浓度，mg/kg；

S_n——污染物控制标准，mg/kg。

此处的污染物指数，采用西安市土壤中重金属的含量作为计算标准。

表 2.6　　　　　　　　　　内梅罗综合污染评价分级标准

等级	P	污染程度	清　洁　水　平
1	$P \leqslant 0.7$	安全	清洁
2	$0.7 < P \leqslant 1.0$	警戒线	尚清洁
3	$1.0 < P \leqslant 2.0$	轻污染	超过背景值，视轻污染，作物开始受污染
4	$2.0 < P \leqslant 3.0$	中污染	土壤、作物均受到中度污染
5	$P > 3.0$	重污染	污染已相当严重

采用内梅罗综合污染指数法对灞河疏浚底泥的重金属污染现状进行评价，计算结果见表 2.7。从表 2.7 中计算结果可以看出，灞河疏浚底泥的两个取样点的内梅罗指数 P_n 分别为 3.83 和 3.69，都大于 3.0，根据表 2.6 中标准，可以确定灞河疏浚底泥属于重污染。

表 2.7　　　　灞河取样点底泥重金属污染程度内梅罗指数评价结果

重金属类型	1# 点实测值 /(mg/kg)	2# 点实测值 /(mg/kg)	重金属背景值 /(mg/kg)	1# 点单因子 污染指数	2# 点单因子 污染指数
铬	179.000	172.000	62.500	2.86	2.75
锌	157.000	156.000	69.400	2.26	2.25
铅	48.900	50.000	21.400	2.29	2.34
铜	48.700	48.100	21.400	2.28	2.25
镍	39.400	40.200	28.800	1.37	1.40

重金属类型	1#点实测值 /(mg/kg)	2#点实测值 /(mg/kg)	重金属背景值 /(mg/kg)	1#点单因子 污染指数	2#点单因子 污染指数
砷	15.900	16.500	11.100	1.43	1.49
汞	0.304	0.292	0.086	3.53	3.40
镉	0.050	0.047	0.090	0.56	0.52
内梅罗指数				3.83	3.69

3. 地积累指数法

地积累指数法是德国科学家穆勒（Müller）于 1969 年提出的，该方法利用一种重金属的总含量与其地球化学背景值的关系，定量研究重金属的污染程度。该评价法能够直观反映外源重金属在沉积物（河流或湖泊）中的富集程度，目前被全世界学者广泛用于评价河流、湖泊沉积物污染状况，地累积指数与污染程度分级标准见表 2.8。其计算方法为

$$I_{geo} = \log_2 \frac{C_i}{1.5B_i} \qquad (2.3)$$

式中　C_i——沉积物中重金属 i 的实测含量，mg/kg；

　　　B_i——重金属 i 的参比值，参比值的选择对地积累指数法的评价结果影响较大，本研究以薛澄泽等测定的陕西省西安市关中地区土壤熟化层重金属含量作为参比值，铜、铅、镍、汞、锌、镉、铬和砷在关中土中含量分别为 24.1mg/kg，18.1mg/kg，29.4mg/kg，0.082mg/kg，64.8mg/kg，0.109mg/kg，58.1mg/kg 和 13.8mg/kg；

　　　1.5——考虑到造岩运动可能引起的背景值变动系数。

表 2.8　　　　　　　　　　地累积指数与污染程度分级标准

I_{geo}	级数	污染程度	I_{geo}	级数	污染程度
$I_{geo} \leqslant 0$	0	无污染	$3 < I_{geo} \leqslant 4$	4	偏重污染
$0 < I_{geo} \leqslant 1$	1	轻度污染	$4 < I_{geo} \leqslant 5$	5	重污染
$1 < I_{geo} \leqslant 2$	2	中度污染	$I_{geo} > 5$	6	严重污染
$2 < I_{geo} \leqslant 3$	3	偏中等污染			

以陕西省西安市关中地区土壤熟化层重金属的背景值作为参比值，计算 8 种重金属的地积累指数，计算结果见表 2.9。由表 2.9 可以看出，铬、锌、铅、铜属于轻度污染，其余重金属元素属于无污染程度。8 种重金属的污染程度从高到低依次是：铬＞锌＞铅＞铜＞镍＞砷＞汞＞镉。

表 2.9　　　灞河各取样点底泥重金属污染程度地积累指数评价结果

重金属类型	1# 取样点 实测值/(mg/kg)	2# 取样点 实测值/(mg/kg)	1# 地积累 指数法	2# 地积累 指数法
铬	179.000	172.000	0.93	0.88
锌	157.000	156.000	0.59	0.58
铅	48.900	50.000	0.61	0.64
铜	48.700	48.100	0.60	0.58
镍	39.400	40.200	−0.13	−0.10
砷	15.900	16.500	−0.07	−0.01
汞	0.304	0.292	1.24	1.18
镉	0.050	0.047	−1.43	−1.52

2.5.3　疏浚底泥重金属生态风险评价

重金属污染评价没有考虑重金属对生物的毒害，因此研究采用瑞典学者汉克森（Häkanson）于 1980 年提出的引入了综合毒性系数的潜在生态风险指数法对灞河疏浚底泥中重金属的生态风险进行评价。该方法根据重金属的特点及对水体产生的影响，能表征多种元素的综合风险，且定量地划分重金属潜在生态风险程度，是评价疏浚底泥重金属潜在生态风险的重要方法。其计算公式为

$$E_r^i = T_r^i \times C_f^i = T_r^i \times \frac{C_s^i}{C_n^i} \tag{2.4}$$

式中　E_r^i——重金属 i 的潜在生态风险系数，反映其毒性水平和对其污染的敏感程度，汞、镉、砷、铜、铅、镍、铬和锌的毒性响应系数分别为 40、30、10、5、5、5、2 和 1；

T_r^i——重金属 i 的毒性系数；

C_f^i——重金属 i 的污染指数；

C_s^i——重金属 i 的实测浓度，mg/kg；

C_n^i——重金属 i 浓度参比值，mg/kg，本书中以陕西省西安市关中地区土壤熟化层重金属含量作为参比值。

$$RI = \sum_{i=1}^{n} E_r^i = \sum_{i=1}^{n} T_r^i \times C_f^i = \sum_{i=1}^{n} T_r^i \times \frac{C_i}{C_n^i} \tag{2.5}$$

式中　RI——疏浚底泥中重金属的综合潜在生态风险指数，RI 所对应的生态风险危害等级见表 2.10。该分级标准是基于砷、镉、铬、铜、汞、铅、锌和多氯联苯（PCBs）等 8 个参数的毒性系数权重综合估算得到的，对应的 RI 限值为 150。

表 2.10　　　　　　　　　　重金属潜在生态风险指数划分

E_r^i	单项污染物生态风险等级	RI	综合潜在生态风险等级
$E_r^i<40$	低	$RI<150$	轻度
$40\leqslant E_r^i<80$	中	$150\leqslant RI<300$	中等
$80\leqslant E_r^i<160$	较重	$300\leqslant RI<600$	强
$160\leqslant E_r^i<320$	重	$RI\geqslant600$	极强
$E_r^i\geqslant320$	严重		

对灞河疏浚底泥中各重金属的生态风险指数进行的计算结果见表 2.11。结果显示，灞河疏浚底泥中各重金属的生态风险系数差别较大，8 种重金属潜在生态风险指数介于 2.25～141.40 之间，其中最大的为汞，生态风险系数达到 141.40，最小的为锌，生态风险系数只有 2.25；除了汞以外，其他重金属的生态风险指数都小于 40，生态风险等级较低。汞的风险指数介于 80 和 160 之间，从单个风险生态等级上判断，属于较重的情况。从表 2.11 中可以发现，汞的生态风险指数最大，主要是因为其毒性因子最大。疏浚底泥中各重金属的潜在生态风险从高到低依次为：汞＞镉＞砷＞铅＞铜＞镍＞铬＞锌。

表 2.11　　　　　　　　　　灞河疏浚底泥生态风险指数

重金属类型	毒性响应因子	1# 重金属浓度/(mg/kg)	2# 重金属浓度/(mg/kg)	1# 生态风险系数	2# 生态风险系数
汞	40	0.304	0.292	141.40	135.81
镉	30	0.050	0.047	16.67	15.67
砷	10	15.900	16.500	14.32	14.86
铅	5	48.900	50.000	11.43	11.68
铜	5	48.700	48.100	11.38	11.24
镍	5	39.400	40.200	6.84	6.98
铬	2	179.000	172.000	5.73	5.50
锌	1	157.000	156.000	2.26	2.25
RI				210.03	203.99

底泥中各重金属生态风险指数比例如图 2.11 所示，从图中可以看出，汞占整个潜在生态风险指数的 50％以上，汞的潜在风险指数超过 80，是较重污染等级。其余重金属元素均属于低污染等级，灞河疏浚底泥的生态风险指数属于中等生态危害等级，需要引起重视。

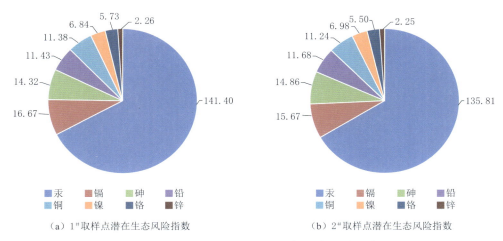

（a）1#取样点潜在生态风险指数　　　　　（b）2#取样点潜在生态风险指数

图 2.11　底泥中各重金属生态风险指数比例

本章小结

对灞河疏浚底泥的基本理化性质、有机质含量、水解氮含量、有效磷含量及重金属含量进行了测定。使用单因子指数法、内梅罗综合指数法、地积累指数法对重金属的污染程度进行评价。使用潜在生态风险指数法对底泥重金属生态风险进行评价。

（1）疏浚底泥的密度和含水率差异性变化较大，密度变化范围为 $1.10\sim1.19\text{g/cm}^3$，含水率变化范围为 $74.6\%\sim146.4\%$。

（2）河道不同位置底泥的液塑限有一定的差异性，根据塑限对其进行分类，1# 底泥、2# 底泥、3# 底泥和 4# 底泥属于黏土。

（3）根据底泥粒度分析结果，疏浚底泥在不同位置的粒度组成差异性较大，即河道岸坡沉积的底泥粒径较粗，河床底部的底泥粒径较细。

（4）灞河疏浚底泥中砂粒和粗粉粒占比较高，而细黏粒组分较少，在土壤质地分类上属于砂壤。

（5）疏浚底泥中含有的典型污染物为重金属和磷，有机物和含氮污染物的含量相对较少。

（6）灞河疏浚底泥重金属污染情况较为严重，生态风险属于中等。因此，在底泥疏浚出河道后需要采取必要的控制措施，否则容易对周围环境造成污染。

第 3 章

疏浚底泥中典型污染物钝化研究

3.1 研究背景及意义

将疏浚底泥装入生态袋内并用于生态岸坡建设不仅能为疏浚底泥的处理找到合适的途径，同时也可解决生态袋装填需要大量营养土的问题，具有显著的环境效益和社会效益。生态袋在河道岸坡使用如图 3.1 所示。但是，当装有疏浚底泥的生态袋堆积在河道岸坡上时，其将受到雨水和河水的淋滤作用，在此情况下，底泥所含污染物将向外释放并进入到河流中，生态袋中污染物淋滤示意图如图 3.2 所示。如果这种情况发生，则意味着疏浚底泥用作生态袋填料没能从根本上消除河流污染。另外，疏浚底泥中的重金属污染物对生态袋上栽种的植被具有一定的胁迫作用，如果不对其进行控制，其将影响岸坡绿化植被的正常生长。

图 3.1　生态袋在河道岸坡使用

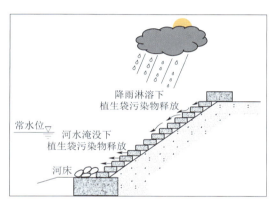

图 3.2　生态袋中污染物淋滤示意图

为了避免疏浚底泥中污染物从生态袋内向外释放，必须对疏浚底泥中的污染物进行钝化。本书中研究尝试向疏浚底泥中添加生物炭和蛭石（本章节下文将生物炭和蛭石简称为钝化剂）以钝化底泥中的污染物。选择这两种钝化剂的原因为：一是它们都具有较强的吸附能力；二是这两种钝化剂具有改善底泥物理和化学（肥力质量）的能力，具有促进疏浚底泥生态袋内植被生长的潜力；三是以上两种钝化剂都属于天然材料，其自身不含或极少含有污染物，使用过程中不会产生二次污染；四是以上两种钝化剂容易获得，价格较为低廉。

为了验证以上两种钝化材料对疏浚底泥中污染物的钝化效果，本书中研究开展了批式动态淋滤试验，研究在添加钝化剂的情况下疏浚底泥中污染物淋滤行为。同时，通过吸附试验、重金属形态分析试验解析生物炭和蛭石钝化控制污染物淋滤的机理。

3.1.1　生物炭及其在土壤污染控制领域的应用

生物炭是生物质（如秸秆、木材、动物粪便等）在低氧或无氧的环境下，经高温热解得到的一种难溶、稳定性强的黑色固态物质，具有高比表面积、复杂的孔隙结构、高芳香性和高导电性等特性，生物炭的表观形貌以及电子显微镜照片如图 3.3 所示。制备生物炭的方法有慢速热解法、微波法和水热法。生物炭作为一种既能增加土壤碳汇又能降低大气中 CO_2 浓度的物质，引起了研究人员广泛关注。目前，生物炭已经作为一种新型土壤改良和修复材料被广泛应用。

（a）生物炭表观形貌　　　　　　　　　　（b）生物炭电子显微镜照片

图 3.3　生物炭表观形貌及其电子显微镜照片

土壤是整个地球生态系统最基础、最重要的载体，是人类社会持续发展、自然生态系统良好运行的基本保障。然而，土壤污染，尤其是重金属污染已经成为全球范围内一个严重威胁自然生态和人类身体健康的环境问题。在现代工农业生产及矿物开采等活动中，大量使用具有污染土壤风险的药剂、肥料等，加剧了土壤重金属以及氮和磷的污染。当下，土壤污染的治理技术各种各样，从治理方式的角度可以分为原位治理和异位治理。前者能够做到在不转移污染土壤的情况下进行修复工作，所消耗的经济成本较低，虽然目前关于原位处理的技术种类多样，但是处理效果并不十分理想；后者由于需要将受污染的土壤转移到专门的处理场所进行集中处置，处理效果更好，但是所消耗的经济成本也更高。

另外，从土壤污染治理技术的类别可以分为物化修复手段和生物生态手段。物化修复手段一般采用淋溶、吸附、转化、转移等方式达到对重金属污染组分的去除目的，或者使重金属污染物在土壤中更加稳定，不会随着水分迁移，也难以被生物体吸收和利用，该修复手段修复效果显著、效率较高，但是价格不菲、存在二次污染风险。生物生态手段则更主要从避免二次污染风险和降低治理成本的方面考虑，以动植物以及微生物作用为根本，构建完善的土壤生态系统并且强化其对重金属组分的固定去除功能，具有对环境友好、经济性较好的优点。在实际的工程应用中如何选取合适的处理技术修复土壤的重金属污染，一般需要综合考虑技术成熟度、经济成本投入、处理效率、二次污染风险和效果持续周期等多方面的因素，因此探究一条技术可靠、经济可行的解决办法迫在眉睫。

生物炭的高吸附能力使其成为近年来广泛关注的一种吸附重金属的材料。Jiang 等基于作物的安全生长考虑，在矿山附近受到铅和镉污染的农田中进行了大田试验。试验考察了铅和镉污染场地掺入荔枝生物炭后污染场地的修复情况，研究发现荔枝生物炭能够显著提升土壤的理化性能，例如 pH 值、有机质和有效磷等均得到改善，同时发现生物炭能够降低农作物植株内铅和镉的积累。曾秀君等采用复合法将生物炭等多种组分混合后用于污染土壤治理，发现生物炭能够有效转化铅和镉两种重金属的存在形态，使其更加难以被生物所摄取和利用。有研究还发现生物炭可以有效增加农田土壤中微生物的数量及种类，提高酶活性。以上改善效果不仅利于控制污染程度，对于植物在受污染土壤的生长也能起到良好的促进作用。陶玲等采用两种材料混合制作生物炭，发现该种复合生物炭可以改善作物在重金属污染土样中的生长情况，并能抑制作物对于金属组分的摄取和积累，提高了作物的安全性。Luo 等采用批式试验研究玉米生物炭对于镉和砷污染土壤的影响，发现玉米芯生物炭对这两种污染物具有良好的固定效果，可将它们转化成难以迁移或者被利用的形态，同

时玉米棒生物炭也能改善土壤肥力以及为土壤中的微生物群落提供碳和氮等营养物。Xu 等研究表明，不仅能够采用生物炭固定和去除土壤中的金属类污染物，而且根据污染金属种类的不同，可以针对性地选择不同基质的生物炭进行修复以保证修复效果达到最佳，例如玉米秸秆生物炭更适合用在锌和铬污染的土壤修复中。生物炭固定重金属和磷的机制解析图如图3.4 所示。

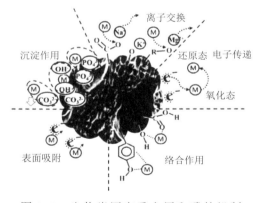

图 3.4 生物炭固定重金属和磷的机制

3.1.2 蛭石及其在土壤污染控制领域的应用

蛭石属于一种黏土矿物，其前身为黑云母或金云母。蛭石及其电子显微镜照片如图 3.5 所示。蛭石由一个八面体层和两个在该八面体层两旁的四面体层构成。八面体层的主要成分为 Al 和 O，四面体层则主要为硅和氧所组成。这是一种典型的

2∶1 型结构的单斜晶系硅铝酸盐矿物，蛭石的晶体结构示意图如图 3.6 所示。蛭石的化学构成式为 Mg_x（H_2O）[Mg_{3-x}（$AlSiO_3O_{10}$）（OH）$_2$]。蛭石的主要成分都是一样的，但是由于形成的过程不同，蛭石各组成成分的占比是不一样的。一般来讲，SiO_2 占比最多，为 37%～42%，其次是 MgO 和 Al_2O_3，占比分别为 14%～18% 和 10%～13%。除此之外，蛭石中还包括了少量的 Fe_2O_3 和 K_2O，其占比大约为 3% 和 6%。除了各种矿物成分，蛭石中还包括了相当数量的水，这些水一方面通过氢键的作用与硅氧结构以及其他水分子连接，另一方面在配位键的作用下与镁离子形成水合络离子 [Mg（H_2O）$_6$]$^{2+}$，还有小部分水分子则以游离形态存在于层间。由于这些水的存在，使得蛭石具有在高温下体积会发生膨胀的特性。

（a）蛭石　　　　　　（b）蛭石电子显微镜照片

图 3.5　蛭石及其电子显微镜照片

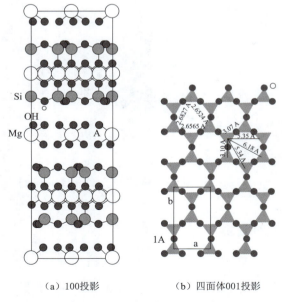

（a）100投影　　　　（b）四面体001投影

图 3.6　蛭石的晶体结构示意图

蛭石中的铝离子和铁离子可以取代四面体中的 Si^{4+}，使得层与层之间产生负电荷，为了保持蛭石的电中性，层间会充满大量的可交换阳离子，因此蛭石具有优良的阳离子交换能力。由于蛭石独有的性质以及结构，使蛭石能够广泛用于环保、建筑、农业和园艺等领域。蛭石具有独特的多孔结构和优良的阳离子交换能力，使得其可以用于污水与废气处理。蛭石可以作为土壤改良、调理剂，改善土壤的结构，提高土壤的通气性与含水性。

蛭石成本低廉，对水体中的物质

具有出色的吸附能力，其在自然界中的储量十分丰富。蛭石加工方便，可被制成粒状、粉末状及常用的片状，根据需求可以适用于各种吸附载体上。蛭石在废水处理中的应用研究主要集中在去除氨氮、重金属离子、磷酸盐、稀土离子和有机污染物等领域。

蛭石对氨氮具有较好的去除效果。刘勇等通过在序批式活性污泥系统（SBR）中引入蛭石处理废水，发现蛭石的加入使氨氮的去除率提高了大约30%，最高去除率可以超过80%。Zhu等研究了天然蛭石对人工湿地中铵氮的吸附能力，经过等温吸附估算，得出蛭石对铵氮的最大吸附容量达到了3333mg/kg。另外，蛭石在除磷方面也表现出了良好的性能。袁东海等测定了蛭石对人工湿地中磷的最大吸附量为3473mg/kg。连亚欣等对蛭石吸附锌的能力进行了研究，结果表明，蛭石对锌具有较强的吸附能力，并且吸附在8h左右接近平衡，但是其他阳离子会对吸附造成干扰，促进锌的解吸。吴平霄等的研究成果也证明蛭石对锌的吸附能力较好，同时相对于蒙脱石来说，其解吸量较小。Stylianou等对比了天然沸石和膨胀蛭石对水溶液中铜的吸附效果，结果表明，蛭石去除铜的效果比沸石要好。

蛭石对重金属的吸附受到各种因素的影响。Padilla-Ortega等研究了蛭石对镉的吸附行为，认为可以通过提高溶液的pH值和温度来增加蛭石对镉的吸附能力，溶液中镉离子与表面负Zeta电位之间的静电相互作用对蛭石的吸附能力起着重要作用。另外，Padilla-Ortega等还研究了巯基（BAL）接枝蛭石从水中吸收汞的能力，其最大吸附量为8.57mg/g，pH值和共存阳离子对汞的去除有很大影响，确定了最佳pH值为4.0~5.0，且离子强度与汞的吸附能力之间呈负相关。Abate等研究了在pH值、离子强度等因素影响下蛭石对铅离子和镉离子的吸附情况；研究表明，这两个因素对镉的吸附效果影响很大，在中性条件下，蛭石对镉离子的去除能力在0.002mol/L的KNO_3为背景的溶液中最强；在背景离子溶液浓度相同时，蛭石对铅的吸附在pH值为5.0时最高。Liu等的研究表明，竞争性离子对吸附影响极大，铅离子总是比银离子、镍离子和镉离子更好地吸附在蛭石上。谭光群等的研究结果表明，在适宜的pH值条件下（pH值>4.0，但不宜过高时），蛭石对镉吸附性能较好。

3.1.3 吸附理论与模型

1. 吸附机理

溶液中的溶质和吸附剂之间可能存在的几种相互作用，包括物理作用、化学作用和静电作用。物理吸附作用涉及吸附质与吸附剂分子的偶极（永久或诱导）力矩之间的相互作用。通常在疏水性分子的情况下，与物理吸附相关的结合力相对较弱，可通过相当大的热力学梯度进行扩散。化学吸附作用涉及共价键和氢键。静电吸附作用涉及离子-离子和离子-偶极力。吸附作用的类型和能量的近似值分别为范德华相互作用（4~8kJ/mol）、疏水键合（4kJ/mol）、氢键（2~40kJ/mol）、电荷转移、配体交换和离子键合（40kJ/mol）、诱导离子-偶极和偶极-偶极的相互作用（2～29kJ/mol）和化学吸附（共价键）（60～80kJ/mol）。

2. 吸附等温线

通常情况下，污染物在土壤或沉积物的吸附中可同时满足两个及两个以上的吸附等温线。当污染物浓度较高时，吸附等温线往往是非线性的，而当污染物浓度较低时，吸附接近于线性模型。根据形状划分，吸附等温线通常可分为 S-型、L-型和 C-型三种。三种吸附等温线各自的适用条件如下：

（1）S-型吸附等温线。S-型吸附等温线表示协同吸附，包括疏水性有机物在疏水性位点上的吸附、疏水性表面的吸附及亲水性溶质在亲水性表面的吸附等。

（2）L-型吸附等温线。L-型吸附等温线通常可见于疏水性溶剂在疏水性表面的吸附、可电子化的溶质在亲水性表面的吸附过程以及较低亲水性吸附质在亲水性表面的吸附过程中。

（3）C-型吸附等温线。C-型吸附等温线通常可见于浓度较低的情况下，疏水性有机物在土壤或沉积物上的吸附。

3.2　试验材料和方法

3.2.1　生物炭和蛭石

试验所用材料为风干的灞河疏浚底泥、生物炭和蛭石。疏浚底泥的基本性质见表 3.1。研究所用生物炭为粉末状玉米秸秆生物炭，购自河南某科技公司，其基本性质见表 3.2。研究所使用的蛭石购买自某园艺用品公司，为产自新疆的白蛭石，其基本性质见表 3.3。

表 3.1　　　　　　　　　　　疏浚底泥的基本性质

含水率 /%	pH 值	肥　力　指　标					重金属指标		
		电导率	有机质	水解性氮	总氮	有效磷	总铜	总铅	总铬
		mS/cm	g/kg	g/kg	mg/kg	mg/kg	mg/kg	mg/kg	mg/kg
5.53	8.06/7.16	—	27.3	158.1	182.1	2.34	48.6	51.2	179

表 3.2　　　　　　　　　　　秸秆生物炭的基本性质

含水率 /%	pH 值	肥　力　指　标					重金属指标		
		电导率	有机质	水解性氮	总氮	有效磷	总铜	总铅	总铬
		mS/cm	g/kg	mg/kg	mg/kg	mg/kg	mg/kg	mg/kg	mg/kg
2.20	9.21	—	410.89	—	—	4.97	0.03		0.12

表 3.3 蛭石的基本性质

含水率/%	pH 值	肥力指标					重金属指标		
		电导率	有机质	水解性氮	总氮	有效磷	总铜	总铅	总铬
		mS/cm	g/kg	mg/kg	mg/kg	mg/kg	mg/kg	mg/kg	mg/kg
2.56	8.51	—	11.4	3.72	7.1	18.56	0.06	0.13	0.1

3.2.2 钝化土制备

将风干后的灞河疏浚底泥、生物炭和蛭石按照预先设定的比例放入塑料盆内进行混合，生物炭和蛭石钝化剂对底泥中污染物钝化培养试验设计方案见表3.4。然后喷入蒸馏水直至混合物的含水量达到底泥田间持水量的65%±5%，然后放置在自然条件下进行培养，培养过程如图3.7所示。通过培养稳定疏浚底泥中的重金属和其他污染物。隔天称取疏浚底泥基质（包括疏浚底泥、疏浚底泥与生物炭以及蛭石的混合物）的质量，并喷入适量蒸馏水，以保证整个钝化期间疏浚底泥基质的含水量维持在田间持水量的65%±5%。

表 3.4 生物炭和蛭石钝化剂对底泥中污染物钝化培养试验设计方案

样品代号	组成/%			钝化时间/d
	底泥	生物炭	蛭石	
S100-0-0	100	0	0	7
S98-1-1	98	1.0	1.0	7
S95-2.5-2.5	95	2.5	2.5	7
S90-5-5	90	5.0	5.0	7
S80-10-10	80	10.0	10.0	7

疏浚底泥基质培养7d后，从塑料盆中取出部分疏浚底泥基质，然后风干，磨细备用。剩余的疏浚底泥基质继续培养，直至3个月后结束，培养3个月的疏浚底泥基质用于分析重金属形态变化情况。

3.2.3 动态淋滤试验

动态淋滤试验为了模拟生态袋淹没在河水当中或生态袋铺设在岸坡由于降雨冲刷引起的污染物向外淋滤情况。在试验中，将生态袋缝制成长×宽为14cm×7cm的袋子（商业生态袋的长×宽为70cm×35cm，本研究按比例将生态袋缩小5倍），如图3.8（a）所示；然后向其中装入160g底泥或底泥与生物炭和蛭石组成的底泥基质。试验设定5个生物炭和蛭石处理：S100-0-0（单一底泥、CK）、S98-1-1（98%底泥、1%生物炭、1%蛭石）、S95-2.5-2.5（95%底泥、2.5%生物炭、

(a) 1%生物炭＋1%蛭石　　　　　　(b) 2.5%生物炭＋2.5%蛭石

(c) 5%生物炭＋5%蛭石　　　　　　(d) 10%生物炭＋10%蛭石

图 3.7　疏浚底泥污染物钝化试验

2.5%蛭石）、S90－5－5（90%底泥、5%生物炭、5%蛭石）、S80－10－10（80%底泥、10%生物炭、10%蛭石），以上百分数均为质量百分数。使用缝纫机将生态袋袋口缝紧，如图 3.8（b）所示。然后将生态袋放入 2 L 的聚乙烯塑料瓶中，向瓶中注入 1.5 L pH 为 5.0 或 7.0 的蒸馏水溶液（pH 由硫酸和硝酸混合溶液调控），由于疏浚底泥中存在大量 Fe^{3+}，对于底泥的 PO_4^{3-} 存在较大干扰，故在聚乙烯塑料瓶封

(a) 空袋　　　　　　(b) 装入底泥和钝化剂（生物炭和蛭石）的生态袋

图 3.8　试验用的生态袋

口前充入足量的 N_2，确保底泥中 PO_4^{3-} 的正常释放。随后，将塑料瓶安装到水平振荡器上，将转速设定为 25r/min，温度设定为室温 [（25±2）℃]，振荡时间设定为 24h；试验中所用淋滤瓶和淋滤示意图及水平振荡器如图 3.9 和图 3.10 所示。振荡完成后，将生态袋从聚乙烯塑料瓶中取出。倒出浸出液，使用高速离心机进行固液分离，取上清液，待测。最后，将生态袋再次放入到 2L 聚乙烯塑料瓶中，重新加入淋滤液，重复以上试验。根据西安市年降雨量情况，研究设定为 7 个循环。

浸出液

（a）淋滤瓶　　　　　（b）淋滤示意图

图 3.9　试验用浸提瓶　　　　　图 3.10　水平大体积振荡器

采用《水质 铜、锌、铅、镉的测定 原子吸收分光光度法》（GB 7475—87）测定淋滤液中重金属浓度，每次取淋滤液 20mL，经高速离心后，取上清液过 $0.22\mu m$ 的膜，加入 $100\mu L$ 浓硝酸，测定其中铜、铅、铬的浓度。采用《水质 总磷的测定 钼酸铵分光光度法》（GB 11893—89）测定淋滤液中磷酸盐浓度，每次取得淋滤液 20mL，经高速离心后，取上清液过 $0.45\mu m$ 的膜，取 10mL 过膜后的上清液于 50mL 比色管中，稀释至 50mL 刻度线，向比色管中加入 1mL 抗坏血酸，30s 后加入 2mL 钼酸盐溶液混匀，放置 15min 后，用 10mm 的比色皿，在波长为 700nm 处，用超纯水作为参比，测定其吸光度。

3.2.4　生物炭和蛭石吸附能力测定

采用批式吸附试验法，分别研究了生物炭和蛭石对于铜、铅、铬以及 PO_4^{3-} 的吸附能力。将蛭石和生物炭在试验室内风干，然后过 2mm 筛，筛下物装入塑料密封袋内备用。试验所用的不同浓度污染物溶液均由浓度为 1000mg/L 的储备液稀释而得。分别设定浓度为 5mg/L、10mg/L、25mg/L、50mg/L、75mg/L、100mg/L、200mg/L、300mg/L 和 500mg/L。所有吸附试验中溶液的初始 pH 均用 1mol/L 的 HNO_3 和 NaOH 调节至 5，其背景电解质为 0.01mol/L 的 NaCl 溶液。

试验中，将固液比设定为 1∶200。首先称取 0.25g 生物炭或蛭石（干重），然后将其转移到体积为 100mL 的锥形瓶中，向锥形瓶中注入 50mL 不同浓度的重金属溶液，形成固液比为 1∶200 的悬液，随后封口。将锥形瓶安装到恒温水平振荡器上，将振荡速度设置为 160r/min，在室温〔(25±2)℃〕下振荡 24h。根据预先开展的动力学试验显示，在 24h 以内，吸附剂和吸附质之间的反应是能够达到化学平衡。振荡试验过程如图 3.11 所示。

（a）锥形瓶　　　　　　　　　　（b）锥形瓶放在振荡器上振荡

图 3.11　振荡试验过程

振荡完成以后，将锥形瓶中的混合液转入到离心管中，在高速离心机上以 8000r/min 的速度离心 5min；离心完成后，收集上清液，使用真空过滤装置进行过滤，过滤完成后，向过滤后的溶液中加入 2 滴 HNO_3，然后将样品放入冰箱内冷冻保存。使用原子吸收分光光度法测定其中重金属离子的浓度。生物炭和蛭石对污染物的吸附量的计算公式为

$$q_e = \frac{(C_i - C_f)V}{W} \tag{3.1}$$

式中　q_e——吸附平衡时单位质量钝化材料（生物炭或蛭石）吸附污染物的质量，mg/g；

　　C_i，C_f——污染溶液中污染物的初始浓度与试验结束时的平衡浓度，mg/L；

　　　　V——试验溶液的体积，mL，本研究中为 50mL；

　　　　W——钝化剂的质量，g，本研究中为〔(0.25±0.01) g〕。

使用浓 HNO_3 和浓 $Na(OH)$ 调整溶液的 pH，将溶液的 pH 设定在 5.0 和 7.0。随后试验方法与平衡试验法相同。

3.2.5　重金属形态分析试验

底泥中重金属的形态决定了它对生态环境的危害程度。非残渣态（弱酸提取态、可还原态以及氧化态的总和）比残渣态具有更高的生物有效性，其中弱酸提取态活

性最强，对生态环境起主要危害作用，残渣态最弱。添加钝化剂可将弱酸提取态重金属转化为残渣态重金属，以此来减轻其对生态环境造成的危害，因此可以用形态分析试验来评价钝化剂对重金属污染物的钝化效果。

底泥样品重金属形态用 BCR 连续浸提法测定，具体操作如下：

（1）称取钝化后的底泥样品 5g 于 250mL 锥形瓶中，添加 40mL 配制好的醋酸溶液，封口膜封住瓶口，放置于恒温水浴振荡器中，振荡浸提 16h，浸提完成后，将溶液取出装入 10mL 离心管中，3000r/min 离心 20min，取上清液到 10mL 聚乙烯瓶中储放在 2℃ 冰箱中。往残渣中加入 20mL 超纯水振荡 15min 用于清洗，将其全部倒入离心管，3000r/min 离心 20min，倒掉上清液，留下残渣。

（2）添加 40mL 配制好的盐酸羟胺溶液，封口膜封住瓶口，放置于恒温水浴振荡器中，振荡浸提 16h，浸提完成后，将溶液取出装入 10mL 离心管中，3000r/min 离心 20min，取上清液到 10mL 聚乙烯瓶中储放在 2℃ 冰箱中。往残渣中加入 20mL 超纯水振荡 15min 用于清洗，将其全部倒入离心管，3000r/min 离心 20min，倒掉上清液，留下残渣。

（3）小心添加 10mL 双氧水溶液，封口膜封住瓶口，在室温下消化 1h，期间间歇性地手摇，之后打开封口膜放置于 85℃ 水浴锅继续消化 0.5h，然后加入 10mL 双氧水继续消化 0.5h，放置于恒温水浴振荡器中，振荡浸提 16h，浸提完成后，将溶液取出装入 10mL 离心管中，3000r/min 离心 20min，取上清液到 10mL 聚乙烯瓶中储放在 2℃ 冰箱中。

（4）统一使用原子吸收仪测定其中的重金属离子浓度。

3.3　样品处理与测定

3.3.1　试验试剂

本章试验使用的主要试剂见表 3.5。

表 3.5　　　　　　　　　　　本章试验使用的主要试剂

名称	分子式	纯度	厂家
铜标液	铜		
铅标液	铅		天津傲然精细化工研究所
铬标液	铬	分析纯	
浓硝酸	HNO_3		天津市富宇化学试剂有限公司
浓硫酸	H_2SO_4		

名称	分子式	纯度	厂　家
氢氧化钠	NaOH	分析纯	天津市科密欧化学试剂有限公司
抗坏血酸	$C_6H_8O_6$		
钼酸铵	$(NH_4)_2MoO_4$		
磷酸二氢钾	KH_2PO_4	优级纯	

3.3.2　主要仪器

本章试验中使用的主要仪器见表 3.6。

表 3.6　　　　　　　　　本章试验使用的主要仪器

仪器名称	型　号	生　产　厂　家
超纯水器	Option R7＋Ultra Genetic	英国 ELGA
电子天平	JM－B10002	上海良平仪表有限公司
pH 计	雷磁 pHS－3C	上海精密科学仪器公司
电热鼓风干燥箱	101－1AB	泰斯特仪器有限公司
原子吸收分光光度计	ICE3300	美国热电公司
紫外分光光度计	UV2600A	上海恒平科学仪器有限公司
X-射线衍射仪	DMAX－2400X	日本理学公司

3.3.3　数据分析

等温吸附曲线反映的是一定温度条件下，溶质分子在两相界面上进行的吸附反应达到平衡时溶质分子在两相之间浓度的关系曲线。为了分析三种重金属元素和磷酸盐在生物炭和蛭石上的吸附达到平衡的特征状态，研究中采用 Langmuir 等温吸附模型和 Freundlich 等温吸附模型拟合等温吸附中的试验数据。Langmuir 等温吸附模型是在分子与分子之间的力随着双方的距离增加而快速下降，在此基础上，做如下假设：①气体在固体表面上只表现为单分子层吸附；②固体表面的吸附能力是均匀发生的；③分子与分子之间的作用力为零。Freundlich 等温吸附模型是经验吸附平衡模式，通常用在多相表面的吸附过程，并假设随着吸附质的增加吸附量无限增长。

Langmuir 等温吸附模型表达式为

$$q_e = \frac{q_m K_L C_e}{1 + K_L C_e} \tag{3.2}$$

式中　C_e——吸附试验达到平衡时溶液中污染物的浓度，mg/L；

q_e，q_m——吸附试验中单位质量的材料表面分别对污染物的平衡吸附量和最大吸附容量，mg/g；

K_L——吸附特征常数，L/mg。

Freundlich 等温吸附模型表达式为

$$q_e = K_F C_e^{\frac{1}{n}} \tag{3.3}$$

式中　K_F——吸附特征常数，mg/[g（L/mg）$^{-\frac{1}{n}}$]；

　　　n——吸附特征常数，$1/n$ 值是吸附剂是否具有较好吸附性能的表征，若 $1/n<1$，说明反应能进行，且 n 值越大，吸附越容易进行；若 $1/n>1$，说明吸附难以进行。

3.4　结果与分析

3.4.1　添加生物炭和蛭石后底泥中污染物的浸出结果

1. 生物炭和蛭石添加对底泥中铜淋滤行为的影响

在 pH 为 5.0 的作用下，底泥淋滤液中铜的浓度随淋滤时间的变化情况如图 3.13 所示。其中，图 3.12（a）和图 3.12（b）为各批次底泥淋滤液中铜的浓度变化情况和各阶段淋滤比例变化情况。

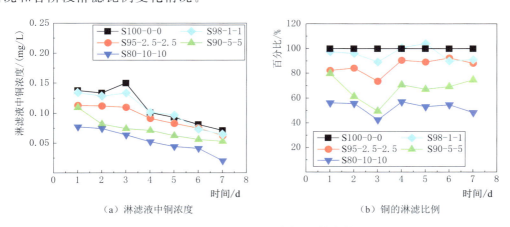

（a）淋滤液中铜浓度　　　　（b）铜的淋滤比例

图 3.12　添加生物炭和蛭石后底泥中铜的淋滤情况（pH＝5.0）

由图 3.12（a）可知，与底泥对照样相比，加入改良剂（生物炭和蛭石）可以降低底泥淋滤液中铜的浓度，且随着改良剂添加量的增大，铜的浓度降低越明显。当改良剂添加量为 2％时，底泥淋滤液中铜在 2d、3d、6d、7d 比对照样降低了 3.82％、10.81％、9.98％、8.85％；当改良剂添加量为 5％时，底泥淋滤液中铜的浓度在 1d、2d、3d、7d 对比照样降低了 17.59％、15.73％、22.37％和 11.8％；当改良剂添加量为 10％时，底泥淋滤淋中铜的浓度明显低于对照样的底泥淋滤液中铜的浓度，除第 1d 外，分别降低 39.51％、51.27％、29.27％、32.73％、30.67％和 25.29％；当改良剂添加量为 20％时，底泥淋滤液中铜的浓度与对照样相比，分别降低了 43.75％、46.20％、57.41％、42.86％、46.76％、45.22％和 51.60％。

由图 3.12（b）可知，当改良剂添加量为 2％时，底泥中铜向外淋滤的量比对照样平均降低了 4.42％；当改良剂添加量为 5％时，底泥中铜向外淋滤比例比对照样降低了 17.24％；当改良剂添加量为 10％时，底泥中铜向外淋滤比例比对照样降低了 32.04％；当改良剂添加量为 20％时，底泥中铜向外淋滤比例比对照样降低了 47.84％。

底泥淋滤液中铜浓度下降及淋滤比例降低应该是由生物炭和蛭石吸附以及重金属污染物形态改变引起的。

在 pH＝7.0 时底泥淋滤液中铜的浓度随淋滤时间的变化情况如图 3.13 所示。其中，图 3.13（a）和图 3.13（b）为各批次底泥淋滤液中铜的浓度变化情况和各阶段淋滤比例变化情况。

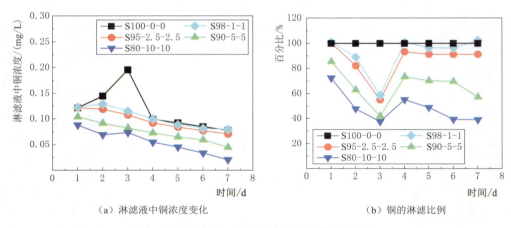

（a）淋滤液中铜浓度变化　　　　　　　（b）铜的淋滤比例

图 3.13　添加生物炭和蛭石后底泥中铜的淋滤情况（pH＝7.0）

由图 3.13（a）可知，与底泥对照样相比，加入生物炭和蛭石后可以明显降低底泥淋滤液中铜的浓度。当改良剂添加量为 2％时，底泥淋滤液中铜的浓度在第 2d、第 3d 时比对照样分别降低了 9.96％和 24.46％；当改良剂添加量为 5％时，底泥淋滤液中铜的浓度在第 2d、第 3d 时比对照样分别降低了 17.83％和 44.78％；当改良剂添加量为 10％时，底泥淋滤液中铜的浓度与对照样相比，分别降低了 14.69％、38.05％、58.19％、26.65％、29.86％、30.46％和 42.79％；当改良剂为 20％时，底泥淋滤液中铜的浓度与对照样相比，分别降低了 27.64％、52.39％、62.54％、44.89％、51.25％、60.81％和 73.96％。

由图 3.13（b）可知，当改良剂添加量为 2% 时，底泥铜淋滤比例相对于对照样平均降低了 8.04%；当改良剂添加量为 5% 时，底泥中铜的淋滤比例相对于对照样平均降低了 17.24%；当改良剂添加量为 10% 时，底泥中铜的淋滤比例相比于对照样平均降低了 32.04%；当改良剂添加量为 20% 时，底泥中铜的淋滤比例相对于对照样平均降低了 47.84%。

在不同 pH 值条件下，对比底泥淋滤液中铜浓度变化情况，可以发现，底泥淋滤液中铜浓度在 pH 值为 5.0 时比 pH 值为 7.0 时略大，这是因为低 pH 值淋滤液中含有更多的 H^+，其一方面会造成吸附态铜（黏粒表面或铁锰氧化物表面）解吸，进入淋滤液中，促使淋滤液中铜浓度增加；另一方面，其可能会溶蚀部分含铜矿物，使铜进入淋滤液，导致淋滤液中铜浓度升高。

2. 生物炭和蛭石添加对底泥中铅淋滤行为影响

在 pH 为 5.0 时底泥淋滤液中铅的浓度随淋滤时间的变化情况如图 3.14 所示。其中，图 3.14（a）和图 3.14（b）为各批次底泥淋滤液中铅的浓度变化情况和各阶段淋滤比例变化情况。图 3.14（a）中的点划线代表《地表水环境质量标准》（GB 3838—2002）Ⅲ类水质标准中铅的标准为 0.05mg/L。

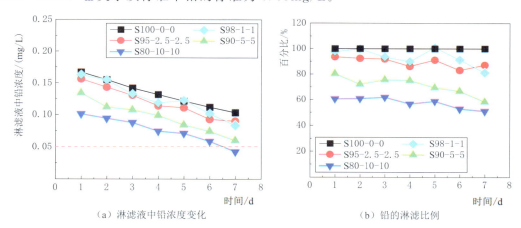

（a）淋滤液中铅浓度变化　　　　　　　　　（b）铅的淋滤比例

图 3.14　添加生物炭和蛭石后底泥中铅的淋滤情况（pH=5.0）

由图 3.14（a）可知，与对照样相比，加入生物炭和蛭石能够促使底泥淋滤液中铅的浓度下降。当改良剂添加量为 2% 时，底泥淋滤液中铅的浓度在第 3d、第 4d、第 7d 时与对照样相比降低了 6.35%、9.9%、18.56%；当改良剂添加量为 5% 时，底泥淋滤液中铅的浓度在第 4d、第 6d、第 7d 与对照样相比降低了 14.09%、17.15% 和 14.12%；除第 1d 外，当改良剂添加量为 10% 时，底泥淋滤液中铅的浓度与对照样相比分别降低了 27.76%、24.21%、24.82%、30.39%、33.22% 和 41.60%；当改良剂添加量为 20% 时，底泥淋滤液中铅的浓度与对照样相比明显降低，分别降低了 39.43%、39.19%、38.11%、43.39%、41.29%、47.31% 和

49.18％；当改良剂添加量为 20％时，可以发现，底泥淋滤液中铅浓度基本满足《地表水环境质量标准》（GB 3838—2002）Ⅲ类水质标准。

由图 3.14（b）可知，当改良剂添加量为 2％时，底泥中铅淋滤比例相对于对照样平均降低了 6.3％；当改良剂添加量为 5％时，底泥中铅淋滤比例相对于对照样平均降低了 10.93％；当改良剂添加量为 10％时，底泥中铅淋滤比例相对于对照样平均降低了 28.79％；当改良剂添加量为 20％时，底泥中铅淋滤比例相对于对照样平均降低了 42.54％。

底泥淋滤液中铅浓度降低和淋滤比例减少应该是由生物炭和蛭石吸附和改变底泥中重金属存在形态造成的。综上所述，当淋滤液 pH 值为 5.0 时，加入生物炭和蛭石，可以有效抑制底泥中铅的淋滤，并且生物炭和蛭石添加量越多，效果越明显。

在 pH 值为 7.0 时底泥淋滤液中铅的浓度随淋滤时间的变化情况如图 3.15 所示。其中，图 3.15（a）和图 3.15（b）为和批次底泥淋滤液中铅的浓度变化情况和各阶段淋滤比例变化情况。图 3.15（a）中的点划线代表《地表水环境质量标准》（GB 3838—2002）Ⅲ类水质标准中铅的标准为 0.05mg/L。

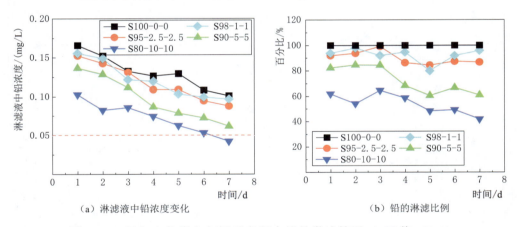

（a）淋滤液中铅浓度变化　　　　　　（b）铅的淋滤比例

图 3.15　添加生物炭和蛭石后底泥中铅的淋滤情况（pH 值＝7.0）

由图 3.15（a）可知，与对照样相比，加入生物炭和蛭石能够促使底泥淋滤液中铅的浓度下降。当改良剂添加量为 2％时，底泥淋滤液中铅的浓度在第 1d、第 3d、第 5d 比对照样降低了 6.33％、8.15％、20.17％；当改良剂添加量为 5％时，底泥淋滤液中铅的浓度在第 4d、第 5d、第 6d、第 7d 比对照样降低了 14.08％、16.00％、13.02％和 13.65％；当改良剂添加量为 10％时，底泥淋滤液中铅的浓度在第 4d、第 5d、第 6d、第 7d 比对照样降低了 31.70％、39.57％、33.43％和 39.17％；当改良剂添加量为 20％时，底泥淋滤液中铅的浓度与对照样相比，分别降低了 38.22％、46.03％、35.48％、41.43％、51.86％、50.96％ 和 58.36％；当改良剂添加量为

20％时，可以发现，经过 5 次淋滤后（即第 6d），底泥淋滤液中铅浓度基本能够满足《地表水环境质量标准》（GB 3838—2002）Ⅲ类水质标准。

由图 3.15（b）可知，当改良剂添加量为 2％时，底泥中铅的淋滤比例相对于对照样平均降低了 7.85％；当改良剂添加量为 5％时，底泥中铅的淋滤比例比对照样平均降低了 10.41％；当改良剂添加量为 10％时，底泥中铅的淋滤比例相对于对照样平均降低了 27.61％；当改良剂添加量为 20％时，底泥中铅的淋滤比例相对于对照样平均降低了 46.05％。

底泥淋滤液中铅浓度下降和淋滤比例减少应该是由生物炭和蛭石吸附和改变底泥中重金属存在形态造成的。综上所述，当淋滤液 pH 值为 7.0 时，加入生物炭和蛭石，可以有效抑制底泥中铅的释放，并且生物炭和蛭石添加量越多，效果越明显。

对比在不同 pH 值条件下，底泥淋滤液中铅浓度的变化情况，可以发现，底泥淋滤液中铅浓度在 pH 值为 5.0 时比 pH 值为 7.0 时略大，这是因为低 pH 值淋滤液中含有更多的 H^+，其一方面会造成吸附态铅（黏粒表面或铁锰氧化物表面）解吸，进入淋滤液中，促使铅浓度增加；另一方面，其可能会溶蚀部分含铅矿物，使铅溶入淋滤液，导致淋滤液中铅浓度升高。

3. 生物炭和蛭石添加对底泥中铬淋滤行为的影响

在 pH 值为 5.0 的作用下，底泥淋滤液中铬的浓度随淋滤时间的变化情况如图 3.16 所示。其中，图 3.16（a）和图 3.16（b）分别为各批次底泥淋滤液中铬的浓度变化情况和各阶段淋滤比例变化情况，图 3.16（a）中点划线为《地表水环境质量标准》（GB 3838—2002）Ⅲ类水质标准中铬的标准为 0.05mg/L。

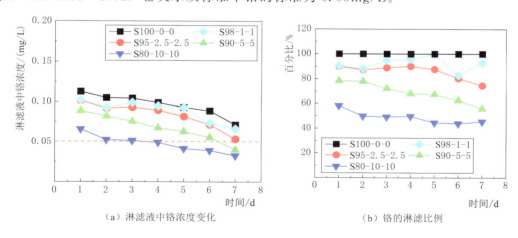

（a）淋滤液中铬浓度变化 　　　　　　　　（b）铬的淋滤比例

图 3.16　添加生物炭和蛭石后底泥中铬的淋滤情况（pH 值＝5.0）

由图 3.16（a）可知，与对照样相比，加入生物炭和蛭石可以降低底泥淋滤液中铬的浓度。当改良剂的添加量为 2％时，底泥淋滤液中铬的浓度与对照样相比在第 1d、第 2d、第 6d 分别降低了 9.68％、12.03％、17.31％；当改良剂添加量为 5％

时，底泥淋滤液中铬的浓度与对照样相比在第 5d、第 6d、第 7d 分别降低了 12.52％、19.80％和 25.60％；除第 1d、第 2d 外，当改良剂添加量为 10％时，底泥淋滤液中铬的浓度与对照样相比，分别降低了 27.84％、32.09％、32.69％、37.56％和 44.17％；当改良剂添加量为 20％时，淋滤液中铬的浓度比对照样分别降低了 41.53％、51.97％、51.96％、50.51％、55.67％、56.23％和 54.72％；当改良剂添加量为 20％时，除第 1d 外，底泥淋滤液中铬浓度基本满足《地表水环境质量标准》（GB 3838—2002）Ⅲ类水质标准。

由图 3.16（b）可知，当改良剂添加量为 2％时，底泥中铬的淋滤比例相对于对照样平均降低了 8.02％；当改良剂添加量为 5％时，底泥中铬的淋滤比例相对于对照样平均降低了 14.64％；当改良剂添加量为 10％时，底泥中铬的淋滤比例相对于对照样平均降低了 31.16％；当改良剂添加量为 20％时，底泥中铬的淋滤比例相对于对照样在 7d 内平均降低了 51.48％。

底泥淋滤液中重金属污染物浓度降低应该是由生物炭和蛭石吸附造成的。综上所述，当淋滤液 pH 值为 5.0 时，掺入生物炭和蛭石，可以有效降低底泥中铬的淋滤，并且随着生物炭和蛭石添加量的增加，效果越明显。

在 pH 值为 7.0 时，底泥淋滤液中铬的浓度随淋滤时间的变化情况如图 3.17 所示。其中，图 3.17（a）和图 3.17（b）分别为各批次底泥淋滤液中铬的浓度变化情况和各批次淋滤比例变化情况。

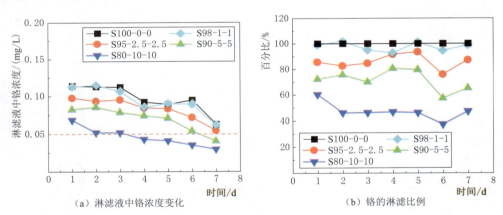

（a）淋滤液中铬浓度变化　　　　　　（b）铬的淋滤比例

图 3.17　添加生物炭和蛭石后底泥中铬的淋滤情况（pH 值＝7.0）

由图 3.17（a）可知，与对照样相比，加入生物炭和蛭石可以降低淋滤液中铬的浓度。当改良剂添加量为 2％时，底泥淋滤液中铬的浓度在第 3d、第 4d 比对照样降低了 4.81％和 7.06％；当改良剂添加量为 5％时，底泥淋滤液中铬的浓度在第 1d、第 2d、第 3d、第 6d、第 7d 比对照样分别降低了 14.57％、17.54％、15.50％、24.29％和 13.08％；除第 4d、第 5d 外，当改良剂添加量为 10％时，底泥淋滤液中铬的浓度与对照样相比，分别降低了 27.64％、24.27％、30.92％、42.67％ 和 34.77％；当改良剂添加量为 20％ 时，除第 1d 外，底泥淋滤液中铬的浓度与对照样相比，分别降低了 53.77％、53.61％、53.10％、53.70％、62.52％ 和 52.64％。当改良剂添加量为 20％ 时，除第 1d 外，底泥淋滤液中铬浓度基本满足《地表水环境质量标准》（GB 3838—2002）Ⅲ 类水质标准。

由图 3.17（b）可知，当改良剂添加量为 2％ 时，底泥中铬的淋滤比例相对于对照样在 7d 内平均降低了 2.22％；当改良剂添加量为 5％ 时，底泥中铬的淋滤比例相对于对照样在 7d 内平均降低了 14.32％；当改良剂添加量为 10％ 时，底泥中铬的淋滤比例相对于对照样在 7d 内平均降低了 28.71％；当改良剂添加量为 20％ 时，底泥中铬的淋滤比例相对于对照样在 7d 内平均降低了 52.72％。

在不同 pH 值条件下，对比底泥淋滤液中铬浓度变化情况，可以发现，底泥淋滤液中铬浓度在 pH 值为 5.0 时比 pH 值为 7.0 时要小，这是因为在中性环境下，底泥中重金属铬绝大多数以游离态存在，所以在 pH 值为 7.0 的条件下，底泥向外释放的铬的量多余 pH 值为 5.0 时。

4. 生物炭和蛭石添加对底泥中磷酸盐（PO_4^{3-}）淋滤行为的影响

在 pH 值为 5.0 时底泥淋滤液中磷酸盐的浓度随淋滤时间的变化情况如图 3.18 所示。其中，图 3.18（a）和图 3.18（b）为各批次底泥淋滤液中磷酸盐的浓度变化情况和各批次淋滤比例变化情况。

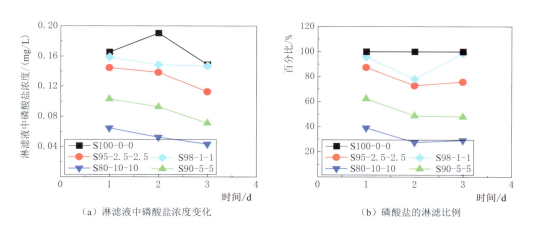

（a）淋滤液中磷酸盐浓度变化　　　　　　（b）磷酸盐的淋滤比例

图 3.18　添加生物炭和蛭石后底泥中磷酸盐的淋滤情况（pH 值＝5.0）

由图 3.18（a）可知，与疏浚底泥对照样相比，加入生物炭和蛭石可以明显降低底泥淋滤液中磷酸盐的浓度。当改良剂添加量为 2％ 时，底泥淋滤液中磷酸盐的浓度在第 2d 时与对照样相比，降低了 21.86％；当改良剂添加量为 5％ 时，底泥淋滤液中磷酸盐的浓度与对照样相比，分别降低了 12.58％、27.32％ 和 24.42％；当改良剂添加量为 10％时，底泥淋滤液中磷酸盐的浓度与对照样相比，分别降低了 60.98％、51.29％和 52.19％；改良剂添加量为 20％时，底泥淋滤液中磷酸盐的浓度与对照样相比，分别降低了 60.98％、72.52％和 71.02％。

由图 3.18（b）可知，当改良剂添加量为 2％时，底泥淋滤液中磷酸盐浓度相对于对照样平均降低了 7.29％；当改良剂添加量为 5％时，底泥淋滤液中磷酸盐浓度相对于对照样平均降低了 21.44％；当改良剂添加量为 10％时，底泥淋滤液中磷酸盐浓度相对于对照样平均降低了 54.82％；当改良剂添加量为 20％时，底泥淋滤液中磷酸盐浓度相对于对照样平均降低了 68.17％。

底泥淋滤液中磷酸盐浓度下降应该是由生物炭和蛭石吸附造成的，生物炭和蛭石均具有一定的吸附能力。综上所述，当淋滤液 pH 值为 5.0 时，加入生物炭和蛭石，可以有效抑制底泥中磷酸盐的释放，并且生物炭和蛭石添加量越多，效果越明显。需要指出的是，当添加生物炭和蛭石后，第 4d 底泥淋滤液中磷酸盐的浓度已低于仪器检测限。

在 pH 值为 7.0 时底泥淋滤液中磷酸盐的浓度随淋滤时间的变化情况如图 3.19 所示。其中，图 3.19（a）和图 3.19（b）为各批次底泥淋滤液中磷酸盐的浓度变化情况和各批次淋滤比例变化情况。

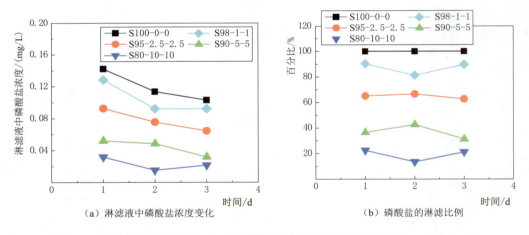

（a）淋滤液中磷酸盐浓度变化　　　　　（b）磷酸盐的淋滤比例

图 3.19　添加生物炭和蛭石后底泥淋滤液中磷酸盐的浓度（pH 值＝7.0）

由图 3.19（a）可知，与对照样相比，加入生物炭和蛭石可以明显降低底泥淋滤液中磷酸盐的浓度。当改良剂添加量为 2％时，底泥淋滤液中磷酸盐的浓度在第 1d、第 2d、第 3d 时与对照样相比，分别降低了 9.95％、18.4％、10％；当改良剂添加量为 5％时，底泥淋滤液中磷酸盐的浓度与对照样相比，分别降低了 34.91％、34.45％和 37.38％；当改良剂添加量为 10％时，底泥淋滤液中磷酸盐的浓度与对照样相比，分别降低了 63.28％、57.13％和 68.74％；当改良剂添加量为 20％时，底泥淋滤液中磷酸盐的浓度与对照样相比，分别降低了 77.32％、86.15％ 和 79.64％。

由图 3.19（b）可知，当改良剂添加量为 2％ 时，底泥中磷酸盐淋滤比例相对于对照样平均降低了 12.78％；当改良剂添加量为 5％ 时，底泥中磷酸盐淋滤比例相对于对照样平均降低了 35.27％；当改良剂添加量为 10％ 时，底泥中磷酸盐淋滤比例相对于对照样平均降低了 63.03％；当改良剂添加量为 20％ 时，底泥中磷酸盐淋滤比例相对于对照样降低了 80.7％。

底泥淋滤液中磷酸盐浓度下降应该是由生物炭和蛭石吸附造成的。综上所述，当淋滤液 pH 值为 7.0 时，加入生物炭和蛭石，可以有效抑制底泥中磷酸盐的淋滤，并且生物炭和蛭石添加量越多，抑制效果越明显。与淋滤液 pH 值为 5.0 相比，pH 值为 7.0 条件下，生物炭和蛭石添加后，底泥淋滤液中磷酸盐的浓度下降程度更明显。其主要原是在中性条件下，底泥中释放出的磷酸盐与底泥中铁离子等发生络合反应，从而降低了底泥淋滤液中磷酸盐的浓度。

动态淋滤试验的结果显示，在添加了生物炭和蛭石后，疏浚底泥向外释放的重金属和磷酸盐的浓度以及淋滤比例都出现了不同程度降低，且随着生物炭和蛭石添加量的增大，淋滤污染物的浓度以及淋滤比例下降得越明显。显然，生物炭和蛭石的添加有效控制了疏浚底泥中污染物的淋滤。疏浚底泥中污染物淋滤浓度和淋滤比例下降归因于生物炭和蛭石对疏浚底泥中污染物的吸附作用以及对其中重金属形态的改变作用。

3.4.2　吸附试验结果

为了确定生物炭和蛭石对各种重金属和磷的吸附模式，并定量评估其对污染物的吸附性能，本书研究采用 Henry 模型、Langmuir 等温吸附模型和 Freundlich 等温吸附模型对生物炭和蛭石对铜、铬、铅和 PO_4^{3-} 的等温吸附试验结果进行拟合。

1. 生物炭和蛭石对铜吸附能力研究

铜拟合结果如图 3.20 所示，生物炭、蛭石吸附铜拟合参数（pH 值＝7.0）见表 3.7。由表可知，生物炭和蛭石对铜进行 Langmuir 等温吸附模型的相关系数（R^2）分别为 0.97 和 0.96，而 Freundlich 等温吸附模型的相关系数（R^2）分别为 0.87 和 0.83，据此判断，生物炭和蛭石对铜的吸附更符合 Langmuir 等温吸附模型，说明生物炭和蛭石对铜主要进行单分子层的吸附。根据 Langmuir 等温吸附模型参数 q_m，生物炭和蛭石对重金属铜的最大吸附容量依次为 22.74mg/g 和 19.42mg/g。另外，根据 $1/n$ 的值可知，铜在生物炭的拟合参数中 n_f 值为 3.52，大于蛭石对铜吸附时 n_f 的值 3.37，因此蛭石对铜的吸附比生物炭对铜的吸附更加均匀。

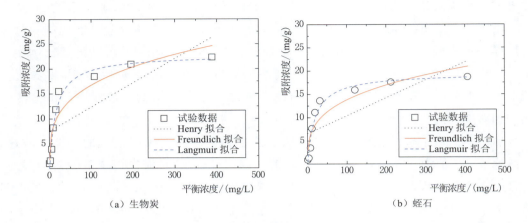

图 3.20　生物炭和蛭石对铜的吸附结果（pH 值＝7.0）

表 3.7　　　　　　　生物炭、蛭石吸附 Cu^{2+} 拟合参数（pH 值＝7.0）

材料	平衡浓度/(mg/L)	Langmuir 拟合参数			Freundlich 拟合参数			Henry 拟合参数	
		K_L/(L/mg)	q_m/(mg/g)	R^2	K_f	n_f	R^2	K_d/(L/g)	R^2
生物炭	0.034～388.450	0.06	22.74	0.97	4.54	3.52	0.87	0.05	0.54
蛭石	0.520～406.530	0.05	19.43	0.96	3.51	3.37	0.83	0.04	0.52

　　生物炭成分差异性是导致其吸附能力不同的主要原因，此外，制备方式、添加量等也影响其各自的吸附能力。虽然相对于其他更好的吸附材料而言，生物炭和蛭石对铜的吸附能力一般，但是，玉米秸秆生物炭和天然蛭石来源较为广泛，自然界大量存在，制备起来也较为简单，且价格便宜，在实际工程中有很高的实用价值。

　　2. 生物炭和蛭石对铅吸附能力研究

　　对生物炭和蛭石吸附铅的数据进行拟合，拟合结果如图 3.21 所示，生物炭、蛭石吸附铅拟合参数（pH 值＝7.0）见表 3.8。由表可知，使用 Langmuir 等温吸附模型对生物炭和蛭石吸附铅进行拟合时，相关系数（R^2）分别为 0.99 和 0.98；而使用 Freundlich 等温吸附模型进行拟合时，相关系数（R^2）分别为 0.92 和 0.85，由此可判断，生物炭和蛭石对铅的吸附更符合 Langmuir 等温吸附模型，这表明生物炭和蛭石子对铅主要进行单分子层的吸附。根据 Langmuir 等温模型中的 q_m，生物炭和蛭石对重金属铅的最大吸附容量依次为 72.40mg/g 和 15.80mg/g。本书试验研究中的 q_m 值要略低于其他文献中的 q_m 值。比如，李瑞月等的研究中，稻秆生物炭对铅的最大吸附量可达 110.31mg/g，而玉米秸秆炭对铅的最大吸附量达 88.82mg/g。另外，Freundlich 等温吸附模型结果显示，铅在生物炭的拟合参数 n_f（3.37）小于其在蛭石上的拟合参数 n_f（3.46），因此生物炭对铅的吸附比蛭石对铅的吸附更加均匀。

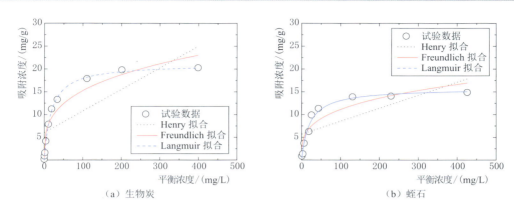

图 3.21　生物炭和蛭石对铅的吸附结果（pH 值＝7.0）

表 3.8　　　　　　　生物炭、蛭石吸附铅拟合参数（pH 值＝7.0）

材料	平衡浓度 /（mg/L）	Langmuir 拟合参数			Freundlich 拟合参数			Henry 拟合参数	
		K_L/ (L/mg)	q_m/ (mg/g)	R^2	K_f	n_f	R^2	K_d/ (L/g)	R^2
生物炭	0.520～398.530	0.12	72.40	0.99	14.48	3.37	0.92	0.05	0.56
蛭石	0.700～425.530	0.05	15.80	0.98	2.95	3.46	0.85	0.03	0.49

3. 生物炭和蛭石对铬吸附能力研究

对生物炭和蛭石在 pH 值为 5.0 的单一重金属溶液（铬）中等温吸附结果进行拟合，拟合结果如图 3.22 所示，两种模型的拟合参数见表 3.9。由表可知，对生物炭和蛭石吸附铬的试验数据进行 Langmuir 等温吸附模型拟合时，相关系数（R^2）分别为 0.99 和 0.98；而采用 Freundlich 等温吸附模型进行拟合时，相关系数（R^2）分别为 0.88 和 0.85，由此判断，生物炭和蛭石对铬的吸附更符合 Langmuir 等温吸

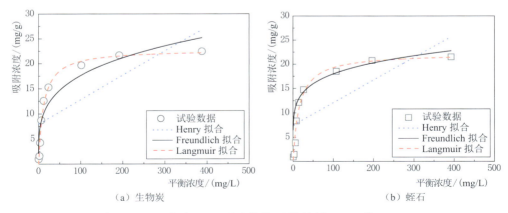

图 3.22　生物炭和蛭石对铬的吸附结果（pH 值＝7.0）

附模型，说明生物炭和蛭石对铬主要进行单分子层的吸附。根据 Langmuir 等温吸附模型中的 q_m，生物炭和蛭石对重金属铬的最大吸附容量依次为 39.93mg/g 和 22.27mg/g。本试验中的 q_m 值略低于其他文献中的 q_m 值。比如，洪亚军等报道了一种由水葫芦和污泥配置而成的生物炭发现：当水葫芦与污泥质量比为 1：10、热解温度为 500℃时生物炭对铬的吸附量达到 44.96mg/g。根据 n_f 的值可知，铬在生物炭的拟合参数中 n_f 值为 3.78，小于蛭石对铬的拟合参数值 5.82，因此生物炭对铬的吸附比蛭石对铬的吸附更加均匀。

表 3.9　　　　　　　　生物炭和蛭石吸附铬拟合参数 （pH 值＝7.0）

材料	平衡浓度 /(mg/L)	Langmuir 拟合参数			Freundlich 拟合参数			Henry 拟合参数	
		K_L/ (L/mg)	q_m/ (mg/g)	R^2	K_f	n_f	R^2	K_d/ (L/g)	R^2
生物炭	0.040～387.550	0.50	39.93	0.99	5.22	3.78	0.88	0.05	0.05
蛭石	0.280～392.430	0.69	22.27	0.98	8.15	5.82	0.85	0.05	0.52

4. 生物炭和蛭石对磷酸盐吸附能力研究

对生物炭和蛭石吸附磷酸盐溶液（PO_4^{3-}）的结果进行拟合，拟合结果如图 3.23 所示。两种模型的拟合参数见表 3.10。由表可知，生物炭和蛭石对 PO_4^{3-} 进行 Langmuir 等温吸附模型拟合时的相关系数 （R^2） 分别为 0.98 和 0.99，而 Freundlich 等温吸附模型拟合时的相关系数 （R^2） 分别为 0.95 和 0.97，根据相关系数可知，生物炭和蛭石对 PO_4^{3-} 的吸附更符合 Langmuir 等温吸附模型，说明生物炭和蛭石对 PO_4^{3-} 主要进行单分子的吸附。根据 Langmuir 等温吸附模型中的 q_m，生物炭和蛭石对 PO_4^{3-} 的最大吸附容量大小依次为 73.29mg/g 和 78.97mg/g。另外，根据 n_f 的值可知，PO_4^{3-} 在生物炭的拟合参数中 n_f 值为 2.16，大于蛭石对 PO_4^{3-} 的拟合参数值 2.10，因此蛭石对 PO_4^{3-} 的吸附比生物炭对 PO_4^{3-} 的吸附更加均匀。

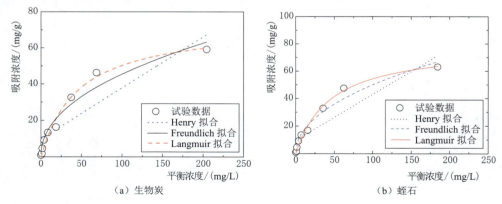

图 3.23　生物炭和蛭石对 PO_4^{3-} 的吸附结果 （pH 值＝7.0）

表 3.10 生物炭和蛭石吸附 PO_4^{3-} 拟合参数（pH 值＝7.0）

材料	平衡浓度 /(mg/L)	Langmuir 拟合参数			Freundlich 拟合参数			Henry 拟合参数	
		K_L/ (L/mg)	q_m/ (mg/g)	R^2	K_f	n_f	R^2	K_d/ (L/g)	R^2
生物炭	0.085～204.320	0.02	73.29	0.98	5.41	2.16	0.95	0.28	0.77
蛭石	0.093～184.420	0.02	78.97	0.99	5.55	2.10	0.97	0.33	0.80

3.4.3 生物炭和蛭石对底泥中重金属形态的影响

1. 生物炭和蛭石对底泥中铜形态的影响

生物炭和蛭石添加对底泥基质中重金属铜的形态分布影响如图 3.24 所示，从图中可以看出，对照处理（S100－0－0）底泥中，绝大部分铜都是以可氧化态和可还原态形式存在，二者之和超过 70％；其次是弱酸提取态，占比为 21.27％，而残渣态铜的比例较低，在 10％以下。当生物炭和蛭石的添加量为 2％（S98－1－1）、5％（S95－2.5－2.5）、10％（S90－5－5）和 20％（S80－10－10）时，疏浚底泥中铜的弱酸提取态的比例分别 19.00％、16.51％、14.64％和 10.30％，相比对照处理（S100－0－0）分别降低了 112％、128％、145％和 207％。当生物炭和蛭石的添加量为 2％（S98－1－1）、5％（S95－2.5－2.5）、10％（S90－5－5）和 20％（S80－10－10）时，疏浚底泥中铜的残渣态比例为 9.40％、11.25％、14.76％和 18.83％，相比对照处理（S100－0－0）分别增加了 122％、146％、192％和 245％。

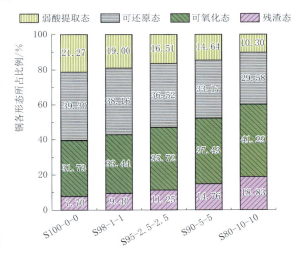

图 3.24 生物炭和蛭石添加对底泥基质中重金属铜的形态分布影响

从以上的数据分析可以看出，生物炭和蛭石添加改变了铜在疏浚底泥中的存在形态，特别是降低了弱酸提取态所占的比例，且随着生物炭和蛭石添加量的增大，弱酸提取态所占比例不断减小。同时，生物炭和蛭石的添加使铜的残渣态在疏浚底泥中的比例得到提高，且随着生物炭和蛭石添加比例的升高，残渣态的比例不断增大。显然，生物炭和蛭石的添加改变了铜在疏浚底泥中的存在形态，使铜得到了钝化，这是其向外淋滤浓度降低和淋滤比例下降的主要原因。

2. 生物炭和蛭石对底泥中铅形态的影响

生物炭和蛭石添加对底泥基质中重金属铅的形态分布影响如图 3.25 所示，从图中

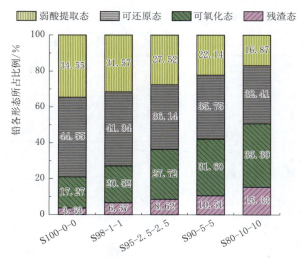

图 3.25　生物炭和蛭石添加对底泥基质中
重金属铅的形态分布影响

可以看出，对照处理（S100 - 0 - 0）底泥中，铅的弱酸提取态比例高达 34.55%，可还原态比例为 44.55%，可氧化态比例为 17.27%，而残渣的比例仅为 3.63%，综合判断，可以发现铅的环境风险较高。当生物炭和蛭石的添加量为 2%（S98 - 1 - 1）、5%（S95 - 2.5 - 2.5）、10%（S90 - 5 - 5）和 20%（S80 - 10 - 10）时，疏浚底泥中铅的弱酸提取态的比例分别 31.57%、27.52%、22.14% 和 16.87%，相比对照处理（S100 - 0 - 0）分别降低了 109%、126%、156% 和 205%。当生物炭和蛭石的添加量为 2%（S98 - 1 - 1）、5%（S95 - 2.5 - 2.5）、10%（S90 - 5 - 5）和 20%（S80 - 10 - 10）时，疏浚底泥中铅的残渣态的比例为 6.57%、8.62%、10.51% 和 15.33%，相比对照处理（S100 - 0 - 0）分别增加了 181%、237%、290% 和 422%。

3. 生物炭和蛭石对底泥中铬形态的影响

生物炭和蛭石添加对底泥基质中重金属铬的形态分布影响如图 3.26 所示，由图中可以发现，对照处理（S100 - 0 - 0）底泥中，铬的弱酸提取态比例为 7.90%，可还原态比例为 39.79%，可氧化态比例为 20.90%，而残渣的比例为 31.41%，也就是说有近 1/3 的铬属于不易迁移的残渣态。当生物炭和蛭石的添加量为 2%（S98 -1 -1）、5%（S95 - 2.5 - 2.5）、10%（S90 - 5 - 5）和 20%（S80 - 10 - 10）时，疏浚底泥中铬的弱酸提取态的比例分别 8.06%、7.86%、8.02% 和 6.66%，相比对照处理（S100 - 0 - 0）分别降低了 98%、100%、99% 和 119%。同时，当生物炭和蛭石的添加量为 2%（S98 - 1 - 1）、5%（S95 - 2.5 - 2.5）、10%（S90 - 5 - 5）和 20%（S80 - 10 - 10）时，疏浚底泥基质中重金属铬的残渣态的比例为 32.28%、32.53%、

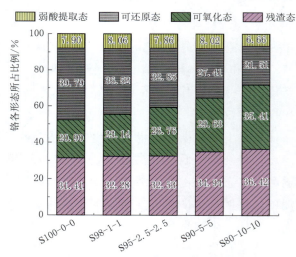

图 3.26　生物炭和蛭石添加对底泥基质中
重金属铬的形态分布影响

34.94％和 36.42％，相比对照处理（S100－0－0）分别增加了 103％、104％、111％和116％。将铬的形态改变结果与铜和铅的结果进行对比后可以发现，生物炭和蛭石添加后，尽管铬的形态发生了变化，但变化的幅度较小。可能是因为疏浚底泥中重金属铬主要是以阴离子形式存在，其不容易与生物炭或蛭石发生反应形成新的形态。

蛭石和生物炭的加入确实改变了疏浚底泥中重金属的存在形态，对底泥中的重金属起到一定的钝化作用。总体而言，二者的加入促使弱酸提取态重金属比例下降，同时增加了残渣态重金属的比例，也就是将重金属污染物从易活化态向稳定态转换。需要指出的是，生物炭和蛭石的加入对重金属形态的改变幅度与添加量和重金属类型有关，重金属形态的变化幅度与生物炭和蛭石添加量呈正相关。另外，重金属形态的改变还与重金属自身的类型有关，铅和铜受到的影响要强于铬。本书试验研究的结果与杨艳琴等的研究相一致，她们在研究中也发现，向污染土壤中添加生物炭可以显著改变土壤中重金属的形态。谭小飞在研究生物炭对土壤中铅形态影响时也发现，生物炭的添加可以促使生物炭中酸性可溶态重金属的比例下降，而可氧化态和残渣态比例升高。疏浚底泥中重金属的还原态比例降低是因为生物炭和蛭石中所含的碳酸盐和磷酸盐可以抑制重金属与铁和锰的氧化物形成络合物。

生物炭和蛭石添加到底泥中后，重金属形态之所以会发生改变，主要是因为生物炭和蛭石都呈碱性，其加入到底泥中后，会促使底泥的 pH 值升高，底泥 pH 值升高有利于重金属形成稳定氢氧化物或碳酸盐沉淀。此外，生物炭和蛭石还具有较强的离子交换能力，且生物炭本身含有大量的酚羟基、羧基和羰基等芳香化结构，当pH 值升高时，由于生物炭表面的酚基、羧基和羟基等酸性官能团的去质子化过程，导致疏浚底泥颗粒、生物炭和蛭石表面会带有更多的负电荷，这些负电荷吸附点位进一步增强了对重金属的静电吸附能力。此外，生物炭中还含有大量的 PO_4^{3-}、CO_3^{2-} 也可以与重金属发生共沉淀效应，形成难溶性沉淀物，从而降低重金属的活性。

3.5 本章小结

向疏浚底泥中添加生物炭和蛭石，研究不同添加量条件下疏浚底泥中铜、铅、铬和 PO_4^{3-} 的淋滤情况，通过开展批式吸附试验，明确生物炭和蛭石对污染物的吸附模式和吸附量，并对两者添加后疏浚底泥中重金属的形态变化进行分析。取得以下结论：

（1）生物炭和蛭石混合添加能够降低底泥中铜、铅、铬和 PO_4^{3-} 向外部淋滤量，且添加量越多抑制淋滤的效果越好。

（2）生物炭和蛭石主要通过吸附作用控制底泥中污染物向外淋滤，对于铜、铅和铬，生物炭的吸附效果要强于蛭石；对于 PO_4^{3-} 而言，蛭石的吸附效果强于生物炭。

（3）生物炭和蛭石添加后，底泥中铜和铅的弱酸提取态和可还原态比例下降，可氧化态和残渣态的比例上升，生物炭和蛭石的添加对底泥中铬形态的改变影响不显著。

第 4 章

生物炭和蛭石添加对疏浚底泥理化特性影响的研究

4.1 研究背景及意义

土壤肥力质量（物理和化学特性）的高低是植被能否正常发芽和良好生长的关键条件。当底泥用作生态袋的填料时，其必须确保能够维持河岸绿化植被的正常发芽和生长才能实现生态岸坡建设的目的。从灞河疏浚底泥的营养元素组成可以发现，尽管底泥中存在一定的营养物，然而这些营养物的含量并不均衡，特别是底泥中有机质的含量与绿化土壤推荐的值相比偏低。为了确保生态袋上种植的植被良好生长，有必要对底泥的肥力进行改良。

另外，底泥装入生态袋在岸坡堆存时，往往采用相互堆叠的存放形式，由于堆叠作用，生态袋内的底泥会被挤压持续固结，固结过程将导致底泥容重增大、内部孔隙减小，进而造成底泥透水性和透气性变差，底泥物理性质所发生的这些变化不利于植被发芽和生长，因此，有必要对底泥的物理特性（容重和渗透系数）进行改良，尽可能使其满足绿化植被生长的要求。

尽管目前一些研究已经尝试对底泥作为绿化植被种植土壤的肥力质量（物理和化学性质）进行改良，但是目前相关研究和实际工程大多采用化肥和废物堆肥等材料作为改良剂，这些改良剂对于一般工程场地的绿化植被种植土壤也许没有问题，但将这些改良剂用于河道岸坡生态袋，将不可避免产生二次污染问题。本研究向底泥中同时添加生物炭和蛭石（改良剂），研究两者对底泥物理、化学和肥力特性的影响，揭示生物炭和蛭石影响植被生长的机制，为生物炭和蛭石处理后的底泥作为生态袋填料的可行性提供试验依据。之所以选择生物炭和蛭石，是因为两者都属于天然材料，不会产生二次污染物，且价格较低。另外，通过对灞河疏浚底泥的组成进行分析后发现，底泥中氮含量不足，生物炭的添加能够补充植被发芽生长所需的氮元素，而天然蛭石的颗粒较大，孔隙较丰富，添加后可增大底泥的孔隙，利于营养物质、水分、空气等运输至植被根部，使底泥更适合栽种植被。

4.1.1 生物炭改良土壤

生物炭在土壤改良，尤其是沙化土壤和贫瘠土壤改良中的应用十分广泛。虽然并不是所有的研究都一致认为生物炭能够充分改善土壤肥力，但是整体而言其具备较好的改良功效。生物炭特殊的多孔结构和各类官能团，使其对于土壤中原有的营养物质具有良好的截留功能，可以有效避免各类营养物质（如氮和磷等）的流失。同时由于某些生物炭原料本身各种营养类物质较为充足，这些物质在制备生物炭以后依旧留存在生物炭内，并可以作为养分缓慢释放至土壤中，促进植物生长和

71

作物增产。生物炭的这种功效与化学肥料类似，但是生物炭的优势在于不仅能够提供营养物质，还能够强化这些营养物质的利用效率，并控制其释放速度。另外，由于大部分生物炭偏碱性，因此其应用于酸性土壤能够改变土壤的酸碱环境，进而影响各种营养物质的离子状态，并最终改善植物对这些物质的吸收效果。有研究证实，生物炭还可以通过增加土壤 pH 值来改变土壤盐分的可交换性，强化土壤养分的植物可利用性，从而进一步保证植物可以处于良好的生长状态。生物炭对土壤的改良功效主要包括理化性质改善、促进植物生长和作物增产、改善微生物群落等。

1. 生物炭对于土壤理化性质的改善

由于生物炭的组成特性，其能够直接作为营养物质为土壤提供碳、氮和磷等营养元素。而生物炭这种性能主要取决于制备生物炭的原材料。生物炭用于土壤改良的另一个原因在于其能够强化营养物质的利用效率，增加土壤保存营养物质的能力，防止营养物质的流失。研究显示，贫瘠土壤在施用了生物炭以后，碳、钾和磷等多种营养物质均得到提升。虽然生物对这些营养元素的可利用性并没有得到充分研究，但是事实上土壤的理化性质和作物的生长情况均得到改善。在土壤改良的应用中，主要表现为生物炭能够增加土壤总氮，这一点已经得到了许多研究结果的证实。不仅如此，还有研究表明生物炭能够强化土壤对于氮素的保持，有效防止氮素流失，这种效能主要归因于添加生物炭以后，土壤的阳离子交换容量（CEC）得到有效增加。Zhang 等研究表明，低温秸秆生物炭促进了土壤中氮、磷和钾的生物可利用度，但是在碱性土壤中添加生物炭则会导致铁、锌、铜和锰等金属组分的生物可利用度降低。生物炭的 pH 值、CEC、孔隙率和比表面积等性质能够影响其自身在土壤中功能的发挥。通过改善土壤的 pH 环境，生物炭能够改变一些营养物质的存在状态和生物可利用度，从而促进作物生长，这种改良作用在偏酸性的土壤中更为有效和常见。生物炭表面的功能性基团，特别是含氧官能团（例如羧基、羟基）对于增大土壤的 CEC 贡献突出，尤其是对于沙质土壤的改良效果更加明显。生物炭对于改良贫瘠土壤的 CEC 十分重要，因为增加 CEC 能够降低营养物质从土壤表面流失，并提高营养物质的可利用性，进而被植物更有效地吸收。Liang 等通过试验发现，生物炭的负电荷官能团能够将土壤的 CEC 从 88.4meq/100g 增加至 211.3meq/100g。其他一些研究也证明了使用生物炭后，有利于提升土壤的 CEC。例如，Mukherjee 等研究发现，生物炭添加到土壤经过 15 个月以后，土壤的 CEC 值大约增加了 8 倍，推测认为是生物炭表面发生氧化反应，形成了更多的含氧官能团，使得 CEC 值升高。由于施用土壤的性质、生物炭施加量、生物炭自身特性差异等因素，生物炭对于土壤 CEC 的提升作用也会发生变化。例如在两种土壤中施加三种类型不同的生物炭，两种土壤在同一种生物炭的作用下，CEC 增加量并不一样；而同一种土壤在不同类型生物炭的作用下，CEC 的变化也不一致。在另一项研究中，利用蔬菜残余物制备的生物炭能够提高稻田和山地土壤的 CEC，但是松果制备的生物炭对于两种土壤的 CEC 均没有改进作用。研究表明，高温热解制备得到的生物炭对于降低土壤酸性、促进土壤对营养物质的保持力更高效可行。另一方面，热解控制在低温条件下时，制备得到的生物炭对提升土壤的 CEC 更有优势。然而，另有试验结果显示，生物炭对于碱性土壤的作用比较微弱，其主要原因在于通过生物炭降低碱性土壤 pH 值比较困难。由此可知，生物炭在土壤应用中的不同表现与生物炭自身的理化性质，以及土壤类别等有较大关系。在实际应用中，应根据土壤性质和改良目标，选取适当的制备条件和生物炭作为改良剂才能得到最佳的使用效果。

2. 生物炭对植物生长和作物产量的提升

生物炭能够增强土壤中营养物质的含量并强化土壤对这些营养物质的保存能力，同时有助于植物对各种养分的利用。不仅如此，生物炭还可以强化土壤肥力的长效性，并且能够通过参与氮素转化影响植物和作物对营养物质的吸收效率。多项研究结果表明，生物炭的应用能够增加作物的产量，这一现象在贫瘠土壤中更为常见，效果也更加明显。但在本来就比较肥沃的土壤中应用，作物增产效果并不显著。例如，一项肯尼亚的土壤试验证明，在贫瘠土壤中施加桉树生物炭能够将玉米产量提高一倍以上。盆栽试验结果表明，松木屑生物炭施加在肥力欠佳的土壤中，能够使高粱产量增加。Wang 等在一项长达 6 年的酸性土壤大田试验中，研究了不同生物炭添加量对于玉米、大米和云扁豆产量的影响，发现玉米和云扁豆作物产量得到明显的增加。这主要是由于生物炭能够提高土壤的 pH 值，降低了金属铝的交换量，从而降低其对作物生长的抑制。生物炭对于作物增产的效果也会因为试验设置条件的不同而发生变化，一般而言，相比于大田试验，在实验室规模的试验中，更容易得到生物炭促进作物产量的结果。与中性土壤相比，在酸性土壤中作物的增产效果更好；与黏性土壤相比，在沙质土壤中的作物更容易增产。生物炭在酸性土壤或者沙质土壤中的优异功能很可能与其能够很好地提高土壤 pH 值和改良沙质土壤的理化性质有关。总而言之，生物炭对于植物生长和作物增产的促进作用，主要是通过改善土壤肥力和相关的理化特性来间接实现的，如营养物质含量、土壤 pH 值、土壤 CEC、土壤保肥力、营养物质可利用度等。而具体的改善效果与土壤本身的物理结构和化学组成、生物炭的特性、投加形式、作用周期以及所种植的作物类型都有关联。

3. 生物炭对土壤微生物群落的影响

微生物群落结构是关系到土壤性质和作物生长的重要因素，而生物炭能够通过增加土壤通气性、持水力、提供营养物质等为微生物群落提供良好的栖息环境，刺激微生物的代谢活动并优化微生物群落结构，进而提高土壤肥力和作物产量。一项为期 6 个月的试验证明，生物炭能够提高土壤中固氮微生物的丰富度。另有研究证明，生物炭能够通过改变土壤理化性质来富集固磷菌，或者直接改变了土壤微生物的整体群落结构。然而，也有一些研究显示，向土壤中施加生物炭并没有明显改善微生物群落结构的效果，甚至会对微生物产生负面影响。有一项研究也发现，生物炭添加前后微生物群落的生命代谢活动并没有表现出明显的差异性；Wallace 等发现添加生物炭后，土壤中的丛枝菌根真菌受到了抑制。对于生物炭对土壤微生物产生截然不同的影响，有人认为这主要是由于每个试验中采用的生物炭和土壤性质并不相同所导致的。

4.1.2　蛭石改良土壤

蛭石是经岩石风化作用后生成的一种次生矿物，其硬度小，易于粉碎，受热易膨胀，在高温下体积大约膨胀增大到原来的 10 倍。蛭石吸附性能强，吸附的阳离子 NH_4^+、K^+、Zn^{2+}、Mn^{2+} 可供植物生长所需；也可以进行离子代换使 NH_4^+、K^+ 等离子进入土壤。蛭石粉速效氮含量 18mg/kg、速效磷含量 $12\sim15$mg/kg、速效钾含量 100mg/kg。通过高温处理的膨胀蛭石粉是一种很好的土壤改良剂，日本以蛭石为主要原料制成土壤调理剂，用以改良低产土壤的理化性状。美国、南非、巴西盛产蛭石，蛭石产品的一半用于农业领域。

膨胀蛭石的多孔性是其在农业各领域内具有广泛用途的主要原因。其吸水性为本身重量的 2.65 倍，且其层间电荷也较高，因此，吸水后其有吸附阳离子的作用。此外，蛭石的保肥性表现在离子固定上。在土壤中，蛭石固定离子的能力与其他次生矿物相比要强得多。蛭石复合肥正是利用膨胀蛭石进行吸附，实际上是起肥粒载体的作用，然后造粒成型、烘干、筛分而制成粒状蛭石复合肥料。这种肥料施入土壤后，由于蛭石对肥料成分的吸附作用及存在于膨胀蛭石层间的肥效成分，减少了肥效成分在水中的扩散速度，这就减少了肥效成分的地下渗漏损失，从而起到保水保肥的作用。

蛭石施于土中可逐渐与土壤融合，由于蛭石容重小、孔隙度高，故可以起到疏松土壤、改善土壤通气状况的作用，利于作物根系生长和发育。蛭石导热系数小，可起到保温和提高地温的作用，也适于土性冷湿的土壤施用。在焉耆县永宁乡下岔河村农田进行的试验显示，该地块种春麦不出苗，施入蛭石粉后，甜菜田间出苗率提高 40%，当年耕种大白菜产量 10.5t/667m²；焉耆县五号渠乡查汗渠村一块开荒地，小麦产量 51kg/667m²，施入蛭石后种甜菜，出苗率达 80%，保苗率 72%，甜菜产量 1.22t/667m²，改善了土壤板结状况。尉犁县团结乡将蛭石粉施于水稻地后，改善了水稻根际氧化还原状态，使"换根"现象自然消失，减少了稻苗死亡率，顺利度过 6 月"换根关"。

　　杨若鹏等以番茄种子为材料，研究不同浓度 NaCl 胁迫下经蛭石引发和未引发的番茄种子、幼苗的生长情况。结果表明，经过蛭石引发处理的番茄种子发芽势、发芽率、发芽指数、活力指数等种子萌发特性的 4 个指标及幼苗干质量、鲜质量、株高、根系长等幼苗生长的 4 个指标大部分显著高于对照样；经过引发处理的幼苗叶片中 3 种抗氧化酶〔超氧化物歧化酶（SOD）、过氧化物酶（POD）、过氧化氢酶（CAT）〕的活性均显著高于对照样，而丙二醛（MDA）含量显著低于对照样；引发处理后显著提高了可溶性蛋白质、可溶性糖和游离脯氨酸含量。由结果可以看出，蛭石引发能显著增强番茄种子的活力，从而提高其耐盐性。

　　常瑶等研究了蛭石引发处理对新夏青二号品种、夏冬青品种和华王品种小白菜种子在高温下发芽特性和幼苗抗氧化特性的影响。结果表明：经蛭石引发处理后，小白菜种子的发芽率、发芽势、发芽指数、活力指数和幼苗干鲜重、超氧化物歧化酶（SOD）、过氧化物酶（POD）、过氧化氢酶（CAT）的活性均高于对照样；以上结果显示，蛭石引发提高了小白菜种子的活力并增强了幼苗的耐高温性。

4.1.3　绿化种植土壤的质量要求

　　因为疏浚底泥是装入生态袋内用于河道岸坡绿化植被种植的，所以对于疏浚底泥肥力的改良是根据《绿化种植土壤》（CJ/T 340—2016）中对绿化土壤肥力的要求而开展的。绿化种植土的基本性质要求见表 4.1、表 4.2 和表 4.3。

表 4.1　绿化种植土壤主控指标的技术要求

主控指标			技术要求
1	pH 值	一般植物	2.5∶1 水土比	5.0～8.3
			水饱和浸提	5.0～8.0
		特殊要求	特殊植物或种植所需并在设计中说明
2	含盐量	电导率/(mS/cm)（适用于一般绿化）	5∶1 水土比	0.15～0.90
			水饱和浸提	0.30～3.00
		质量法/(g/kg)（适用于盐碱土）	基本种植	≤1.0
			盐碱地耐盐植物种植	≤1.5
3	有机质			12～80
4	质地			壤土类（部分植物可用砂土类）
5	土壤入渗率/(mm/h)			≥5

表 4.2　　　　　　　　　　　　绿化种植土壤肥力的技术要求

序号	养分控制指标	技术要求
1	CEC/(meq/100g)	≥10
2	有机质含量/(g/kg)	20～80
3	水解性氮（N）含量/(mg/kg)	40～200
4	有效磷（P）含量/(mg/kg)	5～60
5	速效钾（K）含量/(mg/kg)	60～300
6	有效硫（S）含量/(mg/kg)	20～500
7	有效镁（Mg）含量/(mg/kg)	50～280
8	有效钙（Ca）含量/(mg/kg)	200～500
9	有效铁（Fe）含量/(mg/kg)	4～350
10	有效锰（Mn）含量/(mg/kg)	0.6～25.0
11	有效铜[a]（Cu）含量/(mg/kg)	0.3～8.0
12	有效锌[a]（Zn）含量/(mg/kg)	1～10
13	有效钼（Mo）含量/(mg/kg)	0.04～2.00
14	可溶性氯[b]（Cl）含量/(mg/L)	＞10

注　a. 铜、锌若作为重金属污染控制指标，有对应的指标要求。
　　b. 水饱和浸提，若可溶性氯作为盐害指标，有对应的指标要求。

表 4.3　　　　　　　　　　绿化种植土壤潜在障碍因子的技术要求

潜在障碍因子控制指标		技术要求
压实	密度（有地下构筑物或特殊设计的要求除外）	＜1.35mg/m³
	非毛管孔隙度	5%～25%
石砾含量（除排水或通气等特殊要求外）	总含量（粒径≥2mm）（质量百分比）	≤20%
	不同粒径　草坪	最大粒径≤20mm
	不同粒径　其他	最大粒径≤30mm
水分障碍	含水量	在稳定凋萎含水量和田间持水量之间/(g/kg)
种植土壤下构筑物承重	密度	≤0.5mg/m³
	最大湿密度	≤0.8mg/m³
潜在毒害	发芽指数（GI）	＞80%
盐害	可溶性氯[a]（CL）	＜180mg/L
	交换性钠（Na）	＜120mg/kg
	钠吸附比[a]（SAR）	＜3
硼害	可溶性硼[a]（B）	＜1mg/L

注　a. 水饱和浸提。

根据表 4.1 和表 4.2，本研究中重点分析生物炭和蛭石添加后，疏浚底泥密度、入渗率（渗滤系数）、pH 值、含盐量、有机质、水解性氮以及有效磷等指标。另外，由于疏浚底泥中含有一定的可溶盐和污染物，这些物质的存在容易对绿化植被的种子发芽情况产生负面影响，因此，研究还考察了生物炭和蛭石添加对疏浚底泥障碍因子（潜在毒害）的影响。

4.2　试验材料与方法

4.2.1　底泥、生物炭和蛭石

本书试验研究所使用疏浚底泥为取自灞河河道右岸的疏浚底泥，底泥自身的基本性质见表 3.1。研究所使用的生物炭购买自河南某科技公司，为粉末状玉米秸秆生物炭。研究所使用的蛭石购买自某园艺用品公司，为产自新疆的白蛭石。玉米秸秆的基本性质和蛭石的基本性质分别见表 3.2 和表 3.3。

4.2.2　主要试剂和仪器

本章试验中所使用的主要试剂见表 3.5。试验中主要使用的仪器见表 3.6。

4.2.3　钝化土的制备

将风干后的底泥、生物炭和蛭石按照预先设定的比例放入塑料盆内进行充分混合，混合比例见表 3.4。喷入蒸馏水直至混合物的含水量达到田间持水量的 65%±5%，然后放置在自然条件下进行培养，通过培养稳定疏浚底泥中的重金属和其他污染物。隔天称取底泥基质（包括疏浚底泥、疏浚底泥与生物炭以及蛭石的混合物）质量，并喷入适量蒸馏水，以保证整个钝化期间底泥基质的含水量维持在田间持水量的 65%±5%。

4.2.4　生物炭和蛭石对疏浚底泥入渗率的影响

入渗率是绿化种植土壤主要控制指标之一，当底泥用作生态袋填料时，由于生态袋相互堆叠，其中所含底泥将不可避免发生固结，一旦底泥固结，必将导致底泥的入渗率降低，在此情况下，天然降雨或人工绿化洒水无法快速渗入到生态袋的疏浚底泥基质中，导致疏浚底泥含水率偏低，无法满足绿化植被生长的要求。另外，疏浚底泥中黏粒较多，孔隙偏小，虽然有高的总孔隙度，但非毛细管孔隙过少，并且由于疏浚底泥中黏粒吸水膨胀很快，更减小了孔隙，导致底泥通气不畅，影响植物的发芽和生长。疏浚底泥渗滤系数参照《森林土壤渗透性的测定》（LY/T 1218—1999）测定，测定主要步骤如图 4.1 和图 4.2 所示。

（a）S100-0-0 试样

（b）S98-1-1 试样

（c）S95-2.5-2.5 试样

（d）S90-10-10 试样

（e）S80-10-10 试样

图 4.1　底泥及改良试样在水中浸泡

图 4.2　环刀法测定疏浚底泥渗滤系数

环刀法测定疏浚底泥渗滤系数步骤如下：

（1）取花盆内底泥高度，确定装入环刀内底泥样品的质量，将底泥样品装入环刀内，将装入样品的环刀浸入水中。一般砂土浸 4～6h，壤土浸 8～12h，黏土浸 24h，授水时，保持水面与环刀上口平齐，勿使水淹到环刀上口的土面。

（2）到预定时间将环刀取出，去掉盖子，上面套上一个空环刀，接口处先用胶布封好，再用熔蜡黏合，严防从接口处漏水，然后将接合的环刀放到漏斗上，漏斗下面承接一烧杯。

（3）往空环刀内加水至环刀顶部 1mm 处，即水层厚 5cm。

（4）加水后，自漏斗下面滴下第一滴清水时开始计时，之后每隔 1min、2min、3min、5min、10min、15min、…、$n$min 更换漏斗下面的烧杯，并分别量出渗出水量 Q_1、Q_2、Q_3、Q_5、Q_{10}、Q_{15}、…、Q_n。每更换一次烧杯要将上面环刀内水面加至原来高度，同时记录水温（℃）。

（5）试验一般持续时间约 1h 才逐渐稳定。如果试验 1h 后仍不稳定，则需一直测到单位时间渗出水量相等为止。

试验结果计算如下：

（1）渗出水总量。渗出水总量计算式为

$$Q = \frac{(Q_1 + Q_2 + Q_3 + \cdots + Q_n)\ 10}{S} \tag{4.1}$$

式中 Q——渗出水总量，mm；

Q_1、Q_2、Q_3、…、Q_n——每次渗出水量，mL（即 cm^3）；

                S——环刀的横断面积，cm^2。

（2）渗滤速度。渗滤速度的计算式为

$$v = \frac{10Q_n}{t_n S} \tag{4.2}$$

式中 v——渗滤速度，mm/min；

       t_n——每次渗滤间隔的时间，min。

（3）渗滤系数。渗滤系数的计算式为

$$K_t = \frac{10Q_n l}{t_n S(h+l)} = v\frac{l}{h+l} \tag{4.3}$$

式中 K_t——温度为 t℃时的渗滤系数，mm/min；

       l——土层厚度，cm；

       h——水层厚度，cm。

（4）为了使不同温度下所测得的 K_t 值便于比较，应换算成 10℃时的渗滤系数。10℃时的渗滤系数的计算式为

$$K_{10} = \frac{K_t}{0.7 + 0.03t} \tag{4.4}$$

式中　K_{10}——温度为 10℃时的渗滤系数，mm/min；

　　　　t——测定时水的温度，℃。

4.2.5　生物炭和蛭石对底泥基质 pH 值的影响

pH 值是影响底泥中重金属活性以及植被生长的关键因素。因此，有必要对生物

炭和蛭石添加后用作生态袋填料的底泥混合物的 pH 值进行测定。另外，底泥 pH 值与重金属的赋存状态、吸附解吸、迁移转化以及生物有效性密切相关，是影响底泥中重金属淋滤行为的一个重要因素。

pH 值参照《森林土壤 pH 值的测定》（LY/T 1239—1999）规定的电位法测定。所用 pH 计如图 4.3 所示。具体操作为称取通过 2mm 筛孔的风干底泥 10g 置于 50mL 烧杯中，加入 25mL 超纯水，土∶水＝1∶2.5，用玻璃棒剧烈搅动 2min，用封口膜封住杯口，静置

图 4.3　pH 计

30min，将 pH 计电极插入底泥悬液中，测定 pH 值。

4.2.6　生物炭和蛭石对底泥基质含盐量的影响

生物炭和蛭石对疏浚底泥基质含盐量的影响采用电导率法进行分析。电导率测定方法参照《森林土壤水溶性盐分分析》（LY/T 1251—1999）进行。具体操作为称取通过 2mm 筛孔的风干底泥 10g 置于 50mL 烧杯中，加入 25mL 超纯水，用玻璃棒剧烈搅动 2min，用封口膜封住杯口，静置 30min，将电导率计电极插入底泥悬液中，测定电导率值。

底泥全盐量含量计算表达式为

$$L = Cf_t K \tag{4.5}$$

式中　L——25℃时，1∶5 底泥水淋滤液的电导率，mS/cm；

　　　　C——测得的电导值，mS/cm；

　　　　f_t——温度校正系数；

　　　　K——电极常数（电导仪上如有补偿装置，不需乘电极常数）。

温度校正系数计算表达式为

$$f_t = K \frac{1}{1 + a(t - t_0)} \tag{4.6}$$

式中　a——温度校正值，一般可取 0.02；

t_0——参考温度，25℃；

t——测定时待测液温度，℃。

电极常数 K 值计算表达式为

$$K = \frac{L}{C} \tag{4.7}$$

式中　L——氯化钾标准溶液的电导率，mS/cm；

　　　C——测得氯化钾标准溶液的电导值，mS/cm。

4.2.7　生物炭和蛭石对底泥有机质含量的影响

有机质含量是衡量土壤肥力高低的一个重要指标。在本书试验研究中对低有机质含量的底泥［对照处理（S100-0-0）］采用重铬酸钾氧化-外加热法测定，对于高有机质含量的底泥（添加了生物炭和蛭石）则采用重量法测定，试样准备过程如图 4.4 所示。

（a）样品准备　　　　　　　　（b）试验所用马弗炉

图 4.4　重量法测定改良疏浚底泥中有机质含量

底泥有机质含量采用重量法测定，参照《固体废物　有机质的测定　灼烧减量法》（HJ 761—2015）进行。具体操作为用已恒重的瓷坩埚在天平上称取 10g 样品，将其移入烘箱内，在 105℃条件下烘干 2h，取出放入干燥皿内，冷却 0.5h 后称重，反复几次，直到恒重，将烘干后的样品和瓷坩埚放入马弗炉中，在 550℃条件下烧 1h，关掉电源，待炉内温度降至 200℃时取出，放入干燥皿，待冷却后，称重。

底泥的有机质含量计算表达式为

$$w = \frac{m_0 - m_1}{m} \times 100 \tag{4.8}$$

式中　w——底泥有机质含量，%；

　　　m_0——瓷坩埚和烘干样品的质量，g；

　　　m_1——瓷坩埚和烘干样品灼烧后的质量，g；

m——烘干样品的质量，g。

4.2.8　生物炭和蛭石对底泥有效磷的影响（比色法－碳酸氢钠浸提）

一般认为土壤中有效磷的含量达到 10mg/kg 以上，土壤中磷的含量就属于高肥力水平，无需施加磷肥即可满足植被生长的需求。纯疏浚底泥中有效磷的含量为 2.34mg/kg，与《绿化种植土壤》（CJ/T 340—2016）中规定的值（5～60mg/kg）相比偏低很多。

底泥中有效磷的测定参照《森林土壤磷的测定》（LY/T 1232—2015）进行，采用比色法测定；具体操作为称取过 2mm 筛的风干底泥样品 5g 于浸提瓶中，加 25mL $HCl\text{-}H_2SO_4$ 浸提剂，在 20～25℃恒温条件下以 160r/min 持续振荡 5min，过滤。吸取 2～10mL 滤液于 50mL 容量瓶中，加 1 滴 $C_6H_4N_2O_5$ 指示剂，用 2mol/L NaOH 调到黄色，然后用 0.5mol/L 的 H_2SO_4 溶液调 pH 到溶液刚呈微黄色，准确加入 5mL 钼锑抗显色剂，用去离子水定容至刻度，摇匀，在室温高于 20℃条件下静置 30min，在分光光度计上用 700nm 波长比色。

底泥有效磷的含量计算表达式为

$$W_P = \frac{(c - c_0)Vt_s}{mk} \tag{4.9}$$

式中　W_P——有效磷（P）含量，mg/kg；

　　　c——从标准曲线上获得的待测液的磷浓度，$\mu g/mL$；

　　　c_0——从标准曲线上获得的空白溶液的磷浓度，$\mu g/mL$；

　　　V——显色液体积，取 50mL；

　　　t_s——分取倍数；

　　　m——风干土样质量，g；

　　　k——由风干土样换算成烘干土样的水分换算系数。

4.2.9　生物炭和蛭石对底泥比表面积的影响

底泥比表面积采用比表面积分析仪测定；具体操作为称取一定量钝化后的底泥研磨过 1mm 筛，置于玻璃皿，将其移入烘箱，在 60℃条件下烘干 8h，取出底泥装入样品管，将样品管安装至比表面积分析仪上，进行预处理，预处理结束后，加入液氮，进行测定。

4.2.10　生物炭和蛭石对底泥田间持水量的影响

底泥田间持水量测定参照《森林土壤水分-物理性质的测定》（LY/T 1215—1999）进行，采用环刀法测定；具体操作为将过 1mm 筛的底泥样品装入环刀中，装上有孔盖，将有孔盖一面朝下，无孔盖一面朝上放置于平底容器中，缓慢加水，保持水面比环刀上边缘低1~2mm，浸泡24h。将经过水分充分饱和的底泥样品环刀取出，移去底部有孔盖子，把此环刀放在盖有滤纸的装有风干底泥样品的环刀上，将两个环刀边缘对接整齐并用2kg左右重物压实，经过8h水分下渗后，取出上层环刀中的底泥样品15~20g，放入已经恒重的铝盒（m_0），称取重量为m_1，在105℃条件下烘干至恒重，取出后放入干燥皿冷却至室温，称取重量为m_2。

底泥田间持水量计算表达式为

$$X = \frac{m_1 - m_2}{m_2 - m_0} \times 1000 \tag{4.10}$$

式中　X——底泥田间持水量，g/kg；

　　　m_0——烘干空铝盒质量，g；

　　　m_1——烘干前铝盒及试样的质量，g；

　　　m_2——烘干后铝盒及试样的质量，g。

4.2.11　生物炭和蛭石对底泥水解氮的影响

底泥中水解氮的测定参照《森林土壤氮的测定》（LY/T 1228—2015）进行，采用扩散法测定；具体操作为称取过2mm筛的风干底泥1.5g均匀地平铺于扩散皿外室，在底泥外室内加1g锌-硫酸亚铁还原剂平铺于底泥上。加3mL浓度为20g/L的H_3BO_3指示剂溶液与扩散皿外室。在扩散皿外室边缘上方涂碱性胶液，盖好毛玻璃并多次旋转，使得毛玻璃与扩散皿完全黏合。然后慢慢转开毛玻璃的一边，使扩散皿的一边露出一条狭缝，在此缺口处加入10mL浓度为1.8moL/L的NaOH溶液与扩散皿的外室，立即用毛玻璃盖严。放在恒温箱中，在40℃条件下保温24h。用0.01moL/L的HCl标准溶液滴定内室H_3BO_3中吸收的氨量，颜色由蓝色变为紫红色，即为终点。

底泥水解氮的含量计算表达式为

$$W_N = \frac{Mc(V - V_0)}{mk_1} \times 10^3 \tag{4.11}$$

式中　W_N——水解氮含量，mg/kg；

　　　V——滴定样品所用盐酸标准液体积，mL；

　　　V_0——滴定空白所用盐酸标准液体积，mL；

　　　c——盐酸标准液的浓度，moL/L；

　　　m——风干底泥质量，g；

　　　k_1——由风干底泥换算成烘干底泥的水分换算系数；

　　　M——氮原子的摩尔质量，14mg/mmoL。

4.2.12　种子发芽指数试验

种子发芽指数试验根据《绿化种植土壤》（CJ/T 340—2016）附录 C 中种子发芽指数实验方法进行。种子发芽指数试验过程照片如图 4.5 所示。

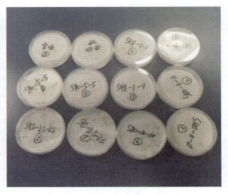

图 4.5　种子发芽指数试验照片

4.3　结果与分析

4.3.1　底泥密度变化

生物炭和蛭石添加后疏浚底泥的密度逐渐减小，其结果如图 4.6 所示。从图中可以看出，疏浚底泥对照样（S100 - 0 - 0）在塑料盆中的容重为 1.02g/cm³，这一数值相对于天然种植土壤密度偏低，主要是因为本书试验研究中花盆中的底泥是风干破碎后重新装入的。而当生物炭和蛭石的添加量为 2％、5％、10％和 20％时，疏浚底泥的容重则分别降低到了 0.99g/cm³、0.81g/cm³、0.76g/cm³ 和 0.61g/cm³，分别为对照试样（S100 - 0 - 0）密度的 97％、79％、75％和 60％。

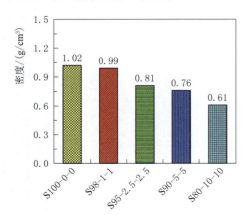

图 4.6　生物炭和蛭石添加对疏浚
底泥密度的影响

生物炭和蛭石本身都属于密度较低、体积较大的天然材料，当其与疏浚底泥混合后，底泥的密度自然下降。疏浚底泥基质密度降低有利于绿化种植植被种子发芽和植株生长。白雪等在研究生物炭对土壤密度影响时也发现，向土壤中施加生物炭会降低土壤的容重。魏彬萌等针对渭北果园土壤紧密化的问题，采用蛭石来降低土壤的密度，增加了土壤水的入渗速率和通气性，很好地解决了果园存在的土壤紧实化问题；另外，他们在研究中还发现，蛭石的添加还增加了土壤的保水能力，改善了土壤的墒情。底泥密度的降低表明底泥的结构变得疏松，产生的多孔隙结构可以增加底泥的渗滤系数和通气性，为水分、营养物质的流通提供便利，使其更适用于栽种植被。

4.3.2 底泥渗透系数变化

生物炭和蛭石加入后疏浚底泥渗滤系数的变化情况如图4.7所示。由图可以看出，当生物炭和蛭石的添加量为2%时，疏浚底泥基质的渗滤系数相对于对照样（S100-0-0）并没有增大。但当生物炭和蛭石的添加量为5%时，疏浚底泥的渗滤系数出现了大幅度增大，其数值相当于对照样（S100-0-0）的2倍，而当生物炭和蛭石的添加量为20%时，疏浚底泥的渗滤系数再一次出现显著增加，其大小为对照样（S100-0-0）的3.7倍。至于生物炭和蛭石添加量为10%，渗滤系数为什么没有比添加量为5%时更高，还需要进一步分析。生物炭和蛭石的加入促进了疏浚底泥渗滤系数的增大。疏浚底泥渗滤系数增大的主要原因应该是由于生物炭和蛭石的加入导致底泥的密度降低，孔隙体积增大，底泥中可供水通过的通道增多（在底泥密度变化中已得到证实）。

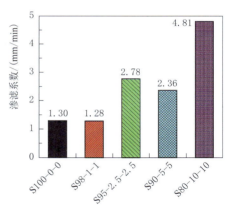

图4.7 生物炭和蛭石对底泥渗滤系数的影响

4.3.3 底泥pH值变化

添加不同量生物炭和蛭石后，疏浚底泥基质的pH变化情况如图4.8所示。从图中可以看出，疏浚底泥的pH为7.16，属于中等偏碱。当生物炭和蛭石的添加量为2%、5%、10%和20%时，疏浚底泥基质的pH分别增加到了7.22、7.34、7.68和7.74，显然生物炭和蛭石添加后疏浚底泥的pH出现了不同程度的升高，且pH升高的幅度随着生物炭和蛭石添加量的增大而增大。张登晓在研究中也发现，向农田中添加生物炭，可以促使土壤的pH升高。吴骥子向土壤中添加生物炭后，经过160d的培养后，土壤pH升高了0.3~0.6个单位。

生物炭和蛭石添加后，疏浚底泥的pH值之所以会提高，主要是因为生物炭中

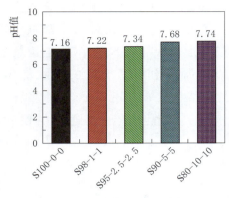

图 4.8　生物炭和蛭石添加对
底泥 pH 的影响

具有大量的盐基离子，它们大多都是以碳酸盐或是氧化物的形态存在，当碳酸盐或是氧化物在遇到疏浚底泥中的 H^+ 离子时会进行中和反应，从而消耗了底泥中的 H^+，增加了底泥基质的 pH 值。另一方面，生物炭中也存在着一些含氧有机官能团，这些官能团在底泥中由于发生质子化作用，消耗了底泥中的 H^+，从而导致底泥的 pH 值升高。另外，生物炭中的碱度组分（主要是碳酸盐和有机阴离子）也对底泥的 pH 值升高起到重要的作用。Yuan 等发现生物炭的 pH 值与土壤 pH 值的提高之间存在着明显的关联。Yuan 等还发现经高温热解的生物炭对土壤 pH 值的提升效果大于经低温热解的生物炭。同时，已有研究表明，弱碱性的环境更适合植被成长。

生物炭和蛭石添加后，底泥基质的 pH 值介于 7.22～7.74，符合《绿化种植土壤》（CJ/T 340—2016）标准中的要求（5.0～8.3）。

4.3.4　底泥含盐量变化

土壤浸提液电导率的大小可以反映出土壤含盐量的高低。底泥基质中含盐量与生物炭和蛭石添加量的关系如图 4.9 所示。疏浚底泥对照处理（S100－0－0）的含盐量为 0.549mS/cm，介于《绿化种植土壤》（CJ/T 340—2016）规定的范围（0.15～0.9mS/cm）之间。当疏浚底泥中分别添加 2% 和 5% 的生物炭和蛭石后，疏浚底泥基质的含盐量出现了显著增高，从对照处理（S100－0－0）的 0.549mS/cm，分别增加到了 0.889mS/cm 和 1.724mS/cm，分别增大了 1.62 倍和 3.14 倍。疏浚底泥基质含盐量的增大应该是由生物炭的加入引起的，生物炭含盐量为 6.54mS/cm，蛭石在疏浚底泥基质的含盐量变化上作用不大，因为蛭石的含盐量只有 0.359mS/cm。

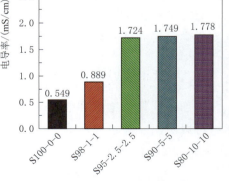

图 4.9　生物炭和蛭石添加对底泥
含盐量的影响

但是，当生物炭和蛭石的添加量继续增大到 10% 和 20% 时，底泥基质的含盐量尽管还在增大，但增大的幅度却小得多。这可能是因为底泥基质中加入蛭石的量较多，其可以吸附生物炭释放出来的可溶盐，从而减缓了含盐量的升高幅度。而在这之前增高的幅度之所以较大是因为添加的蛭石量较少，其在吸附了底泥中释放的可溶盐后，没有过多的吸附余量来吸附生物炭释放出的可溶盐。

4.3.5 底泥有机质含量变化

改良底泥基质中有机质含量与生物炭和蛭石添加量的关系如图4.10所示。从图中

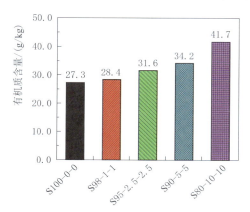

图4.10 生物炭和蛭石添加对底泥
有机质含量的影响

可以看出，在对照处理（S100-0-0）中底泥的有机质含量为27.3g/kg。这一有机质含量略高于《绿化种植土壤》（CJ/T 340—2016）中规定的最低值（20g/kg）。需要指出的是，灞河疏浚底泥中有机质的含量比南方一些疏浚底泥的有机质含量要低，例如太湖底泥的有机质含量达到285.7～466.2g/kg；而大运河杭州段的底泥含量则为179.2g/kg。如果仅从有机质的角度对灞河疏浚底泥的肥力质量进行评价的话，可以认为灞疏浚道底泥肥力质量比南方疏浚底泥肥力质量要差得多。

向疏浚底泥中添加2%、5%、10%和20%的生物炭和蛭石后，底泥基质中有机质的含量不断增大，分别达到28.4g/kg、31.6g/kg、34.2g/kg和41.7g/kg，比对照样高1.04倍、1.16倍、1.25倍和1.53倍。显然生物炭和蛭石的添加有利于底泥有机质含量的增加，且增加后底泥的有机质含量满足《绿化种植土壤》（CJ/T 340—2016）的要求（12～80g/kg）。底泥基质中有机质的增加主要是由于生物炭加入引起的。

4.3.6 底泥有效磷含量变化

底泥基质中有效磷含量与生物炭和蛭石添加量的关系如图4.11所示。由图可知，当生物炭和蛭石的添加量为2%和5%时，疏浚底泥中有效磷的含量从62.8mg/kg分别减小到60.0mg/kg和61.2mg/kg；但是，当生物炭和蛭石的添加量增大到10%和20%的时候，底泥中有效磷的含量则分别增加到了64.8mg/kg和67.1mg/kg；从以上数据可以看出，生物炭和蛭石的添加并没有显著增加

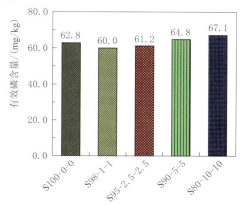

图4.11 生物炭和蛭石添加对底泥
有效磷含量的影响

疏浚底泥基质中有效磷的含量，其原因应该是蛭石中有效磷的含量过低。根据《绿化种植土壤》（CJ/T 340—2016）肥力的技术要求，绿化种植土有效磷的含量应该在 5～60mg/kg。据此推断，生物炭和蛭石的添加比例应该高于 2％，否则将造成底泥中有效磷缺失，无法满足植被生长要求。

4.3.7　底泥水解氮含量变化

改良底泥基质中水解氮含量与生物炭和蛭石添加量的关系如图 4.12 所示。由图可知，疏浚底泥中水解氮的含量为 182.1mg/kg，这一数值介于《绿化种植土壤》（CJ/T 340—2016）所规定的绿化种植土壤肥力要求范围（40～200mg/kg）之间。当蛭石和生物炭添加量为 2％、5％、10％和 20％时，疏浚底泥中水解氮的比例不断降低从最初的 182.1mg/kg 分别降低至 178.5mg/kg、153.5mg/kg、146.4mg/kg 和 128.5mg/kg。原因可能是生物炭和蛭石本身含有一些盐基阳离子（主要是 Na^+、K^+、Mg^{2+}、Ca^{2+} 等），当生物炭和蛭石添加至底泥中后，这些盐基阳离子会与底泥中的水解氮发生络合反应，从而出现底泥中水解氮含量降低的现象。需要指出的是，尽管疏浚底泥基质中水解氮的比例有所下降，但其值仍然远远高于《绿化种植土壤》（CJ/T 340—2016）所规定的最低要求（40mg/kg）。

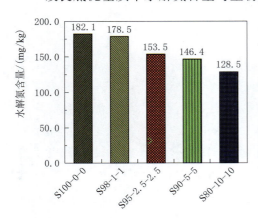

图 4.12　生物炭和蛭石添加对底泥水解氮的影响

4.3.8　底泥田间持水量变化

底泥基质田间持水量变化与生物炭和蛭石添加量的关系如图 4.13 所示。由图可知，底泥对照处理的田间持水量为 203.41g/kg，当底泥中添加 2％、5％、10％和 20％的生物炭和蛭石后，底泥田间持水量呈现出一定程度的降低，分别下降了 5.04g/kg、6.89g/kg、11.28g/kg 和 20.05g/kg。这一现象与赵迪等研究结果一致，他们在研究生物炭对粉黏壤土田间持水量影响时也发现，生物炭添加会降低土壤的田间持水能力。另外，刘

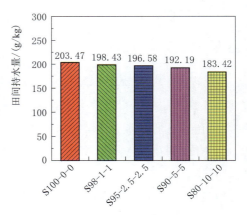

图 4.13　生物炭和蛭石添加对底泥田间持水量的影响

祥宏的研究结果也表明，生物炭添加会降低黄土的田间持水量。这主要是因为生物炭的持水能力低于底泥（底泥细小颗粒较多，持水能力强于生物炭），所以生物炭掺入导致底泥田间持水量下降。

4.3.9 种子发芽指数试验

种子发芽指数试验照片如图 4.14 所示。

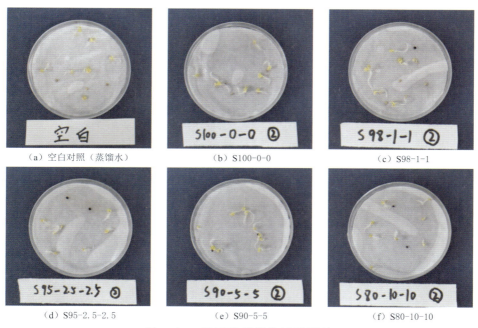

(a) 空白对照（蒸馏水）　　　(b) S100-0-0　　　(c) S98-1-1

(d) S95-2.5-2.5　　　(e) S90-5-5　　　(f) S80-10-10

图 4.14　种子发芽指数试验照片

种子发芽指数试验数据见表 4.4，从表中可以看出，在疏浚底泥中添加 2%（1% 的生物炭＋1% 的蛭石）的改良剂后，空心菜的发芽率为 70% 降低到 65%，发芽指数也由对照处理（S100 － 0 － 0）的 195.85% 降低到 149.34%。而当生物炭和蛭石的添加量为升高到 5%、10% 和 20% 时，白菜种子的发芽率为 70%、80% 和 75%。显然，生物炭和蛭石的添加对白菜种子发芽率的提升并没有明显的促进作用。盘丽珍在研究生物炭对空心菜发芽率的影响时也发现，生物炭的添加对未被污染的土壤中空心菜的发芽率并没有促进作用，有时甚至会降低发芽率，而对于被严重污染的土壤，生物炭的添加则能够显著提高空心菜发芽率。杨刚等在研究高灰基生物炭对镉污染土壤中小白菜发芽情况影响时也发现，生物炭添加对小白菜的发芽情况并没有显著的促进作用，部分情况下还出现了抑制作用。其根本原因是生物炭中可能含有一定的多环芳烃，其会抑制小白菜种子的发芽。由于本书研究所用的灞河疏浚底泥被污染的情况并不十分严重，因此，改良剂（生物炭和蛭石）的添加并没有显著提高白菜种子的发芽率。

表 4.4　　　　　　　　　　　种子发芽指数试验数据

样品代号	成分组成（质量比）/%			发芽率/%	平均根长/mm	发芽指数/%
	底泥	生物炭	蛭石			
S100－0－0	100	0	0	70	21.25	195.85
S98－1－1	98	1	1	65	17.45	149.34
S95－2.5－2.5	95	2.5	2.5	70	12.70	117.05
S90－5－5	90	5	5	80	18.00	189.60
S80－10－10	80	10	10	75	13.65	134.79

4.4　本章小结

向底泥中添加不同比例生物炭和蛭石，分析其对疏浚底泥密度、渗滤系数、pH值、含盐量、有机质含量、有效磷含量、水解氮含量、田间持水量以及发芽指数等理化性质的影响。取得以下主要结论：

（1）生物炭和蛭石添加可以明显降低底泥的容重，且添加量越大，降低的幅度越大。

（2）当生物炭和蛭石的添加量为2%时，底泥的渗滤系数没有变化，但当生物炭和蛭石添加量达到5%及以上时，底泥的渗滤系数不断增大，当添加量达到20%时，底泥渗滤系数比对照样高3.7倍。

（3）生物炭和蛭石添加促使底泥的pH值轻微升高，提高幅度在0.08~0.6个单位，生物炭和蛭石添加量越多，升高幅度越大。

（4）生物炭和蛭石添加提高了底泥中有机质含量，且添加量越大，有机质含量增加的幅度越明显。

（5）生物炭和蛭石添加显著降低了底泥中水解氮的含量，但对底泥中有效磷含量的影响几乎可以忽略。

（6）当生物炭和蛭石的添加量为2%和5%时，底泥含盐量大幅升高；继续增加生物炭和蛭石，含盐量变化幅度不显著。

第 5 章

生物炭和蛭石添加对疏浚底泥可植性影响的研究

5.1 研究背景及意义

由本书第 3 章研究可知，向疏浚底泥中添加生物炭和蛭石（本章下文简称为改良剂），能够抑制疏浚底泥中污染物向外淋滤，这意味着疏浚底泥中重金属污染物对绿化植被的胁迫效应也会相应减弱。而根据本书第 4 章研究可知，改良剂的添加可以提高疏浚底泥的肥力质量（改善了疏浚底泥的物理和化学性质）。据此可以认为经过改良剂改良后的疏浚底泥要比未经改良的疏浚底泥更适应于绿化植被发芽和生长。然而，已经开展的部分研究显示，改良剂的添加并不一定能够促进植被生长，在有些情况下甚至会对植物的发芽和生长产生负面影响，这是因为生物炭和蛭石添加所起效果与需要改良的土壤（或底泥）的自身性质紧密相关。

为了验证生物炭和蛭石对疏浚底泥可植性的影响，有必要开展盆栽试验，通过植物发芽和生长情况直接验证改良效果。为此，本章通过黑麦草盆栽试验检验改良剂添加对疏浚底泥可植性改良效果，研究结果将为疏浚底泥可植性改良提供数据支持。

5.2 黑麦草

黑麦草是多年生植物，基部节上生根质软。叶舌长约 2mm；叶片柔软，具微毛，有时具叶耳。穗形穗状花序直立或稍弯；小穗轴平滑无毛；颖披针形，边缘狭膜质；外稃长圆形，草质，平滑，顶端无芒；两脊生短纤毛。颖果长约为宽的 3 倍。花果期 5—7 月。本书研究所用黑麦草种子购于某种子站，之所以选择黑麦草，主要原因如下：

（1）环境适应能力强。黑麦草适温凉湿润气候。适合在夏季清凉、冬季温度适中的地区生长。黑麦草的生长适宜温度范围一般在 $10\sim27℃$，且温度越接近 $10℃$ 生长越快速，$35℃$ 及以上黑麦草生长则不良。光照强、日照短、温度较低的环境对黑麦草分蘖有利。温度过高则黑麦草分蘖停止或中途死亡。由于黑麦草的生长速度快，生命力顽强，抗病能力也极强，因此其属于冷季型草种，有一定的抗寒冷能力，但是也不能在冬天酷寒条件下顺利生长。在风和土壤等适宜条件下可生长 2 年以上，国内通常情况下可作为越年生牧草使用，还可以作为多年生牧草使用。尽管黑麦草在年降水量为 $500\sim1500mm$ 地方均可快速生长，以 $1000mm$ 左右为最适。较喜且耐湿，但排水不良或地下水位过高也会抑制黑麦草的生长。夏季高热、干旱对黑麦草生长极为不利。对土壤要求比较严格，适合在肥沃土地生长。略能耐酸，适宜的土壤 pH 值为 $6.0\sim7.0$。

（2）黑麦草是一种良好的护坡植被。刘学通过调研指出，黑麦草是陕西省关中地区公路生态护坡常用的一种植被。高德彬等在对陕西省多条公路黄土路堑高边坡植被方案进行调查后也发现,多条公路的护坡都用到了黑麦草。谢三桃选用黑麦草作为河道生态岸坡建设的护坡植被,并对黑麦草在淹水条件下的生态应激表现进行了系统的研究。苏雨峥调查了北京市 5 条河流廊道植被的分布,发现 5 条河流廊道大量种植黑麦草。陈冬霞选用黑麦草作为城市内河滨岸缓冲带的植被,其研究结果表明,黑麦草可以实现对河道边坡的保护作用。

(3) 黑麦草具有一定的污染净化能力。杨卓等通过试验证实,黑麦草对重金属镉、铅和锌具有一定的富集能力。冯鹏等通过试验证实,多年生黑麦草对土壤中重金属铅和镉具有显著的富集能力,修复效果较好。温丽等通过盆栽试验也证实,黑麦草对重金属镉、铅和锌具有较强的富集性能。李方敏等通过研究发现,黑麦草对石油污染土也具有一定的修复能力。高彦征等采用盆栽试验方法,研究种植黑麦草后,土壤中菲和芘的变化情况。供试污染土壤中菲和芘的起始浓度分别为 0～456.5mg/kg 和 0～488.7mg/kg。结果表明,黑麦草对土壤中菲和芘的降解起促进作用。45d 后,种植黑麦草的土壤中菲和芘的去除率分别为 85.80%～90.79% 和 44.32%～89.21%,均显著高于未种植黑麦草的对照样;而残留浓度则比对照样约低 53.6% 和 78.3%。修复过程中,虽然黑麦草本身可吸收积累菲和芘,且根和茎叶中菲和芘的含量均表现出随土壤中菲和芘浓度的提高而明显增加,但植物吸收积累量毕竟有限,所以黑麦草促进土壤中菲和芘降解的主要原因并不是植被吸收积累,其贡献小于 0.54%;与微生物对照相比,植物修复效率明显高于微生物处理,主要是植物促进了土壤中的土著微生物对土壤中菲和芘的降解作用。丁克强等通过温室盆栽试验,观察黑麦草对土壤中菲的富集作用,通过 60d 的温室盆栽试验,观察到土壤中菲的可提取浓度随着时间增加逐渐减小,黑麦草加快了土壤中可提取态菲浓度的下降。在 5mg/kg、50mg/kg 和 500mg/kg 菲处理浓度下黑麦草生长的土壤中菲的降解率分别达 93.1%、95.6% 和 94.7%。黑麦草增强土壤中多酚氧化酶活性而提高植物对菲的降解率。土壤自身具有修复多环芳烃菲的自然本能,种植黑麦草具有强化土壤修复菲污染的作用。增加黑麦草产量,增强土壤中多酚氧化酶活性,进而提高黑麦草植物修复菲污染土壤的能力。

5.3　试验材料和方法

5.3.1　试验材料

本研究所用底泥取自灞河右岸的风干疏浚底泥。疏浚底泥的颗粒组成及其他基本理化性质见第 2 章相关研究内容。本章研究选取多年生北方黑麦草作为受试植物。黑麦草是一种重要且广泛种植的多年生草本植物,能在重金属污染土壤中生长且可以吸收一定量重金属,已被广泛应用于重金属污染土壤修复。尽管黑麦草对重金属积累浓度低于一些超富集植物,但其具有很强的再生能力和很高的生物量,在重金属污染土壤修复方面有非常大的应用潜力。

5.3.2 试验试剂

本章试验里所使用的主要试剂见表 5.1。

表 5.1　　　　　　　　　本章试验使用的主要试剂

试　剂	分　子　式	纯　度
碳酸钙	$CaCO_3$	
对氨基苯磺酸	$C_6H_7NO_3S$	
α-萘胺	$C_{10}H_9N$	
亚硝酸	HNO_2	分析纯
磷酸	H_3PO_4	
95%乙醇	C_2H_5OH	

5.3.3 主要仪器

本章试验中使用的主要仪器见表 5.2。

表 5.2　　　　　　　　　本章试验使用的主要仪器

仪　器　名　称	型　号
电子天平	JM-B10002
紫外分光光度计	UV2600A
光照培养箱	MGC-300A

5.3.4 盆栽试验

本章研究一共设置 5 个处理,包括对照(S100-0-0)、添加 2%改良剂(S98-1-1)、5%改良剂(S95-2.5-2.5)、10%改良剂(S90-5-5)和 20%改良剂(S80-10-10)的生物炭和蛭石混合物。每个处理设置 3 个平行。

将过筛后的底泥、生物炭和蛭石按照预设定的比例充分混合,总质量设定为 600g±1g。装入到塑料花盆中(高 18cm,口径 20cm,底径 13cm)。用称重法添加蒸馏水至疏浚底泥基质田间持水量的 65%,进行为期 1 周的培养,培养期照片如图 5.1 所示。一周后将塑料花盆中疏浚底泥基质的表层(1~1.5cm)充分翻松,将颗粒饱满、大小基本相同的 50 颗黑麦草种子均匀播种到塑料花盆内，随后覆盖约 1cm 厚的培养基质（疏浚底泥、疏浚底泥与生物炭和蛭石的混合物）。

（a）100%底泥

（b）98%底泥＋1%生物炭＋1%蛭石

（c）95%底泥＋2.5%生物炭＋2.5%蛭石

（d）90%底泥＋5%生物炭＋5%蛭石

图 5.1（一）　种子培育示意图

（e）80%底泥＋10%生物炭＋10%蛭石

图 5.1（二）　种子培育示意图

将花盆放置到光照培养箱内进行培养，如图 5.2 所示。光照培养箱的培养条件设置为：12h/12h 光黑循环，白天温度为 25℃，光照强度为 16000lx，夜晚温度设定为 23℃。每日使用蒸馏水浇灌，保持塑料花盆内疏浚底泥基质的含水率为各基质田间持水量的 65%±5%。待种子发芽后培养 3 周，核定黑麦草种子发芽率。然后进行间苗，将每盆定植至 20 株。定期观察记录黑麦草的生长状况。种植 30d 后进行相关参数测定，种植 45d 后统一收割，不同盆栽的黑麦草的叶和根洗净后，分析生物量、叶绿素含量以及根系活力等参数。

图 5.2　黑麦草在光照培养箱中培养

5.3.5　黑麦草种子发芽率

种子萌发必须有适当的外界条件，包括足够的水分、充足的氧和适宜的温度。在绿化植被培育和种植过程中，种子的迅速萌发，形成整齐度高而健壮的幼苗，是提高产量的基础。疏浚底泥中可溶盐较多，降低了疏浚底泥孔隙溶液的渗透势，这不仅会导致植物生理性缺水，在种子萌发过程中也会使种子因无法吸水而使种子不能萌发或延迟发芽，甚至导致种子缺水死亡。添加生物炭和蛭石后对疏浚底泥基质中黑麦草种子的发芽率将产生怎样影响是本试验研究必须关注的内容之一。

5.3.6　黑麦草株高测定

株高是植物形态学的重要指标，同时也是岸坡绿化植被形成景观的重要条件之一，因此，黑麦草的株高也是本试验研究必须考察的内容之一。在进行各处理株高调查时，株高为塑料花盆内疏浚底泥基质表面到黑麦草叶尖的垂直距离。黑麦草株高采用刻度尺量取，具体操作为从每个花盆中随机取出 4 棵黑麦草，用刻度尺量取每株植株高度，取平均值。

5.3.7　黑麦草生物量（鲜重）测定

生物量是绿化植被形成景观的重要前提，本试验研究将其作为黑麦草是否生长良好的重要指标加以考察。黑麦草生物量采用重量法测定，具体操作为将挖取出的黑麦草用蒸馏水洗干净、用滤纸吸去植株上的水分，剪掉根系，分别称取黑麦草地上部分和根系的质量。

5.3.8　黑麦草叶绿素含量测定

叶绿素是一种色素，其为植物的光合作用吸收光能。在一定范围内，植物的光合强度随着叶绿素含量的增加而增强。因此，叶绿素是植物的高产性能指标之一，其含量可以用来表征植物生长状况。疏浚底泥中的重金属和其他可溶盐对黑麦草具有一定的胁迫效应，在此情况下，可能引起黑麦草中毒症状，叶片呈黄化，出现褐色斑点和条纹，茎叶萎缩死亡，严重影响光合作用，重金属和可溶盐胁迫抑制植物叶绿素合成和光合作用。通过叶绿素的测定，可以反映植被的生长状态。

1. 叶绿素的提取

（1）乙醇提取法。将采集回来的植物叶片，用自来水冲洗干净，再用干净纱布或滤纸擦去水分，剪碎，称 0.2～0.5g 放于研钵中，加 95％乙醇少量（润湿叶片为度）和少许石英砂（叶片中纤维多的可不加）研磨细碎成叶泥后，再加乙醇 2～3mL，略加研磨稍澄清后，取上层溶液于漏斗滤入容量瓶，钵内残渣再加乙醇反复浸提和冲洗多次，至无绿色（残渣勿入漏斗）。然后再用滴管吸取乙醇，慢慢滴洗滤纸，直至滤纸上无叶绿素为止（即滤纸为原来的白色），最后用乙醇定容为 50mL，滤液即叶绿素提取液。

（2）混合液浸提法。将所测定植物叶片洗净，去主脉，剪成 4～8mm 的小片或叶条混匀后，称取 0.1～0.2g，放入 25mL 容量瓶，加入浸提液（按丙酮：乙醇：水＝4.5：4.5：1 比例混匀即可）至刻度；也可用直径 0.9cm 的打孔器，在叶片主脉两侧各取 5～10 个小圆片，放入 20mL 混合液中。置暗箱（或暗盒）中直接浸提叶绿素 8～12h，其间振摇 2～3 次，直至小圆片或碎片完全空白为止。上层绿色溶液经准确定容并摇匀，澄清后即可用于比色测定。

2. 叶绿素的定量测定——分光光度法

将叶绿素提取液倒入比色皿中（溶液高度为比色皿高度的 4/5），以 95％乙醇（或混合提取液）做参比液，于分光光度计取波长 652nm 比色测定消光度（光密度）。全过程避光操作。

3. 叶绿素含量计算

叶绿素含量计算表达式为

$$C_a = 13.95 OD_{665} - 6.88 OD_{649} \tag{5.1}$$

$$C_b = 24.96 OD_{649} - 7.32 OD_{665} \tag{5.2}$$

$$C_{ar} = \frac{1000 OD_{470} - 2.05 C_a - 114.8 C_b}{245} \tag{5.3}$$

$$C = C_a + C_b \tag{5.4}$$

式中 C_a——植被叶绿素 a 的含量，mg/g；

       C_b——植被叶绿素 b 的含量，mg/g；

      C_{ar}——植被类胡萝卜素的含量，mg/g；

        C——叶绿素含量，mg/g；

 OD_{470}——植被在波长为 470nm 时的吸光度；

 OD_{649}——植被在波长为 649nm 时的吸光度；

 OD_{665}——植被在波长为 665nm 时的吸光度。

5.3.9 根系活力测定

植物根系是植物的活性器官和合成器官。植物茎和叶的生物量水平和营养状况直接受根系生长和活力水平的影响。根系活力是判断植被生长状态，反映植物根系吸收能力和合成代谢强弱的一个关键生理指标。

植物的根系能氧化吸附在根表面的 α-萘胺，生成红色的 α-羟基-1-萘胺，沉淀于有氧化力的根表面，使这部分根染成红色，其反应式为

$$\tag{5.5}$$

根系活力是根系吸收、合成与生长等生理活动的综合表现，而这些生理活动都需要一定的能量。因此，在理论上可用根呼吸作用的强弱来判断根系活力的大小。而 α-萘胺能被植物活体产生的 H_2O_2 在含铁氧化酶（主要指过氧化氢酶）的参与下所氧化，该酶的活力越强，对 α-萘胺的氧化力也越强，染色也越深。所以，可根据染色深浅判断根系活力的高低；也可测定溶液中未被氧化的 α-萘胺量，以确定根系活力的大小。

在酸性环境中，α-萘胺与对氨基苯磺酸和亚硝酸盐作用生成红色的偶氮染料，可供比色测定 α-萘胺含量，其反应式为

$$\text{(对氨基苯磺酸)} + 2H^+ + NO_2^- \longrightarrow \text{(重氮化合物)} + 2H_2O \tag{5.6}$$

$$\text{萘胺} + \text{重氮化合物} \longrightarrow \text{对-苯磺酸-偶氮-α-萘胺} \tag{5.7}$$

黑麦草根系活力采用分光光度法测定。具体操作如下:

(1) 用水洗净挖出的黑麦草根系上的泥土,剪下根系,再次清洗,用滤纸吸去根表面的水分,称取 0.1g 根放置在 100mL 锥形瓶中,然后加 25mL 浓度为 50μg/mL 的 α-萘胺溶液和 25mL 的 H_3PO_4 缓冲液,轻轻振荡,并用玻璃棒将根全部浸入溶液中,静置 10min。吸取 2mL 溶液,测定 α-萘胺含量,作为试验开始时的数值。再将锥形瓶加塞,放在 25℃ 恒温箱中,3h 后,再进行 α-萘胺含量的测定。

(2) α-萘胺含量的测定。吸取 2mL 溶液,加入 10mL 蒸馏水,再在其中加入 1mL 浓度为 1% 的对氨基苯磺酸溶液和 1mL 亚硝酸钠溶液,静置 5min,待混合液变成红色后,再用蒸馏水定容至 25mL。在 510nm 波长下测定吸光度。

底泥根系活力计算表达式为

$$\alpha - \text{萘胺的氧化强度} \ [\mu g/(g \cdot h)] = \frac{vx}{mt} \tag{5.8}$$

式中　x——氧化的 α-萘胺浓度,μg/mL;

$\quad\quad$ v——样品中被还原的 α-萘胺定容的量,25mL;

$\quad\quad$ m——鲜样品质量,g;

$\quad\quad$ t——氧化的时间,h。

5.4　结果与分析

5.4.1　改良剂对黑麦草种子发芽率的影响

不同掺量改良剂下黑麦草种子的发芽率变化情况见表5.3。从表中可以发现,在底泥对照样（S100－0－0）中黑麦草种子的发芽率仅为44％，而当改良剂添加后，黑麦草种子发芽率得到了不同程度的提高，在添加量为2％、5％、10％和20％时，分别提高到46％、60％、62％和64％，比底泥对照样（S100－0－0）分别增加了1.05倍、1.36倍、1.41倍和1.20倍，总体而言黑麦草种子的发芽率随着生物炭和蛭石添加量的增多而升高，但低添加量（2％）情况下影响并不明显；当改良剂的添加量高于2％后，影响则较为显著。此研究结果与夏阳和Wang等的研究结果相一致，他们向海洋盐碱土壤中添加了生物炭，研究生物炭对海洋盐渍土肥力质量的改善效果，试验结果显示，添加了生物炭以后，海洋盐渍土中天菁和锦葵种子的发芽率都得到了不同程度的提升。李程等的研究结果也显示，生物炭添加能够提升黑麦草种子在重金属污染土壤中的发芽率。

表 5.3　　黑麦草种子盆栽试验发芽率

样 品 代 号	成分组成（质量比）/％			发芽率/％
	底泥	生物炭	蛭石	
S100－0－0	100	0	0	44
S98－1－1	98	1	1	46
S95－2.5－2.5	95	2.5	2.5	60
S90－5－5	90	5	5	62
S80－10－10	80	10	10	64

改良剂添加到底泥中后，黑麦草种子的发芽率得到提高，应该是由以下两个因素引起的：

（1）改良剂具有较低的密度，可以使疏浚底泥质地疏松（密度降低），在此情况下，底泥基质中氧气浓度增大，机械阻力减小，这些条件的改变都有利于黑麦草种子的萌发。

（2）改良剂添加为疏浚底泥增加了营养成分，特别是氮、磷等单纯疏浚底泥中缺少的营养元素，这些营养元素的增多也可以促进黑麦草种子的萌发。

5.4.2　改良剂对黑麦草生长情况的影响

黑麦草盆栽试验生长45d后的侧视图和俯视图分别如图5.3和图5.4所示。从照片中可以直观地观察到，在对照组处理（S100－0－0）的塑料花盆中，黑麦草植株叶片细小，叶片略微发黄，新叶片颜色偏浅。而在添加了改良剂以后，改良剂的添加量为2％、5％和10％的塑料盆中，黑麦草的长势依然良好，且随着改良剂添加量的增大，黑麦草生长情况有逐渐向好的趋势。但是，当改良剂的添加量达到20％时，从表观上观察，黑麦草的长势与添加量为10％时并没有显著区别。为了对改良剂促进黑麦草生长的情况进行定量表达和评价，本试验研究测定了不同处理中黑麦草的株高、生物量、叶绿素含量和根系活力等指标。

（a）100%底泥

（b）98%底泥＋1%生物炭＋1%蛭石

（c）95%底泥＋2.5%生物炭＋2.5%蛭石

（d）90%底泥＋5%生物炭＋5%蛭石

图 5.3（一） 盆栽试验生长 45d 后的侧视图

（e）80％底泥＋10％生物炭＋10％蛭石

图5.3（二） 盆栽试验生长45d后的侧视图

（a）100％底泥

（b）98％底泥＋1％生物炭＋1％蛭石

（c）95％底泥＋2.5％生物炭＋2.5％蛭石

图5.4（一） 盆栽试验生长45d后的俯视图

（d）90％底泥＋5％生物炭＋5％蛭石

（e）80％底泥＋10％生物炭＋10％蛭石

图 5.4（二）　盆栽试验生长 45d 后的俯视图

5.4.3　改良剂对黑麦草株高的影响

改良剂添加对黑麦草株高的影响如图 5.5 所示。由图可知，在黑麦草培育 30d 和 45d 后的对照处理中，黑麦草的株高分别为 14.01cm 和 18.41cm。培育 30d 后，当添加 2％、5％、10％ 和 20％ 的改良剂时，黑麦草的株高分别为 23.04cm、27.45cm、25.30cm 和 23.16cm。培育 45d 后，当添加 2％、5％、10％ 和 20％ 的改良剂时，黑麦草的株高为 24.52cm、36.52cm、33.83cm 和 25.16cm。

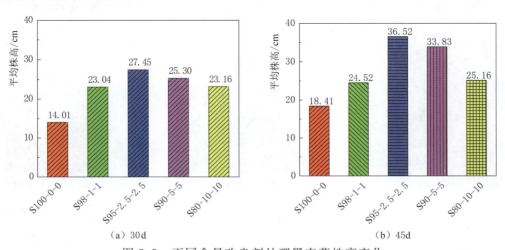

（a）30d

（b）45d

图 5.5　不同含量改良剂处理黑麦草株高变化

　　总体上分析可以认为，改良剂的添加能够促进黑麦草植株高度增加。但需要注意的是，黑麦草植株高度增加的幅度与改良剂的添加量并没有呈线性正相关；当改良剂的添加量从 0 增加到 5％时，黑麦草的株高出现了显著增加，而当改良剂的添加量从 5％升高到 10％和 20％时，黑麦草株高出现了改良剂 20％和 10％添加弱于改良剂 5％添加的情况。这种情况张明月在研究中也曾观察到，其在使用生物炭对土壤进行肥力改良时发现，随着生物炭添加量的增加，黑麦草的株高出现了先增大后减小的趋势。

5.4.4　改良剂对黑麦草生物量的影响

　　改良剂添加后底泥基质中黑麦草地上部分和根系生物量变化情况如图 5.6 所示。经过 30d 和 45d 培养后，对照处理的黑麦草地上部分鲜重为 0.47g 和 0.76g。对于 2％、5％、10％和 20％处理样品，经过 30d 培养，黑麦草地上部分鲜重分别为 0.48g、0.61g、0.61g 和 0.57g，分别是对照处理的 1.02 倍、1.29 倍、1.31 倍和 1.21 倍；45d 培养后，2％、5％、10％和 20％处理样品，黑麦草地上部分鲜重分别为 0.86g、1.03g、1.05g 和 0.90g，是对照处理的 1.12 倍、1.35 倍、1.37 倍和 1.18 倍；这一研究结果与王逸飞的研究有类似之处，他向自来水厂含铝污泥中添加了蛭石后，含铝污泥中植被（绿园 5 号草坪草）生物量有了明显增加。黄超等在研究生物炭对浙江某地区土壤中黑麦草生长情况影响时也发现，通过向土壤中添加生物炭可以增加黑麦草的生物量，而且增加的幅度与生物炭添加量呈正相关。梁成凤向镉污染土壤中加入了生物炭，并以小白菜作为受试植被，其研究结果显示，生物炭添加可以增加污染土壤中小白菜的生物量，且添加量越多（1％～5％），小白菜的生物量越大。

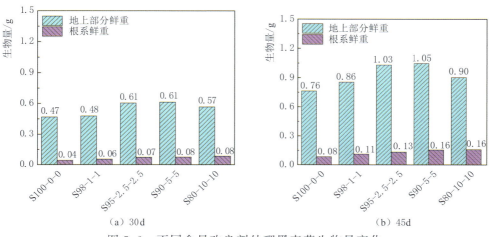

（a）30d　　　　　　　　　　（b）45d

图 5.6　不同含量改良剂处理黑麦草生物量变化

需要指出的是，当改良剂的添加量达到 20％时，黑麦草地上部分的鲜重要低于 10％添加量时黑麦草地上部分的鲜量。高添加量情况下黑麦草地上部分生物量下降的主要原因可能是碳/氮（C/N）不平衡。当改良剂的添加量为 20％时，黑麦草根系部分鲜重并没有像地上部分一样出现比 10％添加量时黑麦草根系部分鲜重下降的趋势，这有可能是因为黑麦草根系部分获取底泥基质中营养成分的能力要强于地上部分，因此，当底泥基质中营养成分不均衡时，根系受到的影响要弱于地上部分。所以在本书研究中，当改良剂添加量达到 20％的时候（整个底泥基质营养不良），根系的生物量并没有下降。

在黑麦草培育 30d 和 45d 后的对照处理中，黑麦草根系鲜重分别为 0.04g 和 0.08g。培育 30d 后，2％、5％、10％和 20％处理样品中黑麦草根系鲜重分别为 0.06g、0.07g、0.075g 和 0.084g，分别是对照处理的 1.29 倍、1.71 倍、1.76 倍和 1.97 倍。培育 45d 后，2％、5％、10％和 20％处理样品中，黑麦草根系鲜重分别增加到 0.11g、0.13g、0.16g 和 0.158g，分别是对照处理的 1.32 倍、1.59 倍、1.84 倍和 1.88 倍；黑麦草根系部分的生物量与改良剂的添加量呈正相关。

改良剂添加后，黑麦草生物量增加的主要原因应该是两者对疏浚底泥物理和化学性质的改善以及对疏浚底泥中毒害物质胁迫效应的减弱作用。具体可以分为以下四点：

1）改良剂中含有一定的营养成分，两者的添加提高了疏浚底泥中有机质以及其他营养成分的含量，如速效氮和速效磷；而黑麦草对疏浚底泥中营养物质的反应非常敏感，两者的添加将促使黑麦草生长。朱光伟等在研究疏浚底泥对土壤中植被生长情况影响时发现，疏浚底泥所含的速效钾和速效磷可以促进高山羊毛和白三叶生物量增加。

2）改良剂的添加能够降低疏浚底泥中的重金属以及其他可溶盐对黑麦草的胁迫效应，从而促进黑麦草生物量的增加。王小波等向重金属镉污染的土壤中添加了蛭石，并利用油菜进行大棚栽种试验，其研究结果显示，蛭石可以显著降低重金属镉对油菜的胁迫效应，促进油菜生物量增加。肖亮亮等使用药渣生物炭固定土壤中复合重金属（铜和镉），使黑麦草根系部分生物量增加 3 倍以上，而地上部分生物量更是增加 5 倍以上；研究人员将黑麦草生物量的增加主要归因于生物炭对污染土壤中重金属的吸附固定以及由此而产生的对黑麦草胁迫效应的降低。

3）改良剂可以通过改变底泥的物理特性，特别是通气性能来促进黑麦草生长。杨思楠曾使用蛭石和膨润土作为矸石充填土壤区修复剂对土壤进行改良，其通过盆栽种植青菜的试验显示，通过蛭石和膨润土的联合施用，青菜的茎、叶和总重都出现了不同程度的增加，增加幅度在 0.6％～65.77％之间。许剑臣等研究发现，向污染土中施加蛭石能够促进空心菜的生物量增加，研究人员将空心菜生物量的增加归因于蛭石对土壤的疏松、吸水保肥以及向空心菜提供营养元素钾等功能上。

4）除了直接作用以外，改良剂还可以通过间接作用促进黑麦草的生长。生物炭和蛭石均属于多孔材料，且生物炭比表面积大，在添加到疏浚底泥后，可为底泥基质中微生物提供碳源和栖息微环境，从而有利于微生物的生存繁衍，增加疏浚底泥中有益菌群的数量，增强疏浚底泥生态系统功能，为黑麦草根系提供良好的生长环境。

5.4.5 改良剂对黑麦草叶绿素含量的影响

添加改良剂后不同处理条件下黑麦草叶绿素含量的变化情况如图 5.7 所示。从图中可以看出，在黑麦草培育 30d 和 45d 后的对照处理中，黑麦草的叶绿素含量分别为 2.48mg/g 和 2.52mg/g。培育 30d 后，当添加 2％、5％、10％和 20％的改良剂时，黑麦草叶绿素含量分别为 2.77mg/g、2.94mg/g、3.41mg/g 和 2.67mg/g，分别是对照处理的 1.12 倍、1.19 倍、1.38 倍和 1.08 倍；培育 45d 后，当添加 2％、5％、10％和 20％的改良剂时，黑麦草叶绿素含量分别为 2.82mg/g、3.21mg/g、3.14mg/g 和 2.65mg/g，分别是对照处理的 1.12 倍、1.27 倍、1.25 倍和 1.05 倍。

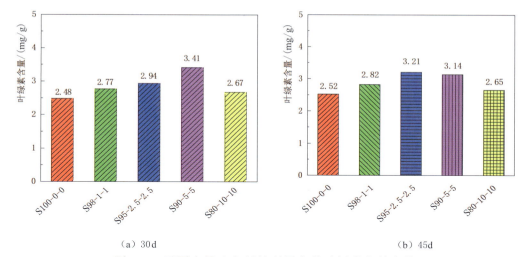

（a）30d   （b）45d

图 5.7　不同含量改良剂处理黑麦草叶绿素含量变化

当改良剂的添加量较低时（2％以下），其加入并没有显著促进黑麦草叶绿素的增加。只有当改良剂的掺加量达到 5％以上，黑麦草的叶绿素含量才会增加。肖亮亮等在研究药渣生物炭联合麦饭石对江西某铜矿周边水稻田中铜和镉影响黑麦草生长状况时也发现，生物炭添加可以促进了黑麦草叶绿素的增长。邝臣坤等使用固化疏浚底泥种植香根草的研究结果也表明，在固化疏浚底泥中种植的香根草，其叶绿素含量要显著高于未经过固化处理的底泥中种植的黑麦草。张瑞研究了生物炭对滨海盐渍土中小白菜生长的影响，其研究结果显示，添加生物炭后，小白菜的叶绿素含量显著升高。王晓维等所开展的种植试验研究结果则表明，在土壤中添加生物炭，可以显著促进油菜叶苗中叶绿素含量提高。

改良剂添加后，黑麦草的叶绿素含量之所以提高可以归因于以下两个主要原因：1）改良剂添加为黑麦草的生长提供了必需的营养元素，特别是有效磷的增加。2）生物炭和蛭石通过吸附等作用固定了疏浚底泥中的营养元素，使其不会在浇水水流的作用下流失，始终维持在黑麦草根系周围，为黑麦草的生长持续稳定提供营养，从而促使其叶片中叶绿素含量提高。

至于生物炭和蛭石添加量为 20％时，黑麦草的叶绿素下降，应该是因为生物炭的添加导致疏浚底泥基质中碳的含量显著增大，导致底泥基质中碳/氮比失调，影响了黑麦草对氮素的吸收。Deenik 等在研究中就曾发现，过量生物炭的添加导致植被生长情况变差，其根本原因就是因为生物炭添加造成的碳/氮比失调。

5.4.6　改良剂对黑麦草根系活力的影响

根系是黑麦草吸收水分和营养物质的重要器官，根系发达可以促进黑麦草营养元素吸收，进而促进黑麦草地上部分生长。地上部分生长旺盛又反过来为根系生长提供了足够的营养物质，进而形成了良性循环。不同比例改良剂添加底泥中培育黑麦草的根系活力变化情况如图 5.8 所示。从图中可以看出，在黑麦草培育 30d 和 45d 后的对照处理中，黑麦草的根系活力分别为 $10.53\mu g/(g \cdot h)$ 和 $13.72\mu g/(g \cdot h)$。黑麦草培育 30d 后，底泥中添加了 2％、5％、10％和 20％的改良剂时，黑麦草的根系活力分别增加到了 $10.89\mu g/(g \cdot h)$、$14.86\mu g/(g \cdot h)$、$15.57\mu g/(g \cdot h)$ 和 $14.26\mu g/(g \cdot h)$，分别是对照处理的 1.03 倍、1.41 倍、1.48 倍和 1.35 倍；黑麦草培育 45d 后，底泥中添加了 2％、5％、10％和 20％的改良剂时，黑麦草的根系活力分别增加到了 $15.84\mu g/(g \cdot h)$、$18.12\mu g/(g \cdot h)$、$15.51\mu g/(g \cdot h)$ 和 $14.63\mu g/(g \cdot h)$，分别是对照处理的 1.15 倍、1.32 倍、1.13 倍和 1.06 倍；可以发现，当生物炭和蛭石的添加量为 2％时，黑麦草的根系活力并没有显著提高；而当生物炭和蛭石的添加量为 5％时，黑麦草的根系活力有了显著的升高，是对照处理的 1.3 倍；但在这之后，随着生物炭和蛭石添加量继续增多，黑麦草的根系活力并没有继续增大。

黑麦草根系活力的增加应该与疏浚底泥的容重下降有关。当改良剂添加后，底泥的容重降低，内部孔隙体积增大，底泥颗粒对黑麦草根系的机械阻抗降低，可供黑麦草根系的伸展和深扎的空间增大，扩大了黑麦草根际微域，从而使根系活力提高。尹小红等在研究生物炭添加对水稻根系活力影响时也发现，生物炭添加能显著提升水稻的根系活力。过高的生物炭和蛭石添加没能进一步提高根系活力，应该是因为根系伸展对底泥容重有阈值要求，超过此阈值后，容重继续降低不会进一步促进根系伸展。

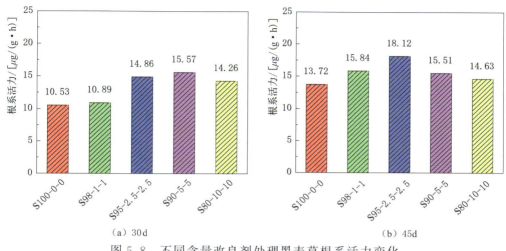

（a）30 d　　　　　　　　　　　　　　　（b）45 d

图 5.8　不同含量改良剂处理黑麦草根系活力变化

5.5　本章小结

开展盆栽试验，研究改良剂添加对疏浚底泥基质中黑麦草发芽率、株高、生物量（鲜重）、叶绿素含量及根系活力的影响。得出以下主要结论：

（1）生物炭和蛭石的添加对于黑麦草的发芽率提升具有一定的促进作用，增长幅度在 1.05～1.45 倍。

（2）生物炭和蛭石添加有利于黑麦草的生长。随着生物炭和蛭石的添加（5% 以上），黑麦草的株高、生物量、根系活力以及叶绿素等生态生理指标都得到了不同程度提升。

（3）当生物炭和蛭石的掺量较低时（2%），对黑麦草地上部分鲜重、叶绿素含量以及根系活力没有显著影响。

（4）从黑麦草的生长角度考虑，生物炭和蛭石的最佳添加量应该高于 2%，但添加量过高（20%）也会对黑麦草的部分生态指标（如叶绿素和地上部分鲜重）造成负面影响。

第 6 章

疏浚底泥工程
改性强度及水稳性试验研究

河道疏浚底泥的固化技术是其资源再生利用的一个重要方法。本章选用底泥固化传统材料、工业废弃物、新型材料等单一或复合材料对疏浚底泥进行室内工程固化，并通过固化底泥的无侧限抗压强度试验、常规三轴压缩剪切试验、直剪试验、压缩试验以及固化底泥的崩解性或水稳性试验，探讨了不同固化材料对底泥工程固化后的强度、变形及水理性质的影响，为河道疏浚底泥工程固化提供最佳固化材料及配比，进而为其资源化再生利用提供试验依据。

6.1 固化底泥试验方案

6.1.1 外加剂类型、质量比及加水率

为了探讨不同外加剂与其配比对底泥工程地质固化后的强度与变形影响规律。首先将现场取得的底泥进行烘干、碾碎、筛分等加工处理后，其次选取了水泥、石灰、粉煤灰、石膏、蛭石、硅酸钠、二氧化硅、建筑垃圾再生细集料（废旧混凝土集料与废砖集料）、黄土、煤矸石、煤泥、石粉、钢渣粉、矿渣粉、电厂煤渣（灰）等15种外加剂与其进行拌和均匀（图6.1）。外加剂配比分别为2.5%、5%、7.5%、10%、15%和20%。加水率分别为40%、50%和60%，且以50%为主配置试样。

（a）底泥试样　　　　　　　　　　　（b）底泥与外加剂混合试样

图 6.1 室内试验前底泥的加工处理

6.1.2 制样装置及试样制备

1. 制样装置

（1）PVC材料与亚克力透明管。制样所用模具为PVC材料与亚克力透明管，将其切割制成短柱状。模具长度10cm，内径5cm（图6.2）。

图 6.2　PVC 与亚克力透明管试样制备模具

（2）QJ - Ⅲ型磁力振动台。制样所用到的振动台的型号是 QJ - Ⅲ型磁力振动台，台面尺寸为 1000mm×1000mm；振动频率是 2860 次/min；台面振幅 0.3～0.6mm；振动器功率为 1.1～1.5kW；最大载重为 250kg（图 6.3）。

图 6.3　室内振动制样

2. 试样制备

（1）备土。将现场采集的底泥密封运至实验室，将烘箱温度调至 75℃，烘 8h，用橡皮锤砸碎后，用 1mm 滤筛过滤掉杂质。

（2）称料。按照设计配比对固化材料、底泥称量备料。以 50％加水率为基准量取适量水。

（3）搅拌。按照设计配比将材料搅拌均匀，而后加水拌和均匀。

（4）装样。将拌匀的土料分为三层装入亚克力透明管模具中，每次装样完成后采用手动振击法振实。

（5）振捣。装样完成后，将试样放置于振动台上，与台面的中心线相对称，夹牢。启动振动台，设定振动时间为 300s，对试样进行振动密实。

（6）抹平。振捣结束后，刮去样盒表面多余泥浆，并用镘刀对其上表面进行抹平，然后贴上标签。

（7）养护。将试样放至干燥皿中进行养护。

（8）脱模。用实心圆柱对准磨具内固化土缓慢下压，当亚克力透明管内土体移动与管壁不再粘连，即脱模成功。

通过上述过程制备的固化底泥试样如图 6.4 所示。

图 6.4　室内制备的固化底泥试样

6.2　改性底泥无侧限抗压强度试验

室内固化底泥的无侧限抗压强度试验设备选用 SLB‐6A 型应力应变控制式三轴剪切渗透试验仪（图 6.5）。由于常规三轴试验设备的底座一般配置两种直径（直径 39.1mm 和 61.8mm）底座，因此根据底泥试样直径要求重新加工了直径 50mm 底座，满足制备试样直径要求。试验时应变速率设置为 0.4mm/min。同时，考虑两种试验工况，即常规条件与冻融循环条件固化底泥无侧限抗压强度试验。

图 6.5　三轴剪切渗透试验仪及试验

6.2.1　常规条件下无侧限抗压强度试验

固化底泥试件无侧限抗压强度试验之前，首选测定试样的直径与高度，且每组测量 3 个试样值求其平均值以作为该组试样的高径值。为了便于后期数据资料的整理分析，以固化底泥试样的配量比命名。其次，试验时对试样的初样状态、破坏时及破坏后进行全程拍照记录。最后对试验破坏后的试样选取部分测定其含水率，并对其破坏后的试样进行密封保存。常规条件下无侧限抗压强度试验共计 118 组。试验过程如图 6.6 所示。部分典型试验曲线如图 6.7～图 6.16 所示。无侧限抗压强度试验结果见表 6.1。

图 6.6　无侧限抗压试验试样典型变形破坏

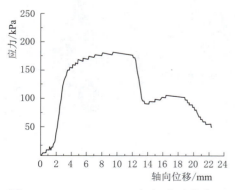

图 6.7　S50 SN1 SiO₂1 应力-位移曲线图

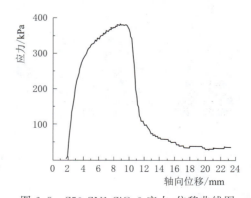

图 6.8　S50 SN1 SiO₂3 应力-位移曲线图

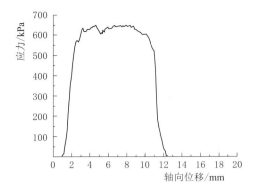

图 6.9 S50 ZS5 应力-位移曲线图

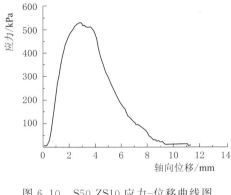

图 6.10 S50 ZS10 应力-位移曲线图

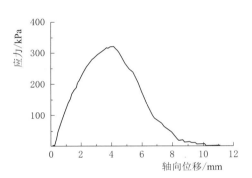

图 6.11 S50 SN7.5 ZS7.5
应力-位移曲线图

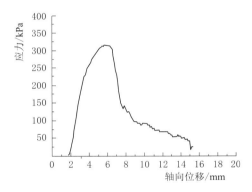

图 6.12 S50 SN7.5 ZF7.5
应力-位移曲线图

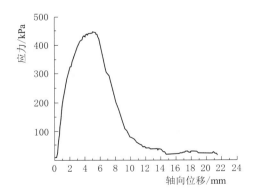

图 6.13 S50 SN5 FMH7.5 MZ2.5
应力-位移曲线图

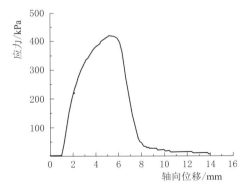

图 6.14 S50 SN7.5 FMH2.5 MZ5
应力-位移曲线图

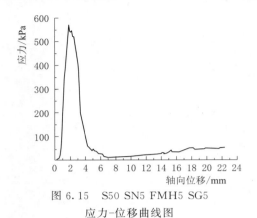

图 6.15　S50 SN5 FMH5 SG5
应力-位移曲线图

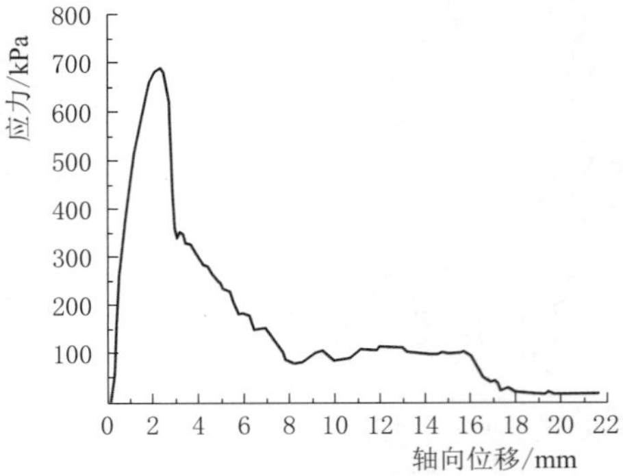

图 6.16　S50 SN5 FMH5 MN5
应力-位移曲线图

表 6.1　　　　　　　　常规条件下固化底泥无侧限抗压强度试验结果

试验编号	加水率/%	试样密度/(g/cm³)	含水率/%	抗压强度/kPa
S50 SN1 SiO₂ 1	50	1.780	31.600	181.6
	50	1.730	32.200	161.2
S50 SN2 SiO₂ 2	50	1.730	31.300	270.0
S50 SN3 SiO₂ 3	50	1.650	29.700	383.1
S50 SN4 SiO₂ 4	50	1.670	27.900	514.7
S50 SN5 SiO₂ 5	50	1.680	33.800	581.5
S50 SN5 FHNT5	50	1.340	7.300	438.4
	50	1.360	3.800	554.1
S50 SN2.5 ZF2.5	50	1.400	3.300	244.0
	50	1.440	6.900	231.0
S50 SN5 ZF5	50	1.340	13.200	242.0
	50	1.320	3.300	302.0
S50 SN7.5 ZF7.5	50	1.310	3.300	378.0
	50	1.360	18.900	316.1
S50 SN10 ZF10	50	1.350	7.000	433.0
	50	1.360	3.500	508.7
S50 ZS5	50	1.410	10.200	649.1
S50 ZS10	50	1.320	9.400	531.0
S50 ZS15	50	1.220	9.500	243.6
S50 SN5 ZS10	50	1.040	9.500	243.6
S50 SN7.5 ZS7.5	50	1.250	21.200	321.1

续表

试验编号	加水率/%	试样密度/(g/cm³)	含水率/%	抗压强度/kPa
S50 SN10 ZS5	50	1.350	10.700	373.0
S50 SN5 FMH5 MZ5	50	1.480	21.300	544.1
	50	1.350	4.400	917.9
S50 SN5 FMH5 SG5	50	1.340	6.700	569.1
	50	1.350	3.900	849.1
S50 SN5 FMH5 MGS5	50	1.350	7.000	575.0
	50	1.290	4.500	730.8
S50 Na₂SiO₃7.5 SN7.5	50	1.430	31.300	354.6
S50 Na₂SiO₃7.5 FMH7.5	50	1.570	30.600	145.4
S50 Na₂SiO₃7.5 SSH7.5	50	1.550	32.500	308.4
S50 SN5 FMH5 KZF5	50	1.250	4.400	502.8
	50	1.370	5.600	853.2
	50	1.360	4.600	871.3
S50 SN5 FMH7.5 MZ2.5	50	1.510	23.80	446.4
	50	1.330	4.100	643.0
S50 SN5 FMH7.5 SG2.5	50	1.340	9.600	628.9
	50	1.320	4.200	859.0
S50 SN5 FMH7.5 MGS2.5	50	1.340	7.400	682.1
S50 SN5 FMH5 MN5	50	1.360	6.600	688.5
	50	1.380	4.400	758.8
S50 SN5 FMH5 SF5	50	1.350	5.300	640.3
	50	1.330	4.500	670.5
S50 SN5 FMH5 KZF5	50	1.250	7.300	409.1
	50	1.350	4.400	502.8
	50	1.370	5.600	853.2
S50 SN7.5 FMH2.5 GZF5	50	1.280	5.300	568.1
	50	1.280	4.700	593.0
S50 SN7.5 FMH2.5 SF5	50	1.300	6.800	525.3
	50	1.270	5.200	588.5

续表

试验编号	加水率/%	试样密度/(g/cm³)	含水率/%	抗压强度/kPa
S50 SN2.5 FMH5 MZ7.5	50	1.500	12.600	688.5
	50	1.390	4.200	990.6
S50 SN5 FMH7.5 MGS2.5	50	1.320	4.400	861.7
S50 SN5 FMH7.5 MN2.5	50	1.370	6.000	627.1
	50	1.340	4.400	968.6
S50 SN5 FMH7.5 SF2.5	50	1.340	5.300	660.7
	50	1.320	4.200	631.1
S50 SN5 FMH7.5 KZF2.5	50	1.260	5.200	558.1
	50	1.270	3.900	602.7
S50 SN5 FMH7.5 GZF2.5	50	1.350	4.800	705.1
	50	1.350	5.000	557.2
S50 SN7.5 FMH2.5 MZ5	50	1.360	24.200	420.0
	50	1.340	4.200	508.4
S50 SN7.5 FMH2.5 SG5	50	1.290	6.100	487.7
	50	1.270	4.800	686.8
S50 SN2.5 FMH5 SG7.5	50	1.440	7.300	781.2
	50	1.380	3.800	908.6
S50 SN2.5 FMH5 MGS7.5	50	1.370	5.400	1162.6
	50	1.420	4.200	1166.4
S50 SN2.5 FMH5 MN7.5	50	1.440	5.200	1207.5
	50	1.430	4.200	1527.6
S50 SN2.5 FMH5 SF7.5	50	1.440	5.400	1009.3
	50	1.410	4.100	1103.5
S50 SN2.5 FMH5 KZF7.5	50	1.290	4.800	438.4
	50	1.290	4.200	484.0
S50 SN2.5 FMH5 GZF7.5	50	1.480	4.800	1192.2
	50	1.430	4.400	1245.7
S50 SN2.5 FMH7.5 SSH5	50	1.250	3.500	95.7
S50 SN7.5 FMH2.5 MGS5	50	1.290	7.500	454.6
	50	1.270	4.600	511.1

120

试验编号	加水率/%	试样密度/(g/cm³)	含水率/%	抗压强度/kPa
S50 SN7.5 FMH2.5 MN5	50	1.280	6.100	482.6
	50	1.275	4.504	676.0
S50 SN7.5 FMH2.5 KZF5	50	1.261	6.106	472.5
	50	1.225	4.991	448.9
S50 FMH5	50	1.663	5.332	2160.4
	50	1.579	3.943	2692.6
S50 FMH10	50	1.534	4.861	2176.3
	50	1.536	3.780	2136.6
S50 FMH15	50	1.568	5.627	1285.2
	50	1.489	3.404	2453.5
S50 FMH20	50	1.567	9.363	725.0
S50 SSH5	50	1.430	18.200	446.5
	50	1.250	11.300	567.4
S50 SSH10	50	1.430	19.200	459.9
	50	1.230	4.945	395.8
S50 SSH15	50	1.425	24.799	326.3
	50	1.236	4.049	390.9
S50 HT10	50	1.561	5.006	2109.9
	50	1.574	3.922	2004.5
S50 HT20	50	1.619	5.841	1651.9
	50	1.544	3.988	2097.8
S50 HT30	50	1.555	4.117	1816.4
	50	1.552	3.688	1495.6
S50 HT40	50	1.585	3.994	1169.1
S50 FMH20	50	1.482	3.229	1713.9
S50 SN5 ZF2.5 FHNT2.5 MZS5	50	1.630	25.000	339.7
	50	1.400	7.200	627.7
S50 SN5 ZF2.5 FHNT2.5 Na₂SiO₃5	50	1.410	13.600	466.1
	50	1.330	4.900	720.9
S50 SN5 ZF3.75 FHNT3.75 MZS2.5	50	1.440	17.300	482.1
	50	1.350	5.300	655.6

续表

试验编号	加水率/%	试样密度/(g/cm³)	含水率/%	抗压强度/kPa
S50 HT40	50	1.573	3.377	1712.1
S50 SN5 ZF2.5 FHNT2.5 SiO₂5	50	1.400	8.100	888.6
	50	1.360	3.900	1248.9
S50 SN2.5 FHNT3.75 ZF3.75 MZS5	50	1.650	19.400	596.0
	50	1.480	6.300	1175.2
S50 SN10	50	1.270	8.300	412.5
	50	1.190	4.400	595.1

注　S—加水率;SN—水泥;SSH—石灰;FMH—粉煤灰;SG—石膏;ZS—蛭石;Na_2SiO_3—硅酸钠;SiO_2—二氧化硅;FHNT—建筑垃圾再生细集料;HT—黄土;MGS—煤矸石;MN—煤泥;SF—石粉;GZF—钢渣粉;KZF—矿渣粉;MZ—电厂煤渣;ZF—砖粉;MZS—木质素。

6.2.2　冻融条件下无侧限抗压强度试验

　　将不同配比的固化底泥试样用保鲜膜预先包好,放入低温恒温槽内,设定冻融循环次数为 5 次。依据西安市最低温度,将低温恒温槽的最低温度设置为 -10℃。同时,为保证试样土颗粒间隙内的水分充分冻结,冻结时间设置为 6h,完成冻结过程后在 10℃条件下解冻,解冻的时间为 6h,以确保冻结成的冰全部融化,该过程为 1 次冻融循环周期。经过长达 60h 的冻融循环后,将固化底泥试样取出进行无侧限抗压强度试验,试验步骤与常规试验一致。冻融条件下无侧限抗压试验共计 63 组。典型试验曲线如图 6.17 和图 6.18 所示。冻融循环条件下无侧限抗压强度试验结果见表 6.2。

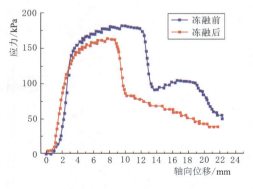

图 6.17　S50 SN1 $SiO_2$1 冻融前后
应力-位移曲线图

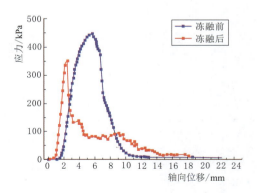

图 6.18　S50 SN10 冻融前后
应力-位移曲线图

表 6.2　　　　　　冻融循环条件下固化底泥无侧限抗压强度试验结果

试 验 编 号	加水率 /%	冻 融 前			冻 融 后		
		试样密度 /(g/cm³)	含水率 /%	抗压强度 /kPa	试样密度 /(g/cm³)	含水率 /%	抗压强度 /kPa
S50 SN1 SiO₂1	50	1.780	31.600	181.6	1.760	31.700	162.9
S50 SN2 SiO₂2	50	1.730	31.300	270.0	1.710	29.400	227.6
S50 SN3 SiO₂3	50	1.650	29.700	383.1	1.690	29.200	319.1
S50 SN4 SiO₂4	50	1.670	27.900	514.7	1.670	27.400	435.6
S50 SN5 SiO₂5	50	1.680	33.800	581.5	1.580	30.600	475.8
S50 ZS5	50	1.410	10.200	649.1	1.380	9.700	537.5
S50 ZS10	50	1.320	9.400	531.0	1.290	18.800	251.0
S50 ZS15	50	1.220	9.500	243.6	0.960	12.200	100.5
S50 FMH7.5 Na₂SiO₃7.5	50	1.570	30.600	145.4	1.590	35.800	130.5
S50 SN7.5 Na₂SiO₃7.5	50	1.430	31.300	354.6	1.520	36.700	217.6
S50 SSH7.5 Na₂SiO₃7.5	50	1.550	32.500	308.4	1.480	42.900	202.1
S50 SN5 FMH5 MZ5	50	1.480	21.300	544.1	1.480	19.000	439.2
S50 SN5 FMH7.5 MZ2.5	50	1.510	23.800	446.4	1.440	16.600	408.4
S50 SN7.5 FMH2.5 MZ5	50	1.420	24.200	420.0	1.370	17.400	392.5
S50 SN2.5 FMH5 MZ7.5	50	1.500	12.600	688.5	1.450	11.400	623.5
S50 SN2.5 ZF2.5	50	1.440	6.900	231.0	1.410	3.900	115.1
S50 SN5 ZF5	50	1.340	13.200	242.0	1.210	4.100	127.0
S50 SN7.5 ZF7.5	50	1.360	18.900	316.1	1.200	4.200	136.4
S50 SN10 ZF10	50	1.350	7.000	433.0	1.210	4.600	223.8
S50 SN5 ZS10	50	1.040	9.500	243.6	1.080	5.400	225.9
S50 SN10 ZS5	50	1.350	10.700	373.0	1.120	6.300	313.0
S50 SN7.5 ZS7.5	50	1.250	21.200	321.1	1.100	4.900	279.2
S50 SSH5	50	1.430	18.200	446.5	1.290	3.700	350.3
S50 SSH10	50	1.430	19.200	459.9	1.220	3.800	373.1
S50 SSH15	50	1.240	14.000	590.9	1.230	3.900	408.1
S50 FMH5	50	1.660	5.300	1780.4	1.610	3.700	1617.9

续表

试 验 编 号	加水率 /%	冻 融 前			冻 融 后		
		试样密度 /(g/cm³)	含水率 /%	抗压强度 /kPa	试样密度 /(g/cm³)	含水率 /%	抗压强度 /kPa
S50 FMH10	50	1.530	4.900	1876.3	1.510	3.500	1729.4
S50 FMH15	50	1.570	5.600	1945.2	1.560	3.200	1855.1
S50 FMH20	50	1.480	3.200	2313.9	1.510	3.000	1967.0
S50 HT10	50	1.560	5.000	2109.9	1.550	3.700	1902.1
S50 HT20	50	1.620	5.800	1651.9	1.590	3.900	1437.0
S50 HT30	50	1.560	4.100	1316.4	1.560	3.200	1253.3
S50 HT40	50	1.590	4.000	1169.1	1.550	3.000	1152.4
S50 SN5 FHNT5	50	1.340	7.300	438.4	1.330	3.700	401.5
S50 SN10	50	1.270	8.300	412.5	1.220	3.900	280.7
S50 SN5 ZF3.75 FHNT3.75 MZS2.5	50	1.440	17.300	482.1	1.350	5.400	647.3
S50 SN5 ZF2.5 FHNT2.5 MZS5	50	1.630	25.000	339.7	1.370	7.100	541.6
S50 SN2.5 ZF3.75 FHNT3.75 MZS5	50	1.650	19.400	596.0	1.490	7.000	662.7
S50 SN5 ZF2.5 HNT2.5 SiO₂5	50	1.397	8.056	1088.6	1.353	4.075	735.5
S50 SN5 ZF2.5 HNT2.5 Na₂SiO₃5	50	1.407	13.573	466.1	1.352	5.112	775.1
S50 SN5 FMH5 SG5	50	1.342	6.689	569.1	1.355	4.410	1022.7
S50 SN2.5 FMH5 SG7.5	50	1.437	7.262	781.2	1.410	4.080	901.7
S50 SN5 FMH7.5 SG2.5	50	1.343	9.635	628.9	1.334	4.507	885.7
S50 SN7.5 FMH2.5 SG5	50	1.288	6.094	487.7	1.274	4.587	590.7
S50 SN5 FMH5 SH5	50	1.660	44.700	50.0	1.206	3.651	309.7
S50 SN2.5 FMH5 SH7.5	50	1.650	45.900	57.8	1.256	3.613	176.2
S50 SN2.5 FMH7.5 SH5	50	1.660	41.000	31.7	1.249	3.036	99.2
S50 SN5 FMH2.5 SH7.5	50	1.680	46.200	50.4	1.246	3.582	234.5
S50 SN5 FMH7.5 SH2.5	50	1.650	44.000	50.2	1.256	3.454	289.6

续表

试 验 编 号	加水率 /%	冻融前			冻融后		
		试样密度 /(g/cm³)	含水率 /%	抗压强度 /kPa	试样密度 /(g/cm³)	含水率 /%	抗压强度 /kPa
S50 SN7.5 FMH2.5 SH5	50	1.670	44.200	59.2	1.210	4.100	251.0
S50 SN7.5 FMH5 SH2.5	50	1.660	40.500	72.7	1.200	3.700	220.1
S50 SN5 FMH10	50	1.650	45.900	34.9	1.310	3.800	391.1
S50 SN10 FMH5	50	1.630	36.000	139.2	1.230	4.100	217.2
S50 SN5 SH10	50	1.660	49.000	48.7	1.220	3.800	203.1
S50 SN10 SH5	50	1.630	46.000	108.5	1.200	4.500	396.3
S50 FMH5 SH10	50	1.680	41.600	41.6	1.230	3.400	328.7
S50 FMH10 SH5	50	1.650	45.300	14.1	1.250	3.600	228.4
S50 SN5 FMH5 MGS5	50	1.350	7.000	575.0	1.340	4.400	537.3
S50 SN2.5 FMH5 MGS7.5	50	1.370	5.400	1162.6	1.410	4.400	943.8
S50 SN5 FMH7.5 MGS2.5	50	1.340	7.400	682.1	1.330	4.500	650.9
S50 SN7.5 FMH2.5 MGS5	50	1.290	7.500	454.6	1.250	4.600	432.9
S50 SN5 FMH5 MN5	50	1.360	6.600	688.5	1.370	4.300	674.4
S50 SN5 FMH7.5 MN2.5	50	1.370	6.000	627.1	1.340	4.400	589.9

注 S—加水率；SN—水泥；SSH—石灰；FMH—粉煤灰；SG—石膏；ZS—蛭石；Na_2SiO_3—硅酸钠；SiO_2—二氧化硅、FHNT—建筑垃圾再生细集料；HT—黄土；MGS—煤矸石；MN—煤泥；SF—石粉；GZF—钢渣粉；KZF—矿渣粉；MZ—电厂煤渣；ZF—砖粉；MZS—木质素。

6.2.3 无侧限抗压强度试验结果分析

根据固化底泥常规条件及冻融循环条件下的无侧限抗压强度结果可以得出以下规律：

（1）在底泥添加水泥和 SiO_2 进行固化时，试样的无侧限抗压强度随着二者掺量的增加而增大，这是因为硅酸盐水泥与水分发生化学反应生成水化硅酸钙，水化硅酸钙可通过自身胶结作用将土颗粒紧密黏结在一起，形成稳定的骨架结构，$2CaO \cdot SiO_2$ 与 $3CaO \cdot SiO_2$ 均可发生水化反应生成 $Ca_5Si_6O_{16}(OH) \cdot 4H_2O$ 与 $Ca(OH)_2$，且这种效应会随着养护龄期的增长，强度增大；$Ca(OH)_2$ 还可与空气中的 CO_2，在吸水条件下生成 $CaCO_3$，其产物不溶于水，提高了疏浚底泥的强度。此外，

SiO_2 的固化机理是其可与水反应，生成硅酸胶粒，SiO_2 含量越多，则该反应越强烈，越有利于固化试样强度的提升。

（2）粉煤灰对于底泥的无侧限抗压强度也有很明显的提升，而且在低含水率时强度提升非常明显，粉煤灰固化反应机理较水泥相似，但有着水泥不可代替的作用。其主要矿物成分有 $2CaO \cdot SiO_2$、$3CaO \cdot SiO_2$、$3CaO \cdot Al_2O_3$ 等。随着水化反应的进行，生成较多的框架结构，另外，粉煤灰与底泥中活性物质反应，生成的 $Ca_5Si_6O_{16}(OH) \cdot 4H_2O$ 和水化产物将土颗粒包裹联结成整体结构，使得固化试样的强度提升。

（3）石灰对底泥强度也有明显的提升，其固化机理主要是发生离子交换反应、碳酸化反应和火山灰反应。石灰发生消解反应，解离成 Ca^{2+} 和 OH^- 离子，Ca^{2+} 可与 Na^+、K^+ 发生置换反应，水膜厚度减小，吸附层电位降低，固化试样强度提升。$Ca(OH)_2$ 与空气中 CO_2 发生反应生成 $CaCO_3$，其具有较高的强度和水稳性，且与土颗粒胶结使得固化试样强度增大。

（4）蛭石对于水有很好的吸附作用，其主要是通过降低底泥的含水量来提升其无侧限抗压强度，但是随着其掺量的增加反而会使底泥试样的无侧限抗压强度降低，这是因为蛭石的密度较小，掺量增大会导致试样疏松、密度减小，强度会随着降低。

（5）将水泥、粉煤灰、煤矸石、煤泥、石粉、钢渣粉、矿渣粉、煤渣等通过不同的组合掺入底泥后，对其无侧限抗压强度都有不同程度的提升，但没有明显的强度规律。此外，试样经过冻融循环过程后，其无侧限抗压强度普遍有所下降，且含水率越高，强度下降的越明显，这是因为试样内部水的冻融循环会造成体积的涨缩，对颗粒结构造成一定的破坏，导致强度有所下降。

（6）综合对比所有试验结果发现，含水率和密度是影响试样抗压强度的重要因素，相同的固化掺加剂及掺比下，试样的含水率越低，其无侧限单轴抗压强度越大；当试样含水率相近时，试样密度越大，其无侧限抗压强度越大。

（7）综合对比表 6.2 的试验结果，考虑经济和固化效果等因素，河道疏浚底泥工程固化材料选取水泥、粉煤灰及石膏，其质量比均为 5%，总掺加量不超过15%。

6.3　室内直剪与固结试验

6.3.1　固化底泥室内直剪试验

为了分析底泥常用固化材料（如水泥）与其他有机材料（高分子吸水树脂、三乙醇胺等）形成的复合材料对疏浚底泥工程固化后的强度变化规律。本节首先通过室内直剪试验分析纯底泥、单一水泥掺量（10%和20%）固化底泥的抗剪强度，其次选用掺量分别为水泥（10%和20%）与高分子吸水树脂（0.5%）、水泥（10%和20%）与三乙醇胺（0.03%）组合形成的复合材料对底泥固化效果进行试验，最后将上述试验结果进行对比分析。

试样制备选用易于控制密度与含水率的压实法，控制试样目标密度为 1.65g/cm³，含水率为30%。每个配比制备4个试样，并将制备好的试样放置于干燥皿养护3d、7d和14d。试验时法向应力分别选取 100kPa、200kPa、300kPa 和 400kPa，剪切速率为 0.8mm/min。试验曲线如图 6.19～图 6.21 所示，图中 SAP 为高分子吸水树脂，TEA 为三乙醇胺。试验结果见表 6.3。

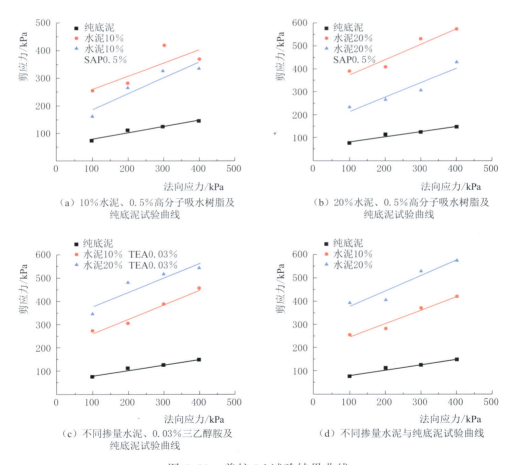

(a) 10%水泥、0.5%高分子吸水树脂及
纯底泥试验曲线

(b) 20%水泥、0.5%高分子吸水树脂及
纯底泥试验曲线

(c) 不同掺量水泥、0.03%三乙醇胺及
纯底泥试验曲线

(d) 不同掺量水泥与纯底泥试验曲线

图 6.19　养护 3d 试验结果曲线

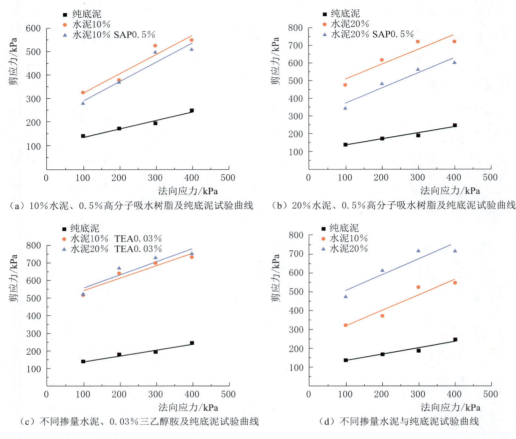

（a）10%水泥、0.5%高分子吸水树脂及纯底泥试验曲线　　　（b）20%水泥、0.5%高分子吸水树脂及纯底泥试验曲线

（c）不同掺量水泥、0.03%三乙醇胺及纯底泥试验曲线　　　（d）不同掺量水泥与纯底泥试验曲线

图 6.20　养护 7d 试验结果曲线

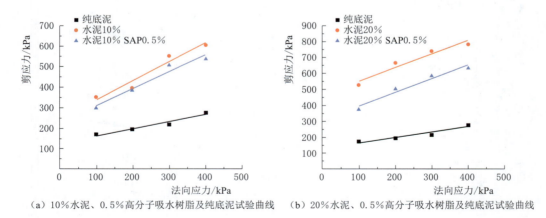

（a）10%水泥、0.5%高分子吸水树脂及纯底泥试验曲线　　　（b）20%水泥、0.5%高分子吸水树脂及纯底泥试验曲线

图 6.21（一）　养护 14d 试验结果曲线

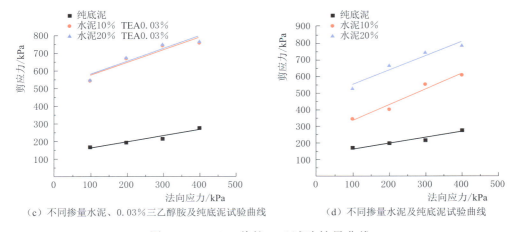

（c）不同掺量水泥、0.03%三乙醇胺及纯底泥试验曲线　　（d）不同掺量水泥及纯底泥试验曲线

图 6.21（二）　养护 14d 试验结果曲线

表 6.3　　水泥与高分子吸水树脂、三乙醇胺固化底泥室内直剪试验结果

| 添加剂类型及质量占比/% | | | 3d | | 7d | | 14d | |
水泥	高分子吸水树脂	三乙醇胺	黏聚力/kPa	内摩擦角/(°)	黏聚力/kPa	内摩擦角/(°)	黏聚力/kPa	内摩擦角/(°)
0	0	0	56.1	13.1	102.5	19.0	131.3	18.8
10	0	0	187.5	30.2	240.1	39.2	245.6	43.0
20	0	0	309.7	33.6	423.5	40.0	467.9	40.5
10	0.5	0	128.4	30.0	211.0	39.0	228.9	39.6
20	0.5	0	150.7	32.8	284.5	40.3	311.1	40.2
10	0	0.03	199.0	32.2	473.5	34.9	503.3	35.6
20	0	0.03	315.3	32.0	481.0	36.6	507.9	36.0

　　由图 6.19 可以看出，随着法向应力的增加，不同固化材料底泥试样的峰值抗剪强度（剪应力）增大，但各试样的峰值强度有所不同。以法向应力为 100kPa 时的峰值抗剪强度来说明固化效果。图 6.19（a）中，纯底泥的峰值抗剪强度为 74.5kPa，掺 10% 的水泥试样的峰值抗剪强度为 256.8kPa，较传统底泥试件峰值抗剪强度提高了 244.7%。另外再加入 0.5% 的高分子吸水树脂，其峰抗剪强度明显降低，可见高分子吸水树脂的加入使得水泥固化效果减弱，这是因为底泥具有较大的孔隙比，大量的自由水存在孔隙中，高分子吸水树脂能够吸收孔隙中的自由水，当水泥与未吸附的自由水反应完后，由于水力差，使得高分子吸水树脂将吸附的一部分水释放出来，导致高分子吸水树脂颗粒体积减小，形成较多的孔隙，从而强度降低。图 6.19（b）中，水泥掺量为 20% 的底泥试样峰值抗剪强度为 391.5kPa，另掺入 0.5% 高分子吸水树脂，其峰值抗剪强度为 163.3kPa，较单掺 20% 水泥的峰值抗剪强度降低了 58.3%。

图 6.19（c）中，在相同三乙醇胺掺量的条件下，掺入 10％水泥的峰值抗剪强度为 274.2kPa，掺入 20％水泥的峰值抗剪强度为 346.9kPa，可见峰值抗剪强度随着水泥掺量的增加而增大，其主要原因是三乙醇胺可促进 $Ca_5Si_6O_{16}(OH)\cdot 4H_2O$ 和钙矾石的形成，使得固化底泥试样强度增大，水泥掺量越多，形成的稳定骨架结构越致密，其强度越大。图 6.19（d）中，可明显看出底泥试样的峰值抗剪强度随着水泥掺量的增加而增大，水泥掺量为 20％的底泥试样峰值抗剪强度比水泥掺量为 10％的底泥试样峰值抗剪强度提高了 52.5％，比纯底泥试样的峰值抗剪强度提高了 425.5％。

由图 6.20 可以看出，纯底泥的峰值抗剪强度为 140kPa，掺入 10％水泥底泥试样峰值抗剪强度为 326.5kPa，比纯底泥试样峰值抗剪强度提高了 133.2％。掺入 10％水泥的基础上，外掺 0.5％的高分子吸水树脂的底泥试样峰值抗剪强度为 280kPa，比单掺水泥的底泥峰值抗剪强度降低了 14.2％。图 6.20（b）中，掺入 20％的水泥，底泥试样峰值抗剪强度为 476kPa，说明水泥可在很大程度上提高疏浚底泥的抗剪强度。在掺入 20％水泥的基础上掺入 0.5％的高分子吸水树脂，底泥试样峰值抗剪强度为 345kPa，比单掺 20％水泥的底泥试样峰值抗剪强度降低了 27.5％。但两者的峰值抗剪强度均高于纯底泥试样的峰值抗剪强度。图 6.20（c）在相同三乙醇胺掺量的条件下，水泥掺量为 10％时，底泥试样的峰值抗剪强度为 518kPa，水泥掺量为 20％时，底泥试样的峰值抗剪强度为 523kPa，比水泥掺量为 10％的底泥试样峰值抗剪强度略有提高。图 6.20（d）中水泥掺量为 20％时，底泥试样峰值抗剪强度比水泥掺量为 10％时底泥试样的峰值抗剪强度提高了 45.8％，比纯底泥试样的峰值抗剪强度提高了 240％。

由图 6.21 可以看出，养护 14d 后纯底泥试样的峰值抗剪强度明显增大，其峰值抗剪强度比养护期为 3d 时提高了 128.9％，比养护期为 7d 时提高了 21.8％，可见峰值抗剪强度随着龄期的增长，增大速率在减小。图 6.21（a）纯底泥试样峰值抗剪强度为 170.5kPa，单掺 10％水泥的试样的峰值抗剪强度为 348.5kPa，比传统底泥试样峰值抗剪强度提高了 104.4％，可见水泥的掺入可以起到较好的固化效果。另外掺入 0.5％的高分子吸水树脂，其峰值抗剪强度为 303.1kPa，峰值抗剪强度降低了 13％，比纯底泥试样峰值抗剪强度提高了 77.8％，可见掺入高分子吸水树脂的固化效果没有单掺水泥的固化效果好，图 6.21（b）中掺入 20％的水泥时，试样峰值抗剪强度为 527.0kPa，比纯底泥试样峰值抗剪强度提高了 209.1％，可见底泥的峰值抗剪强度随着水泥掺量的增加成倍增大，但在此基础上掺入 0.5％的高分子吸水树脂，试样峰值抗剪强度为 373.8 kPa，较单掺 20％的水泥底泥试样峰值抗剪强度降低了 29.1％。图 6.21（c）中掺入相同量的三乙醇胺时，水泥掺量为 10％的底泥试样峰值抗剪强度为 548.7kPa，较纯底泥与单掺 10％水泥试样峰值抗剪强度分别提高了 221.8％、57.4％，可见养护后期三乙醇胺有助于水泥固化，且其掺入的固化效果比掺入高分子吸水树脂固化效果好。图 6.21（d）中水泥掺量为 20％的底泥试样峰值抗剪强度比掺入水泥量为 10％的底泥试样峰值抗剪强度提高了 51.2％，比纯底泥试样的峰值抗剪强度提高了 209.1％。

由表 6.3 可以看出，黏聚力与内摩擦角的大小随着养护时间的增长呈不同程度地增大，但部分底泥固化试样的内摩擦角在养护期为 14d 反而减小；随着水泥掺量的增大，黏聚力成倍增大，但在掺入水泥的基础上外掺三乙醇胺，其黏聚力较单掺相应掺量的水泥时大，且发现养护时间为 3d 与 7d 的增长幅度较大，7d 与 14d 的增长幅度较小；外掺入水泥与高分子吸水树脂，较单掺入相应掺量的水泥时黏聚力减小。

6.3.2 改性底泥固结试验

为了进一步探究底泥固化试样变形规律，对其进行侧限压缩试验，探讨不同固化材料以及养护龄期的底泥试样在竖向压力条件下，孔隙比（e）与固结压力（p）的关系（e-p），试验方法选用快速固结法，且以 $100 \sim 200$kPa 压力范围内的压缩系数表征底泥试样的压缩特性。试验 e-p 曲线如图 6.22～图 6.24 所示。固化底泥试样压缩系数随养护龄期的变化如图 6.25 所示。不同固化材料和龄期底泥试样压缩系数见表 6.4。

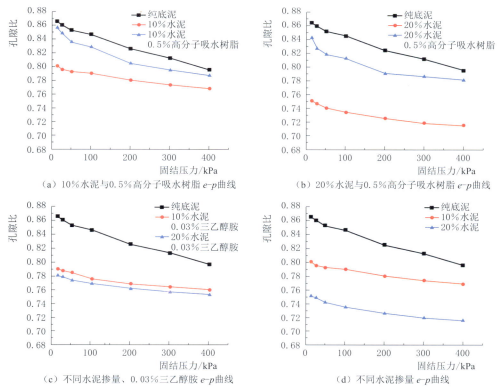

图 6.22　养护 3d 标准固结试验 e-p 曲线

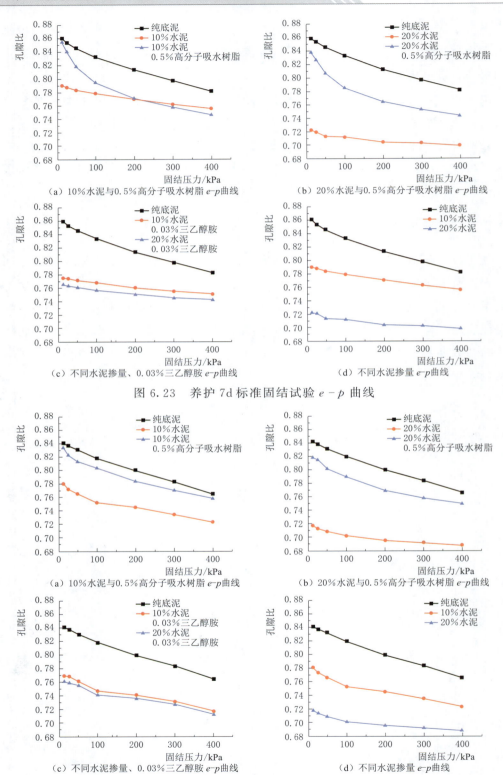

（a）10%水泥与0.5%高分子吸水树脂 $e{-}p$ 曲线　　（b）20%水泥与0.5%高分子吸水树脂 $e{-}p$ 曲线

（c）不同水泥掺量、0.03%三乙醇胺 $e{-}p$ 曲线　　（d）不同水泥掺量 $e{-}p$ 曲线

图 6.23　养护 7d 标准固结试验 $e{-}p$ 曲线

（a）10%水泥与0.5%高分子吸水树脂 $e{-}p$ 曲线　　（b）20%水泥与0.5%高分子吸水树脂 $e{-}p$ 曲线

（c）不同水泥掺量、0.03%三乙醇胺 $e{-}p$ 曲线　　（d）不同水泥掺量 $e{-}p$ 曲线

图 6.24　养护 7d 标准固结试验 $e{-}p$ 曲线

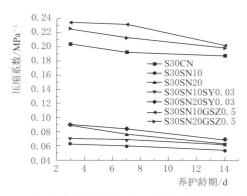

图 6.25　固化底泥试样压缩系数随养护龄期的变化

图 6.25 中，S30 表示含水率；CN 表示纯底泥、SY 表示三乙醇胺（TEA）GS2 表示高分子吸水树脂（SAP）；字母后的数字表示掺量百分比。

表 6.4　　　　　　　不同固化配比和龄期对应底泥试样的压缩系数

龄期 固化配比	3d	7d	14d
	压缩系数/MPa^{-1}		
纯底泥	0.2040	0.1921	0.1881
10%水泥	0.0932	0.0878	0.0717
20%水泥	0.0876	0.0750	0.0619
10%水泥，0.03%三乙醇胺	0.0708	0.0692	0.0628
20%水泥，0.03%三乙醇胺	0.0629	0.0603	0.0541
10%水泥，0.5%高分子吸水树脂	0.2337	0.2317	0.2024
20%水泥，0.5%高分子吸水树脂	0.2258	0.2127	0.1987

由图 6.24 可以看出，不同固化底泥的孔隙比均随着固结压力的增大而减小，且低压条件下孔隙比下降较快。不同龄期下纯底泥试样的孔隙比总是大于固化试样，其曲线斜率也明显大于固化试样。

由图 6.25 及表 6.4 可以看出，加入 0.5%高分子吸水树脂的固化底泥试样压缩系数最大，这是由于高分子吸水树脂在制样初期大量吸水，受压力作用后不断排水收缩导致试样的孔隙比增大，强度有所减弱。掺入三乙醇胺后，水泥固化底泥的压缩系数有所降低，这是由于三乙醇胺加速了水泥水化反应过程，提高了水泥水化反应速率。同时发现 10%水泥与 0.03%三乙醇胺复合固化剂固化底泥的压缩系数较 20%水泥固化底泥的压缩系数小，由此可见三乙醇胺可取代部分水泥，使得底泥的固化效果更佳。相同掺量三乙醇胺时，压缩系数随着水泥掺量的增大而减小，且不同龄期掺入三乙醇胺后孔隙比变化量基本相同，这说明三乙醇胺在水泥水化反应中主要起催化作用。此外，纯底泥、外掺 0.5%高分子吸水树脂复合固化的底泥试样的压缩系数在 0.1～0.5MPa^{-1}，属中压缩性土，而单掺水泥及外掺 0.03％三乙醇胺固化底泥试样的压缩系数小于 0.1MPa^{-1}，属低压缩性土。

6.4　常规三轴试验

为了分析水泥、石灰与粉煤灰三种掺加剂及其不同配比（5％、10％、15％和20％）对底泥固化后的强度与变形规律影响，对其进行室内常规单轴试验。试验设备选用 SLB-6A 型应力应变控制式三轴剪切渗透试验仪。试验方法选取不排水不固结（UU）试验。底座选取加工的直径 50mm 底座。试样直径 100mm，橡皮膜厚度选取 0.2～0.3mm。试验时周围压力取 50kPa、100kPa、150kPa、200kPa，剪切应变速率为 0.8mm/min。室内试验如图 6.26 所示。

图 6.26　室内常规三轴试验

6.4.1　基于水泥固化底泥三轴试验

基于水泥固化底泥的 UU 试验结果汇总表见表 6.5，试验曲线如图 6.27～图 6.30 所示，图中 S 为水、SN 为水泥、数字为百分比掺量。

表 6.5　　　　　　　　　基于水泥固化底泥的 UU 试验结果汇总表

试验编号	初始含水率/％	周围压力/kPa	试样密度/(g/cm³)	含水率/％	应力差/kPa	养护时间/d
S50 SN5	47.8	50	1.70	42.9	312.3	14
		100	1.67	40.5	303.7	14
		150	1.71	40.0	291.8	14
		200	1.66	41.3	378.1	14
S50 SN10	47.5	50	1.64	39.2	628.8	14
		100	1.62	36.1	890.1	14
		150	1.66	39.6	721.6	14
		200	1.64	43.1	757.9	14
S50 SN15	47.7	50	1.61	38.5	1163.8	14
		100	1.66	41.3	567.3	14
		150	1.66	41.5	1186.3	14
		200	—*	—*	—*	—*

续表

试验编号	初始含水率 /%	周围压力 /kPa	试样密度 /(g/cm³)	含水率 /%	应力差 /kPa	养护时间 /d
S50 SN20	46.8	50	1.69	42.1	1407.5	14
		100	1.62	38.8	1686.5	14
		150	1.68	42.3	1553.1	14
		200	1.64	38.7	1041.14	14

* 样品破坏，无法进行试验。

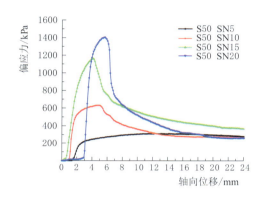

图 6.27 周围压力 50kPa 时不同水泥
掺量试样应力应变曲线

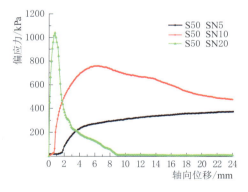

图 6.28 周围压力 100kPa 时不同水泥
掺量试样应力应变曲线

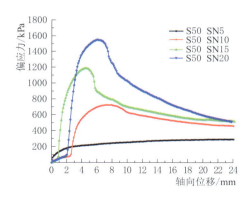
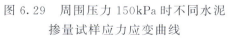

图 6.29 周围压力 150kPa 时不同水泥
掺量试样应力应变曲线

图 6.30 周围压力 200kPa 时不同水泥
掺量试样应力应变曲线

水泥固化土机理是将水泥与底泥搅拌后，水泥中的矿物质与底泥中的水发生水解和水化反应，从而生成 $Ca(OH)_2$ 并形成其他水化物。随着水化反应的继续，发生硬凝反应和团粒化作用等，持续增加固化土的强度。

由图 6.27～图 6.30 可知，水泥掺量为 10%、15%、20% 的试验曲线都是应变软化型，而水泥掺量为 5% 的试验曲线是应变硬化型，这主要是由于水泥掺量较少时，抵抗破坏的水泥骨架难以形成，还主要靠土体自身结构抵抗破坏。此外，在同一周围压力下，随着水泥掺量的增加，试样应力差（$\sigma_1-\sigma_3$）的峰值增大，在水泥掺量达到 20% 时，应力差（$\sigma_1-\sigma_3$）值最大，超过 1000kPa。

6.4.2　基于粉煤灰固化底泥三轴试验

基于粉煤灰固化底泥的 UU 试验结果汇总表见表 6.6，试验曲线如图 6.31～图 6.34 所示。

表 6.6　　　　　　　　基于粉煤灰固化底泥的 UU 试验结果汇总表

试验编号	初始含水率/%	周围压力/kPa	试样密度/(g/cm³)	含水率/%	应力差/kPa	养护时间/d
S50 FMH5	48.715	50	1.73	45.2	48.8	14
		100	1.72	45.0	33.8	14
		150	1.51	41.6	91.5	14
		200	1.73	42.0	81.7	14
S50 FMH10	50.639	50	1.74	42.1	59.1	14
		100	1.70	41.2	77.9	14
		150	1.70	39.5	93.6	14
		200	1.75	39.8	93.7	14
S50 FMH15	50.242	50	1.72	41.2	54.7	14
		100	1.72	40.6	78.9	14
		150	1.71	37.3	113.9	14
		200	1.73	38.0	124.6	14
S50 FMH20	50.001	50	1.71	41.9	48.1	14
		100	1.67	38.6	92.9	14
		150	1.72	37.5	107.4	14
		200	1.73	37.7	95.6	14

粉煤灰固化反应机理较水泥相似，其主要矿物成分有硅酸二钙、硅酸三钙以及铝酸钙等。随着水化反应的进行，生成较多的框架结构。另外，与底泥中活性物质反应，生成的 $Ca_5Si_6O_{16}(OH)\cdot4H_2O$ 和水化产物将土颗粒包裹联结成整体结构，使得固化试样强度提升。

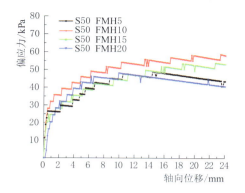

图 6.31 周围压力 50kPa 时不同粉煤灰
掺量试样应力应变曲线

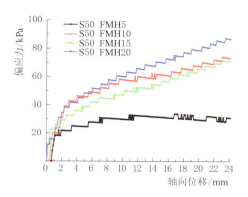

图 6.32 周围压力 100kPa 时不同粉煤灰
掺量试样应力应变曲线

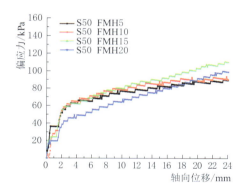

图 6.33 周围压力 150kPa 时不同粉煤灰
掺量试样应力应变曲线

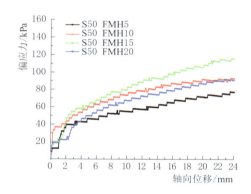

图 6.34 周围压力 200kPa 时不同粉煤灰
掺量试样应力应变曲线

同时,粉煤灰的加入还会发生硬凝反应,疏浚底泥中硅和铝物质并不具备固化能力,但可与石灰发生反应生成具有硬凝作用的新物质,粉煤灰加入使得底泥的 pH 增大,激发并释放了疏浚底泥中的硅、铝物质。释放的物质参与底泥的固化,底泥与粉煤灰同时作用,水化物后期逐渐硬化,后期结构较为致密,水稳定性提升。

由图 6.31~图 6.34 可知,5%、10%、15%和 20%四种粉煤灰掺量下的试验曲线都是应变硬化型。不同周围压力下,试样应力差($\sigma_1 - \sigma_3$)值没有明显的强度规律,这是因为试样的含水率较大,粉煤灰在高含水率的条件下对疏浚底泥的加固效果较弱。

6.4.3 基于石灰固化底泥三轴试验

基于石灰固化底泥的 UU 试验结果汇总表见表 6.7,试验曲线如图 6.35~图 6.38 所示。

表 6.7　　　　　　　　　　基于石灰固化底泥的 UU 试验结果汇总表

试验编号	初始含水率 /%	周围压力 /kPa	试样密度 /(g/cm³)	含水率 /%	应力差 /kPa	养护时间 /d
S50 SH5	49.016	50	1.72	46.9	169.0	14
		100	1.70	42.2	261.1	14
		150	1.68	42.2	353.6	14
		200	1.71	40.0	439.0	14
S50 SH10	48.245	50	1.67	46.6	169.5	14
		100	1.67	44.1	291.9	14
		150	1.67	40.9	401.7	14
		200	1.68	39.6	519.4	14
S50 SH15	47.145	50	1.65	46.8	213.2	14
		100	1.66	44.2	296.0	14
		150	1.70	42.5	415.3	14
		200	1.66	40.4	525.6	14
S50 SH20	46.199	50	1.70	47.0	228.8	14
		100	1.69	42.9	265.8	14
		150	1.67	41.3	430.0	14
		200	1.69	39.5	547.0	14

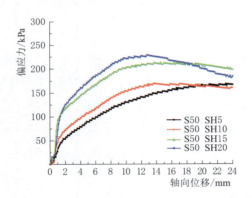

图 6.35　周围压力 50kPa 时不同石灰
掺量试样应力应变曲线

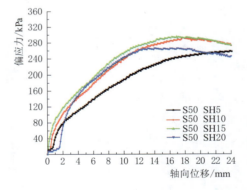

图 6.36　周围压力 100kPa 时不同石灰
掺量试样应力应变曲线

　　石灰固化底泥的机理是石灰与底泥发生一系列的化学和物理反应，主要包括了离子交换反应、碳酸化反应和火山灰反应等。石灰发生消解反应，解离成 Ca^{2+} 和 OH^- 离子，Ca^{2+} 可与 Na^+、K^+ 发生置换反应，水膜厚度减小，吸附层电位降低，

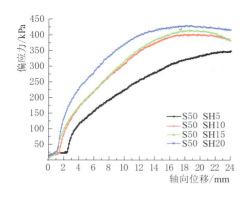

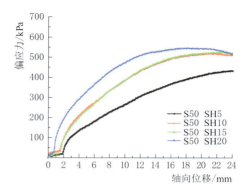

图 6.37　周围压力 150kPa 时不同石灰　　图 6.38　周围压力 200kPa 时不同石灰
　　　　掺量试样应力应变曲线　　　　　　　　　　掺量试样应力应变曲线

固化试样强度提升。氢氧化钙与空气中二氧化碳发生碳酸化反应生成碳酸钙，其具有较高的强度和水稳性，且与土颗粒胶结使得固化试样强度增大。此外，底泥中的活性硅、铝矿物在石灰的碱性激发下解离，在水的参与下与氢氧化钙反应生成含水的硅酸钙和铝酸钙等胶结物。这些胶结物逐渐由凝胶状态向晶体状态转化，使得石灰土的刚度不断增大，强度和水稳性也不断增大。同时，由图 6.35～图 6.38 可知，在不同的周围压力下，试样应力差（$\sigma_1 - \sigma_3$）值具有明显的强度规律，随着石灰含量的增加，应力差（$\sigma_1 - \sigma_3$）值逐渐增大。在周围压力 200kPa 下、石灰掺量为 20% 时，应力差（$\sigma_1 - \sigma_3$）达到最大值 547kPa。

　　改性底泥常规三轴试验试样变形破坏形式如图 6.39 所示。由图 6.39 可以看出，水泥加固底泥的试样破坏是脆性破坏，试样有明显的破裂面；粉煤灰加固底泥的试样破坏具有明显的蠕变性，加固效果较差；石灰加固底泥的试样破坏具有一定的蠕变性。

6.4.4　试验结果分析

　　基于水泥、粉煤灰、石灰的固化底泥常规三轴试验曲线可以看出，三种固化材料的试验曲线有着明显的差别。水泥固化底泥的试验曲线有明显的峰值，曲线的变化类型为应变软化型；粉煤灰固化底泥的试验曲线属应变硬化型，应力差随着应变的增大曲线呈阶梯状逐渐增大；石灰固化底泥的试验曲线也属应变硬化型，曲线没有明显的峰值。同时，从三轴试验曲线也可以发现，试样在含水率大于 40% 时，应力差-轴向位移曲线均表现出明显的蠕变性，且粉煤灰的蠕变性更强，即应力差较小，而轴向应变值很大（图 6.31～图 6.34）。而基于水泥固化的底泥试样基本没有表现出蠕变性，表明水泥的工程固化效果良好，且远大于石灰和粉煤灰的工程固化

（a）水泥固化底泥三轴剪切破坏过程

（b）水泥固化底泥剪切破坏结果

（c）石灰固化底泥三轴剪切破坏过程

（d）石灰固化底泥剪切破坏结果

（e）粉煤灰固化底泥三轴剪切破坏过程

（f）粉煤灰固化底泥剪切破坏结果

图 6.39　固化底泥常规三轴试验试样变形破坏形式

效果。

　　此外，结合三轴试验结果和图 6.39 可知，养护 14d 后，粉煤灰固化底泥的试样含水率最高，石灰的固化试样含水率次之，水泥固化试样的含水率最低。这是因为水泥在加固过程中会发生水解、水化反应以及硬凝反应，消耗了大量的水。石灰在加固过程中与底泥中的水分发生反应生成 $Ca(OH)_2$，消耗掉了部分水分；此外，石灰与水的反应属于典型的放热反应，产生的热量又将蒸发掉部分水分，由此试样含水率降低。粉煤灰在加固底泥的过程中，也会使含水率下降，但是其下降的幅度小于水泥和石灰。

　　综上所述，养护时间 14d，水泥对底泥的固化效果最好，石灰次之，而粉煤灰最差。

6.5 水稳定性试验

6.5.1 试验方法

为了分析固化底泥的水稳定性，选用固化底泥室内直剪与固结试验的试验方案（见 7.3 节）进行水稳性分析。试验前将固化底泥制成直径为 61.8mm，厚度为 10mm 的饼状试样，脱模后用聚乙烯塑料进行密封处理，并贴上相应配比标签，之后将其放入相对湿度大于 95％的干燥皿中养护 7d 后取出试样，将其放入容量约为 1000mL 的烧杯中（图 6.40），将试样放入容器底部，用去离子液盖过试样上表面 15mm 左右，并维持室内温度 18～22℃，每隔一定时间对试样表面进行追踪观察并拍照，持续 21d。改性底泥试样崩解过程如图 6.41 所示。

图 6.40 固化底泥水稳性试验设备

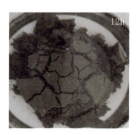

（a）S30 CN

图 6.41（一） 固化底泥试样崩解过程

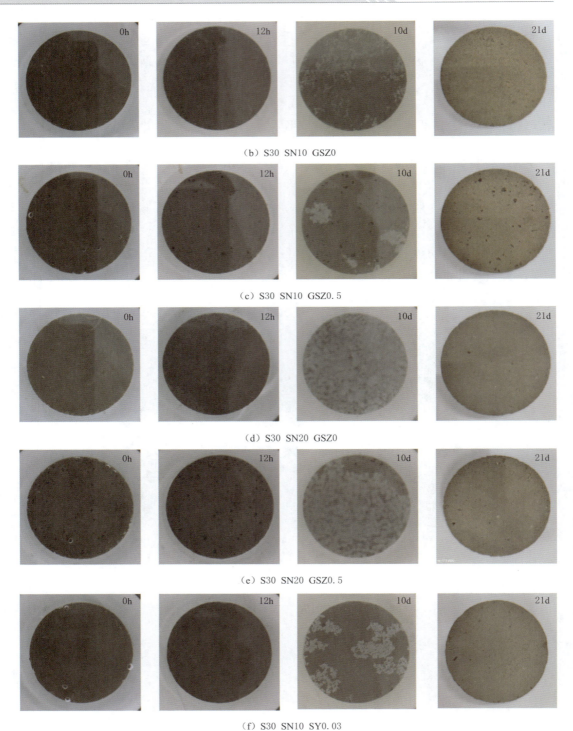

（b）S30 SN10 GSZ0

（c）S30 SN10 GSZ0.5

（d）S30 SN20 GSZ0

（e）S30 SN20 GSZ0.5

（f）S30 SN10 SY0.03

图 6.41（二）　固化底泥试样崩解过程

(g) S30 SN20 SY0.03

图 6.41（三） 固化底泥试样崩解过程

6.5.2 试验结果及分析

为了分析底泥固化后的水稳定性即浸水崩解情况，将底泥固化试样放置在去离子液中，水分子将会进入底泥改性试样的表面孔隙及微孔隙中，减弱底泥固化试样的强度及颗粒间的联结力，通过观察底泥固化试样的表面裂隙变化情况，进而评价底泥固化试样的水稳定性，并评价对疏浚底泥的固化效果。图 6.41 中（a）～（g）分别为不同掺加剂及其配比的固化底泥试样不同浸水时间的水稳定性情况。通过观察浸水时间 0h、12h、10d 及 21d 的崩解变化过程，可以发现：

（1）纯底泥在试验 12h 内表面逐渐破坏，周边破坏程度较大，试样中部表面出现裂痕现象，且裂隙间距较大。随着试验的进行，试样中心表面裂纹更加明显，周边已呈散落粒状态，土颗粒间联结力减弱。

（2）单掺 10％水泥，初始阶段试样表面无气泡产生，随着浸水时间增长，表面仍无任何变化，说明颗粒间相互作用力较强，联结力较好。

（3）双掺 10％水泥与 0.5％高分子吸水树脂，由于高分子吸水树脂具有吸水功效，吸水状态下如海绵体，形态不一，较多海绵体与土颗粒呈点接触，使得表面有少许孔隙。放入离子液中，初始会有气泡产生，但随着时间的推移，气泡逐渐消失，说明一部分离子液进入试样，但试样未被破坏，后期由于水力差，高分子吸水树脂释水收缩，导致表面孔隙变大。

（4）单掺 20％水泥的试样，在初始阶段试样表面未有气泡产生，且随着试验的进行，表面一直无任何变化，试样周边未出现颗粒掉落现象，说明高掺量水泥可提高试样水稳定性。

（5）双掺 20％水泥与 0.5％高分子吸水树脂，试样表面有较多孔隙，试样初始阶段气泡较多，但并未影响试样的稳定性，且随着试验的进行，气泡不再出现，后期水稳定性较好。

（6）双掺 10％水泥与 0.03％三乙醇胺，初始阶段零星气泡清晰可见，随着浸水时间的增长，表面已无气泡产生，且周边无颗粒块体掉落。

（7）双掺 20％水泥与 0.03％三乙醇胺，初始阶段有零星气泡产生，后期观察试样表面无气泡和颗粒散落现象，说明其内部颗粒联结性较好。

6.6　粒度与液塑限分析

6.6.1　固化底泥粒度分析

为了分析底泥固化后的粒径变化情况，选用 Bettersize 2000 激光粒度分析仪对水泥、石灰及粉煤灰固化底泥进行粒度分析。为了消除试验误差，每组试验分别进行了 2 次平行试验。试验粒径曲线如图 6.42～图 6.44 所示。底泥改性后的粒度分析结果见表 6.8。

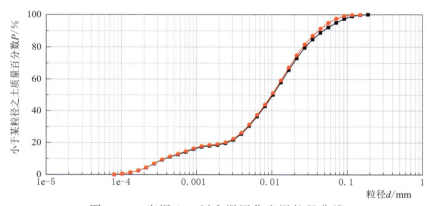

图 6.42　底泥＋10％水泥固化底泥粒径曲线

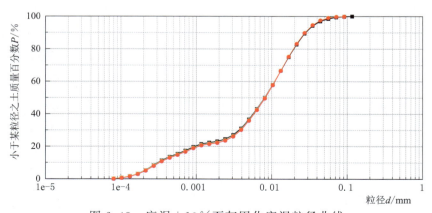

图 6.43　底泥＋10％石灰固化底泥粒径曲线

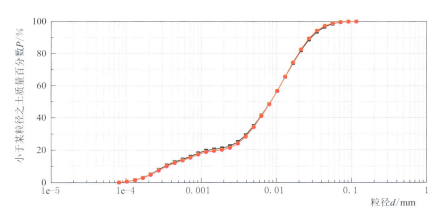

图 6.44 底泥＋10％粉煤灰固化底泥粒径曲线

表 6.8   底泥改性后的粒度分析结果

编号	＜0.005mm/％	0.005～0.075mm/％	＞0.075mm/％
S50	33.03	65.75	1.22
S50 SN10	34.84	64.73	0.43
S50 SSH10	36.10	60.73	0.17
S50 FMH10	31.54	66.18	2.28

由表 6.8 可以看出，将灞河桥南河底底泥与添加水泥、石灰和粉煤灰固化的试样进行粒度分析发现，水泥固化后的底泥砂粒（＞0.075mm）含量占比变化较大，由 1.22％增大为 2.28％，而黏粒（＜0.005mm）含量占比减小，由 33.03％变为 31.54％；粉粒（0.005～0.075mm）含量占比增大 0.43％，即由 65.75％增大至 66.18％。而粉煤灰与石灰固化后的底泥，砂粒含量占比减小 0.79％～1.05％，粉粒含量占比减小 1.02％～5.02％，黏粒含量占比增大范围在 1.81％～3.07％之间。

底泥改性前后粒径变化曲线如图 6.45 所示。

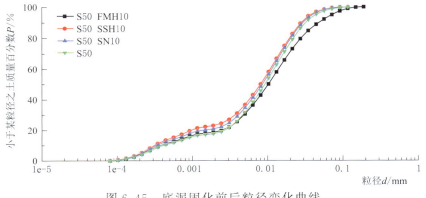

图 6.45 底泥固化前后粒径变化曲线

由图 6.45 可以看出，水泥掺入使得底泥砂粒含量占比呈增大趋势，可能是由于水泥水化反应，产生的凝胶产物有抱团现象。石灰与粉煤灰的掺入使得固化底泥的砂粒含量占比呈减小趋势，而黏粒含量占比呈增大趋势。

6.6.2　改性底泥液塑限分析

为了分析底泥固化后的液塑限变化情况，选用 SYS 数显液塑限测定仪对其进行室内试验测定，并按照作图法进行处理，如图 6.46～图 6.49 所示。液塑限试验结果汇总表见表 6.9。

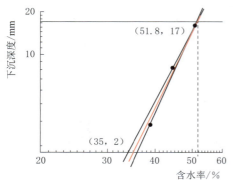

图 6.46　灞河桥南河底底泥液塑限

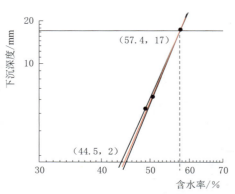

图 6.47　底泥＋10％水泥固化底泥液塑限

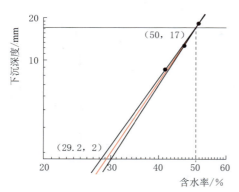

图 6.48　底泥＋10％粉煤灰固化底泥液塑限

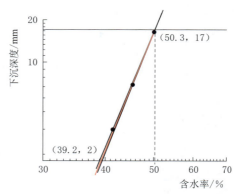

图 6.49　底泥＋10％石灰固化底泥液塑限

表 6.9　液塑限试验结果汇总表

土样名称	液限 w_L/%	塑限 w_p/%	塑性指数 I_p/%
S50 SN10	57.4	44.5	12.9
S50 SSH10	50.3	39.2	11.1
S50 FMH10	50.0	29.2	20.8

由表 6.9 可以看出，疏浚底泥经水泥、粉煤灰及石灰处理后，其液塑限变化规律不一致。其中掺加 10% 水泥固化处理后，液限、塑限均增大，塑性指数变小；掺加 10% 粉煤灰后，液限、塑限均减小，塑性指数变大；掺加 10% 石灰后，液限增大，塑限减小，塑性指数变小。已有研究表明，石灰与粉煤灰的掺入，一定程度降低了土体液限和塑限指数，能够提高固化土拌和的和易性，降低施工难度。

6.7 本章小结

选用单一或复合材料对疏浚底泥进行室内工程固化，并通过无侧限抗压强度试验、常规三轴压缩剪切试验、直剪试验、固结试验以及水稳定性试验等分析了不同固化材料对底泥工程固化后的强度、变形及水理性质的影响。主要结论如下：

（1）选用水泥、石灰、粉煤灰、石膏、蛭石、硅酸钠、二氧化硅、建筑垃圾再生细集料（废旧混凝土集料与废砖集料）、黄土、煤矸石、煤泥、石粉、钢渣粉、矿渣粉、电厂煤渣（灰）等 15 种外加剂对底泥进行固化处理，发现不同的掺加剂对试样抗压强度的提升程度不同，其中水泥、石灰等加固效果较好。经历 5 次冻融循环后，掺入不同掺加剂的底泥试样的抗压强度均小于常规条件下的底泥试样的抗压强度。

（2）在短期养护条件下，试样的养护时间越长，直剪试验得到的凝聚力就越大；水泥的掺量越大（20%），试样的凝聚力越大；水泥和三乙醇胺组合对底泥的固化效果大于水泥；水泥和高分子吸水树脂组合对底泥的固化效果小于水泥。

（3）压缩试验表明，试样养护时间越长，试样的压缩系数越小；水泥的掺量越高，试样的压缩系数越小；水泥和三乙醇胺加固底泥试样的压缩系数最小，养护 14d 的压缩系数为 $0.0541MPa^{-1}$。

（4）水泥、石灰与粉煤灰固化底泥的三轴试验表明，水泥固化底泥试样的破坏为脆性破坏，几乎没有蠕变性；石灰固化试样有一定的蠕变性，粉煤灰固化试样具有明显的蠕变特性。水泥固化底泥的效果最好，石灰次之，粉煤灰最差。

（5）固化底泥水稳定性试验表明，10% 和 20% 水泥固化底泥的水稳定性良好且无气泡出现，加入 0.5% 高分子吸水树脂与 0.03% 三乙醇胺，初始阶段有零星气泡产生，后期表面则无气泡和颗粒散落现象，内部颗粒联结性较好，水稳定性好。0.5% 高分子吸水树脂具吸水功效，使得经其固化的底泥试样表面有少许孔隙，后期因高分子吸水树脂释水收缩，导致表面孔隙变大；而 0.03% 三乙醇胺则无此现象。

（6）固化底泥的粒度分析表明，粉煤灰与石灰掺入底泥后，底泥的砂粒含量占比呈减小趋势，而黏粒含量占比呈增大趋势；水泥掺入使得底泥砂粒含量占比呈增大趋势，这是由于水泥水化反应，产生的凝胶产物有抱团现象。同时，固化底泥的液塑限测试表明，水泥、石灰与粉煤灰固化底泥的液限和塑限指数均出现降低，可提高底泥拌和的和易性。

第 7 章

疏浚底泥生态袋与河道岸坡土体界面强度试验研究

本章通过室内小型直剪试验、大型直剪试验及物理模型试验，分别探讨生态袋与河道岸坡土体的界面强度与变形规律，且主要考虑不同含水率、密度及岸坡土体类型对生态袋与土体界面的摩擦特性及其变化规律的影响，为基于底泥生态袋岸坡生态防护的稳定性分析提供基础依据。

7.1 小型直剪试验

7.1.1 单面直剪试验

7.1.1.1 试验方案

选用 ZJ 型应变控制式直剪仪进行剪切试验，分析生态袋与岸坡土体不同含水率、密度下接触面的摩擦特性及其变化规律。生态袋织物单面剪切示意图如图 7.1 所示。首先将剪切好的生态袋织物对正玻璃块用乳胶粘贴，织物上部放置一平板，施加 200N 荷载静置 24h，将贴好生态袋织物的亚克力刚性块（厚度 10mm，直径 61.4～61.5mm）置于直剪仪下剪切盒（图 7.2），上剪切盒装土，进行直剪试验。岸坡土体（黄土）干密度控制为 1.5g/cm³，含水率配置 10%、14%、18% 和 22% 四组；试验时法向应力分四级即 100kPa、200kPa、300kPa、400kPa。试验时剪切速率为 0.8mm/min。室内生态袋与岸坡土体（单面）直剪试验过程如图 7.3 所示。

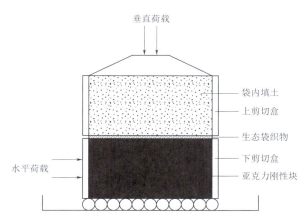

图 7.1 生态袋织物单面剪切示意图

（a）试样准备

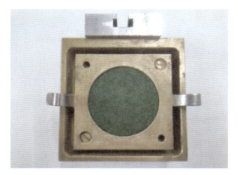

（b）剪切盒

图 7.2 置于下盒的生态袋材料安装示意图

（a）剪切试样　　　　　　　　　　　　（b）剪切过程

（c）剪切后生态袋　　　　　　　　　　　（d）剪切后土样

图 7.3　室内生态袋与岸坡土体（单面）直剪试验过程

7.1.1.2　试验结果

1. 天然生态袋与岸坡土体界面的剪切试验结果及分析

天然生态袋与岸坡土体（黄土）界面摩擦试验的密度与含水率控制见表 7.1。天然生态袋与不同含水率岸坡土体（黄土）界面的抗剪强度试验结果见表 7.2。

表 7.1　天然生态袋与岸坡土体（黄土）界面摩擦试验的密度与含水率控制

控 制 参 数	试样编号			
	黄土试样 1	黄土试样 2	黄土试样 3	黄土试样 4
目标干密度/（g/cm³）	1.500	1.500	1.500	1.500
目标饱和密度/（g/cm³）	1.650	1.710	1.770	1.830
实际饱和密度/（g/cm³）	1.638	1.697	1.746	1.806
目标含水率/%	10.000	14.000	18.000	22.000
实际含水率/%	9.108	13.185	16.698	20.513

表 7.2 天然生态袋与不同含水率岸坡土体（黄土）界面的抗剪强度
试验结果   单位：kPa

轴向压力	含水率			
	10%	14%	18%	22%
100	53.89	59.91	56.43	47.71
200	132.33	133.13	118.21	105.06
300	198.28	183.86	170.39	153.59
400	276.53	238.68	213.65	200.18

由表 7.2 可以看出，四种含水率条件下，随着轴向压力的增大，天然生态袋与岸坡土体界面间的抗剪强度呈增大趋势；在相同轴向压力条件下，随着含水率的增大，天然生态袋与岸坡土体界面间的抗剪强度逐渐减小。为了更加直观地表示天然生态袋与岸坡土体间的摩擦特性，研究将界面抗剪强度转化成摩擦系数。摩擦系数 f 计算公式为

$$\tau_f = \frac{F}{A} \tag{7.1}$$

式中　τ_f——抗剪强度，kPa；

　　　F——实测峰值水平推力，kN；

　　　A——试样面积，cm^2。

$$f = \frac{\tau_f}{\sigma} \tag{7.2}$$

式中　σ——法向压力，kPa。

取轴向压力为 300kPa，计算界面间的摩擦系数，如图 7.4 所示。由图可知，在黄土目标干密度为 1.5g/cm^3 不变的条件下，天然生态袋与黄土间的摩擦系数与土体含水率呈线性负相关，即随着土体含水率的增大，摩擦系数逐渐减小。这是由于土体含水率的增加，加大了生态袋与土体间的润滑作用，使界面间的摩擦作用减弱。不同含水率条件下的剪切强度曲线如图 7.5 所示。

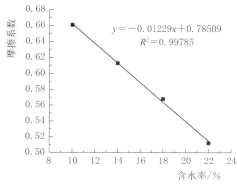

图 7.4 天然生态袋与黄土间摩擦系数
与土体含水率的关系

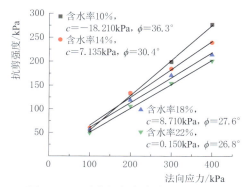

图 7.5 不同含水率条件下的剪切
强度曲线

2. 饱和生态袋与岸坡土体界面的剪切试验结果及分析

在进行剪切之前，先将粘贴好生态袋的刚性块进行浸水使其吸水饱和（浸水30min），研究生态袋浸水饱和后与岸坡土体的摩擦特性。饱和生态袋与岸坡土体（黄土）界面摩擦试验的密度与含水率控制见表 7.3。饱和生态袋与不同含水率岸坡土体（黄土）界面的抗剪强度试验结果见表 7.4。

表 7.3　饱和生态袋与岸坡土（黄土）体界面摩擦试验的密度与含水率控制

控 制 参 数	试 样 编 号			
	试样 1	试样 2	试样 3	试样 4
目标干密度/（g/cm³）	1.500	1.500	1.500	1.500
目标饱和密度/（g/cm³）	1.650	1.710	1.770	1.830
实际饱和密度/（g/cm³）	1.643	1.708	1.765	1.826
目标含水率/%	10.000	14.000	18.000	22.000
实际含水率/%	9.739	14.353	18.043	21.348

表 7.4　饱和生态袋与不同含水率岸坡土体（黄土）界面的抗剪强度试验结果

单位：kPa

轴向应力	含 水 率			
	10%	14%	18%	22%
100	60.86	52.31	51.83	40.73
200	125.11	116.13	115.33	90.14
300	187.82	184.49	160.24	134.57
400	243.81	224.56	206.92	186.87

由表 7.4 可以看出，在岸坡土体四种不同含水率条件下，随着轴向应力的增大，饱和生态袋与岸坡土体界面间的抗剪强度呈增大趋势；在同一轴向应力条件下，随着岸坡土体含水率的增加，界面间的抗剪强度呈减小趋势。

同理，选取轴向荷载 300kPa 的法向应力，计算饱和生态袋与岸坡土体界面间的摩擦系数，并将摩擦系数与岸坡土体含水率绘制成图，如图 7.6 所示。由图可知，界面摩擦系数随岸坡土体含水率的增大呈减小趋势。但是摩擦系数与含水率的变化线性相关较弱。不同含水率条件下的剪切强度曲线如图 7.7 所示。

3. 天然与饱和条件下生态袋界面摩擦特性的对比分析

为了比较天然与饱和条件下生态袋与岸坡土体界面间摩擦系数随土体含水率的

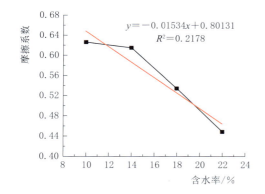

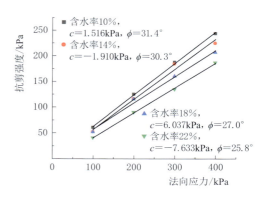

图 7.6　饱和生态袋与黄土间的摩擦系数
与土体含水率关系

图 7.7　不同含水率条件下的剪切
强度曲线

变化规律，选取法向应力 300kPa 的试验结果进行分析，如图 7.8 所示。由图可以看
出，饱和生态袋的摩擦系数普遍小于天然
生态袋的摩擦系数。同时，天然生态袋与
岸坡土体的摩擦系数随含水率的增大而减
小，且二者呈线性负相关；饱和生态袋与
岸坡土体的摩擦系数也随着含水率的增大
而减小，但在低含水率条件下下降速度较
慢，在高含水率条件下下降较快。

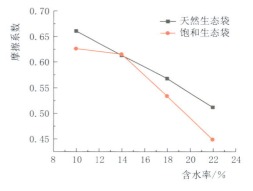

7.1.2　双面直剪试验

1. 岸坡黄土

为了分析生态袋与不同性质岸坡结构
（如黄土和砂土）之间的剪切特性，研究进

图 7.8　天然与饱和条件下生态袋与
岸坡土体界面间摩擦系数随土体
含水率变化曲线

行双面直剪试验，为生态袋岸坡防护设计提供强度参数。

试验均采用重塑土试样，按照拟定的试验方案将试验用土分别配置成 10%、
14%、18% 和 22% 等四种不同含水率的土料，密封放置 24h，使水分在土料内分布
均匀。将同一种含水率的土料制备成干密度分别为 1.4g/cm³、1.5g/cm³、1.6g/cm³
的环刀试样，环刀分为两种，大环刀 61.8mm×20mm、小环刀 61.8mm×10mm，
每组各四个，单个试样称量精度为 0.01g，湿土的质量计算式为

$$M = \rho_d V(1 + w) \tag{7.3}$$

式中　M——制样所需的湿土质量，g；

　　　ρ_d——预设试样干密度，g/cm³；

V——环刀的体积，cm^3；

w——所配置土料的含水率，%。

试验前要将生态袋织物剪成环刀内壁大小的圆片，试验时将小环刀试样

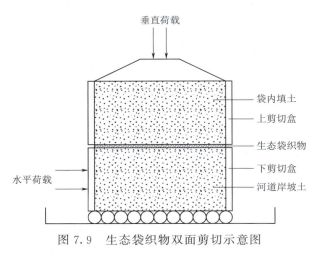

图 7.9　生态袋织物双面剪切示意图

（$61.8mm \times 10mm$）压入下剪切盒，生态袋放置在剪切盒的中间，确保其在剪切面上，最后将大环刀试样（$61.8mm \times 20mm$）压入上剪切盒，进行剪切试验。生态袋织物双面剪切示意图如图 7.9 所示。大、小环刀试样及生态袋的放置方法分别如图 7.10 和图 7.11 所示。试验数据见表 7.5～表 7.8。不同试验结果对比如图 7.12～图 7.23 所示。

（图中标注）垂直荷载／袋内填土／上剪切盒／生态袋织物／下剪切盒／河道岸坡土／水平荷载

图 7.10　大、小环刀试样

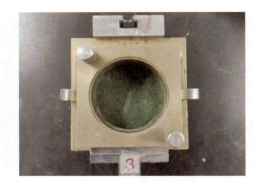

图 7.11　生态袋放置方法

表 7.5　　　　　不同含水率黄土（干密度 1.4g/cm^3）与生态袋间

（双面）的摩擦系数　　　　　　单位：kPa

轴向应力	含　水　率			
	10%	14%	18%	22%
100	0.469	0.427	0.388	0.314
200	0.541	0.452	0.373	0.346
300	0.526	0.440	0.379	0.359
400	0.538	0.469	0.421	0.348

表 7.6 不同含水率黄土（干密度 1.5g/cm³）与生态袋间（双面）的摩擦系数 单位：kPa

轴向应力	含 水 率			
	10%	14%	18%	22%
100	0.487	0.482	0.422	0.336
200	0.581	0.538	0.421	0.372
300	0.547	0.505	0.444	0.362
400	0.597	0.520	0.432	0.369

表 7.7 不同含水率黄土（干密度 1.6g/cm³）与生态袋间（双面）的摩擦系数 单位：kPa

轴向应力	含 水 率			
	10%	14%	18%	22%
100	0.526	0.518	0.504	0.412
200	0.644	0.587	0.511	0.385
300	0.568	0.543	0.486	0.386
400	0.660	0.616	0.454	0.383

表 7.8 不同含水率黄土（上剪切盒土干密度 1.4g/cm³、下剪切盒土干密度 1.6g/cm³）与生态袋间（双面）的摩擦系数 单位：kPa

轴向应力	含 水 率			
	10%	14%	18%	22%
100	0.480	0.469	0.426	0.334
200	0.552	0.472	0.415	0.377
300	0.535	0.501	0.408	0.359
400	0.581	0.493	0.421	0.352

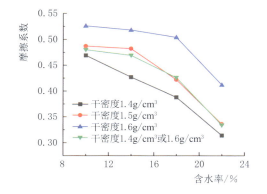

图 7.12 100kPa 摩擦系数与干密度及含水率曲线

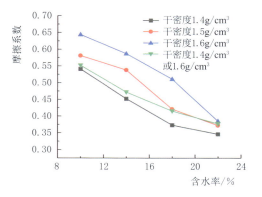

图 7.13 200kPa 摩擦系数与干密度及含水率曲线

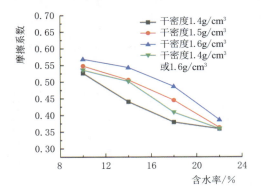

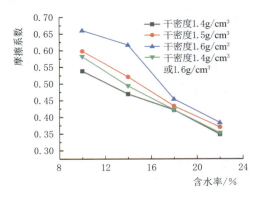

图 7.14 300kPa 摩擦系数与干密度 及含水率曲线

图 7.15 400kPa 摩擦系数与干密度 及含水率曲线

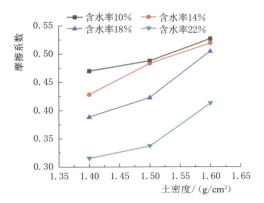

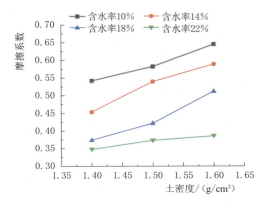

图 7.16 100kPa 摩擦系数与干密度 及含水率曲线

图 7.17 200kPa 摩擦系数与干密度 及含水率曲线

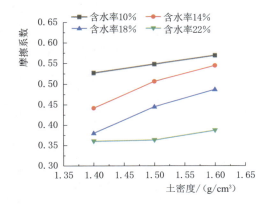

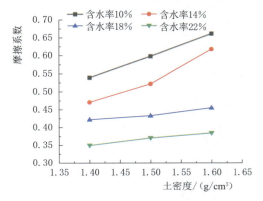

图 7.18 300kPa 摩擦系数与干密度 及含水率曲线

图 7.19 400kPa 摩擦系数与干密度 及含水率曲线

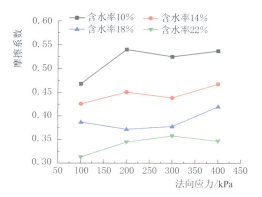

图 7.20　密度 1.4g/cm³ 摩擦系数
与法向应力曲线

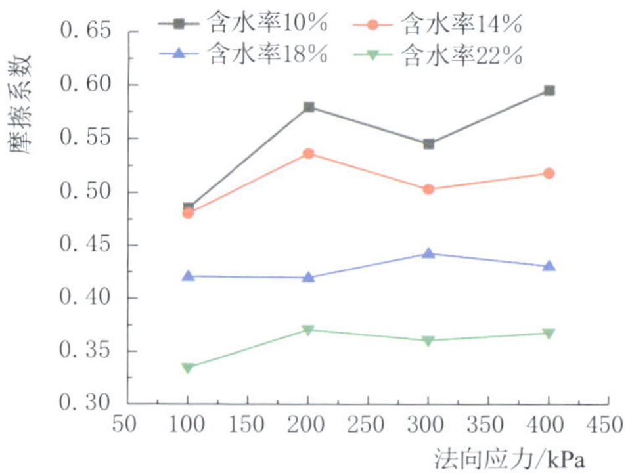

图 7.21　密度 1.5g/cm³ 摩擦系数
与法向应力曲线

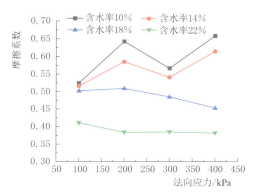

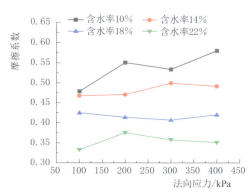

图 7.22　密度 1.6g/cm³ 摩擦系数
与法向应力曲线

图 7.23　密度 1.4/1.6g/cm³ 摩擦系数
与法向应力曲线

2. 岸坡砂土

岸坡砂土含水率为 10%，土样干密度分别为 1.5g/cm³、1.6g/cm³、1.7g/cm³。制样方法与黏性土样类似，界面摩擦直剪试验如图 7.24 和图 7.25 所示。

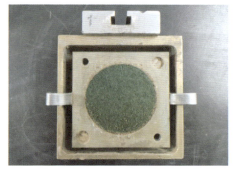

图 7.24　砂土试样压入下剪切盒
示意图

图 7.25　砂土界面摩擦剪切后下剪切
盒形态

生态袋与岸坡土体（砂土）界面摩擦的密度与含水率见表 7.9。由表 7.9 可知，制样密度的最大误差是 0.011g/cm^3，小于 0.02g/cm^3；配土含水率的最大误差为 0.79%，小于 1%，满足规范要求。

表 7.9　　　　生态袋与岸坡土体（砂土）界面摩擦的密度与含水率

控制参数	试样 1	试样 2	试样 3
目标干密度/(g/cm³)	1.500	1.600	1.700
目标饱和密度/(g/cm³)	1.650	1.760	1.870
实际饱和密度/(g/cm³)	1.661	1.768	1.879
目标含水率/%	10.00	10.00	10.00
实际含水率/%	9.98	9.21	9.94

生态袋与不同干密度岸坡土体（砂土）界面（双面）的抗剪强度见表 7.10。

表 7.10　　　　生态袋与不同干密度岸坡土体（砂土）界面

（双面）的抗剪强度　　　　　　　　单位：kPa

轴向应力	干密度		
	1.5g/cm³	1.6g/cm³	1.7g/cm³
100	32.65	32.97	37.56
200	82.77	79.56	83.41
300	123.31	126.48	126.8
400	128.96	190.88	184.78

由表 7.10 可知，在同一轴向应力的条件下，除个别试验因操作误差外，界面抗剪强度整体上随着砂土干密度的增大而逐渐增大。而在同一砂土干密度条件下，抗剪强度随着轴向应力的增大而逐渐增大。将界面间的抗剪强度换算成摩擦系数，汇总结果见表 7.11。

表 7.11　　　　生态袋与不同干密度岸坡土体（砂土）界面（双面）的摩擦系数

轴向应力/kPa	干密度/(g/cm³)		
	1.5	1.6	1.7
100	0.327	0.330	0.376
200	0.414	0.398	0.417
300	0.411	0.422	0.423
400	0.322	0.477	0.462

由表 7.11 可以看出，仅 100kPa 和 300kPa 轴向应力条件下界面间的摩擦系数随着砂土干密度的增大而逐渐增大，其中 300kPa 条件下摩擦系数与砂土干密度间的关系绘

制如图 7.26 所示。而当轴向应力为 200kPa 和 400kPa 时，摩擦系数的变化无规律性。

　　将同一含水率与砂土干密度条件下的黄土和砂土试验结果进行对比分析（图 7.27～图 7.30），随着轴向应力的增大，界面抗剪强度整体上呈增大趋势，但黄土与生态袋界面的抗剪强度远大于砂土与生态袋界面的抗剪强度。同时，试验结果发现，同一含水率和砂土干密度条件下，生态袋与黄土界面间的摩擦系数也远大于生态袋与砂土界面间的摩擦系数。

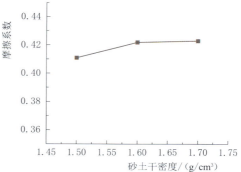

图 7.26　300kPa 轴向应力下界面摩擦系数与砂土干密度间的关系曲线

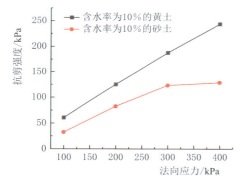

图 7.27　干密度为 1.5g/cm³ 的黄土和砂土与生态袋界面的抗剪强度对比

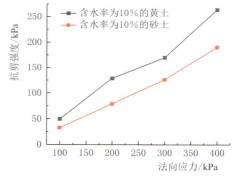

图 7.28　干密度为 1.6g/cm³ 的黄土和砂土与生态袋界面的抗剪强度对比

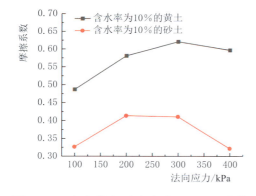

图 7.29　生态袋与干密度为 1.5g/cm³ 的黄土和砂土界面间的摩擦系数对比

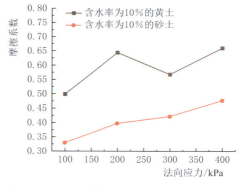

图 7.30　生态袋与干密度为 1.6g/cm³ 的黄土和砂土界面间的摩擦系数对比

　　3. 黄土和砂土与生态袋界面剪切试验

　　上剪切盒黄土干密度为 1.4g/cm³，下剪切盒砂土干密度为 1.6g/cm³，用于模拟生态袋堆叠在河道岸坡时的实际工况。两种材料配置的含水率分别为 10％、14％和 18％。值得指出的是，当砂土含水率为 22％时无法制备成环刀试样，因此，试验时未做含水率为 22％的界面剪切试验。室内试验过程如图 7.31～图 7.34 所示。

图 7.31　砂土试验材料

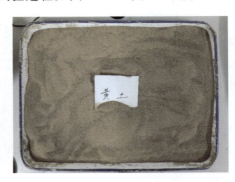

图 7.32　黄土试验材料

图 7.33　砂土试样压置于下剪切盒

图 7.34　剪切完成后试样形态

根据《土工试验方法标准》（GB/T 50123—2019）扰动土样制备试样干密度、含水率与制备标准之间的最大允许误差值分别为±0.02g/cm³、±1％。黄土和砂土与生态袋界面间摩擦试验用土基本性质见表 7.12。由表 7.12 可知，试样密度的最大误差为 0.012g/cm³，含水率的最大误差为 0.29％，含水率和干密度的控制符合规范要求。

表 7.12　　　　　　黄土和砂土与生态袋界面间摩擦试验用土基本性质

基 本 性 质	第一组		第二组		第三组	
	黄土	砂土	黄土	砂土	黄土	砂土
目标干密度/(g/cm³)	1.4	1.6	1.4	1.6	1.4	1.6
目标含水率/%	10.00	10.00	14.00	14.00	18.00	18.00
目标饱和密度/(g/cm³)	1.540	1.760	1.596	1.824	1.652	1.888
实际饱和密度/(g/cm³)	1.549	1.768	1.605	1.832	1.661	1.900
实际含水率/%	10.09	10.12	14.29	14.15	18.22	17.87

黄土和砂土与生态袋界面间（双面）的摩擦系数见表 7.13。

表 7.13 　　　　　　　黄土和砂土与生态袋界面间（双面）的摩擦系数

轴向应力/kPa	含 水 率/%		
	10.0	14.0	18.0
100	0.434	0.412	0.409
200	0.473	0.371	0.382
300	0.452	0.420	0.424
400	0.453	0.429	0.432

将该种工况与黄土（上剪切盒土干密度 1.4g/cm³、下剪切盒土干密度 1.6g/cm³）进行对比（图 7.35 和图 7.36）。由图可以看出，在含水率为 10% 和 14% 的条件下，黄土和黄土与生态袋界面间的抗剪强度比黄土和砂土与生态袋界面间的抗剪强度大。

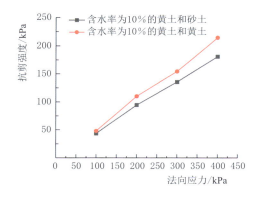

图 7.35　含水率为 10% 条件下的抗剪
强度对比

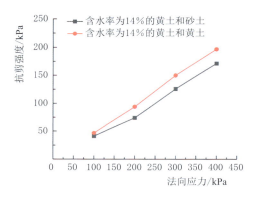

图 7.36　含水率为 14% 条件下的抗剪
强度对比

7.2　大型直剪试验

根据小型直剪试验初步探讨了生态袋与岸坡土体（黏性土）的强度及变形规律，取得一些试验成果，但由于小型直剪试验样盒尺寸小，加之不能模拟岸坡岩土体为粗颗粒的砂卵石，因此小型直剪试验的研究成果具有一定的局限性。而大型直剪仪较常规直剪仪具有尺寸大、位移大、荷载大、接触面积变幅小等优势，因而可借助大型直剪仪试验分析生态袋与岸坡土体的强度及变形规律。

7.2.1　试验设备及步骤

试验设备选用英国 VJ Tech 公司生产的新型电机/液压大型直剪仪，仪器主要由上、下剪切盒，控制面板，位移传感器和压力传感器等组成，如图 7.37 所示。该仪器适用于大直径试样的直剪试验，仪器配有三个规格的剪切盒，边长分别为 150mm×150mm、200mm×200mm 和 300mm×300mm，高度最大为 200mm。粗颗粒的粒径一般小于 30mm 为最优。仪器内置 4 通道数据采集器，水平荷载由电机控制，竖向液压加荷，最大竖向及水平荷载值均为 100kN，最大水平位移可达 60mm。

图 7.37　新型电机/液压大型直剪仪

本次试验选用 200mm×200mm 剪切盒。其试验步骤如下：

（1）试样制备及装样。将配置好含水率的土料，分层压实到剪切盒中，每层土压实后需要用刀片划毛后再继续压入下一层土，通过测量加入土的厚度和质量来确定土样干密度。先在下剪切盒中放入土料，然后在上、下剪切盒中间放置剪切好的生态袋材料，之后在上剪切盒中放置土料，最后将上剪切盒盖盖上，保持其水平。

（2）试样固结。装样完毕后对试样进行固结，固结方法：对试样施加一定的竖向压力，固结的稳定标准为竖向位移速度小于 0.002mm/min，固结时间取 3min，竖向荷载取 50kPa、100kPa、150kPa 和 200kPa。

（3）传感器安装。安装传感器分为水平、竖直方向位移传感器和压力传感器，必须保证传感器水平、竖直，调节其可伸缩距离，以满足试验对位移的测量需求。

（4）剪切及数据采集。拔掉限位销钉，竖直方向对土样进行加载，提供法向应力；水平方向加载，提供剪应力，进行剪切，剪切速率可选取 0.5mm/min。剪切过程中，通过仪器内置 4 通道数据采集器进行数据采集。

（5）试样破坏标准。当满足下列二者情况之一时作为判断试样破坏的标准：

1）剪应力-剪切应变关系曲线呈现明显的峰值或者稳定值。

2）没有出现明显的峰值或者稳定值，剪应力随着剪切位移的增大而增加，取水平位移达到试样直径 1/15～1/10（13.33～20.00mm）处的剪应力作为抗剪强度。

因此，取剪切位移达到 15mm 处的剪应力作为抗剪强度。

7.2.2 试验方案

工程实践表明，河流岸坡岩土类型基本上可以划分为第四系冲洪积土与基岩两类。其中第四系冲洪积土分为黏性土和碎石土。黏性土工程性质主要受土体干密度与含水率控制，碎石土主要受密实度控制。因此，室内大剪试验时对不同岸坡土体进行密度、含水率及密实度进行控制，以确定土体密度、含水率及密实度下生态袋与岸坡界面的剪切强度及变形规律。生态袋与岸坡界面室内大型直剪试验方案见表7.14。室内试验过程如图 7.38～图 7.41 所示。

表 7.14　　　　　　　　　生态袋与岸坡界面室内大型直剪试验方案

试验用土	含水率/%	干密度/（g/cm³）	法向应力/kPa	试验数量/个
黄土（黏性土）	10、14、18、22	1.5	50、100、150、200	24

图 7.38　室内大型直剪试验

图 7.39　在下剪切盒中填土

图 7.40　下剪切盒放置生态袋织物

图 7.41　试验后界面生态袋形态

7.2.3　试验结果及分析

生态袋与岸坡黏性土在相同密度（1.5g/cm³）、不同含水率（10％、14％、18％和22％）条件下界面的剪应力-剪切位移关系曲线如图 7.42～图 7.45 所示。

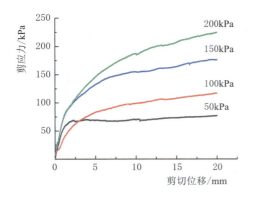

图 7.42　含水率为 10％时界面剪应力-剪切位移曲线

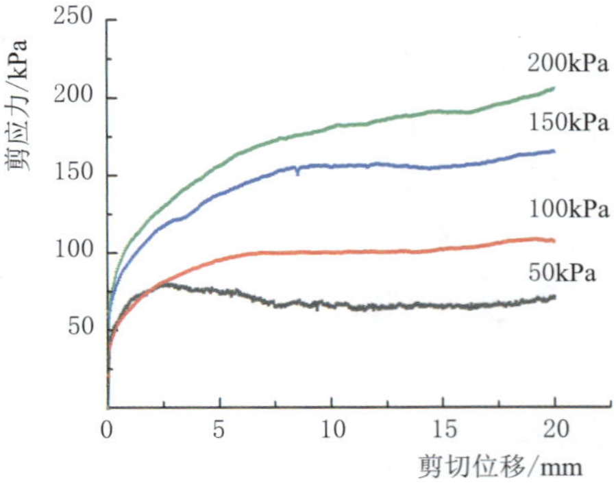

图 7.43　含水率为 14％时界面剪应力-剪切位移曲线

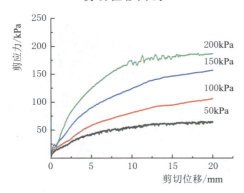

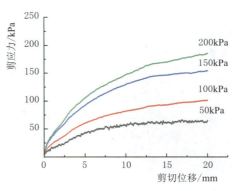

图 7.44　含水率为 18％时界面剪应力-剪切位移曲线

图 7.45　含水率为 22％时界面剪应力-剪切位移曲线

由图 7.42～图 7.45 可以看出，除了 50kPa 条件下含水率为 10％和 14％的试样，其他试样在相同荷载作用下剪应力均随着剪切位移的增大而增大，无明显峰值，表现为应变硬化型。同时，剪切力随着剪切位移逐渐增长，在各级竖向压力下剪应力在 20mm 剪切位移内均无明显峰值，取剪切位移达到 15mm 处的剪应力作为试验的抗剪强度。同时，为了更好地描述生态袋与岸坡界面的强度特性，可选用界面摩擦系数表征生态袋与岸坡土体的界面摩擦特性，其中界面摩擦系数定义为界面处剪应力与法向应力的比值，以摩擦系数的大小来表征生态袋界面摩擦作用的强弱，整理结果见表 7.15。

表 7.15 底泥生态袋与岸坡黏性土体界面大型直剪试验结果汇总

干密度 /(g/cm³)	含水率/%	测试参数	上覆压力/kPa			
			50	100	150	200
1.5	10	抗剪强度/kPa	73.6	108.4	164.3	207.1
		摩擦系数	1.472	1.804	1.095	1.036
	14	抗剪强度/kPa	64.3	102.4	155.2	191.0
		摩擦系数	1.286	1.024	1.035	0.955
	18	抗剪强度/kPa	61.7	95.0	150.0	181.0
		摩擦系数	1.234	0.950	1.000	0.905
	22	抗剪强度/kPa	60.4	93.5	146.6	169.6
		摩擦系数	1.208	0.935	0.977	0.848

由表 7.15 可以看出，岸坡土体干密度一定时，生态袋与界面的抗剪强度随着上覆压力增大呈增大趋势，然而摩擦系数的变化却没有明显的规律。同时，在同一界面强度条件下，随着岸坡土体含水率的增大，生态袋与岸坡土体界面间的抗剪强度与摩擦系数呈减小趋势。

另外，根据摩尔-库伦强度理论，界面的抗剪强度为摩擦强度与黏聚强度之和。因此，在剪应力-剪切位移关系曲线中找出不同上覆压力下的最大剪应力，并用摩尔-库伦强度进行线性拟合，结果如图 7.46～图 7.49 所示。确定的生态袋与岸坡黏性土体界面抗剪强度指标见表 7.16。

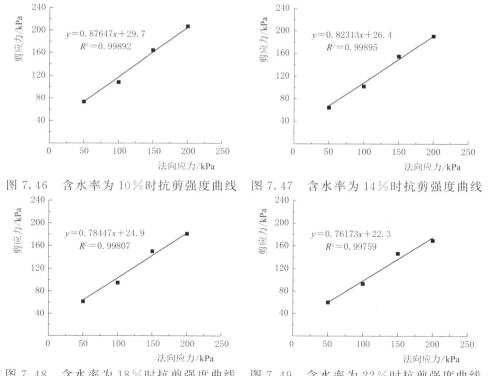

图 7.46 含水率为 10% 时抗剪强度曲线　图 7.47 含水率为 14% 时抗剪强度曲线

图 7.48 含水率为 18% 时抗剪强度曲线　图 7.49 含水率为 22% 时抗剪强度曲线

表 7.16　　　　　　　生态袋与不同含水率岸坡黏性土体界面抗剪强度指标

含水率/%	抗剪强度指标	
	黏聚力/kPa	内摩擦角/(°)
10	29.7	41.2
14	26.4	39.5
18	24.9	38.1
22	22.3	37.3

由表 7.16 可以看出，随着岸坡土体的含水率增大，其黏聚力与内摩擦角均呈减小趋势，其中黏聚力变化较大。

7.3　物理模型试验

通过室内小型与大型直剪试验探讨了底泥生态袋与岸坡土体界面的抗剪强度及摩擦系数的变化规律。本节拟通过物理模型试验进一步探讨底泥生态袋与岸坡土体界面的强度与变形规律，为底泥生态袋岸坡生态防护提供理论依据。

7.3.1　岸坡岩土地质结构

大量工程实践表明，河流岸坡常见地质结构模型主要分为第四系冲洪积成因的黄土状粉质黏土单一地质结构和砂土单一地质结构模型，如图 7.50 所示。因此，室内物理模型选取上述常见的两种地质结构类型。岸坡岩土特性主要考虑土体密度与含水率。黄土状粉质黏土主要控制干密度与含水率（干燥与饱和）；砂土主要控制密实度、粒度组成及含水率等因素。分析上述不同地质结构和岩土特性对底泥生态袋界面的强度与变形规律影响。

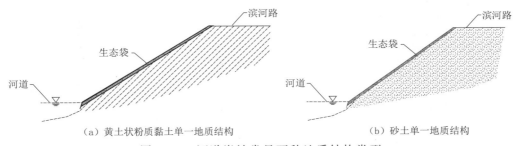

　（a）黄土状粉质黏土单一地质结构　　　　　　　（b）砂土单一地质结构

图 7.50　河道岸坡常见两种地质结构类型

7.3.2　物理模型试验构建

底泥生态袋与岸坡土体界面物理模型试验拟选用长方形模型箱，尺寸长×宽×

高为 1000mm×40mm×20mm。箱内填充上述三种地质岩土结构类型，其设计方案如图 7.51 所示。黄土状粉质黏土岸坡的形状通过干密度控制；砂土的形状通过密实度控制。岸坡坡度（坡比）则采用千斤顶升降来控制。

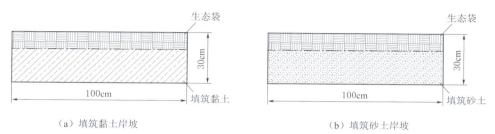

（a）填筑黏土岸坡　　　　　　　　　　　（b）填筑砂土岸坡

图 7.51　河道岸坡室内物理模型设计方案

7.3.3　室内物理模型试验

1. 黏性土岸坡物理模型试验

模型试验填筑的土料为过 2mm 筛的扰动黄土，通过轻型标准击实试验确定其最大干密度为 1.7g/cm³，最优含水率为 19.6%。试验时填筑的土体密度为 1.67g/cm³，压实度为 0.98，含水率为 15.3%。采用分层填筑、分层压实，直至与箱体上边平齐，如图 7.52 所示。

（a）黏性土岸坡　　　　　　　　　　　（b）砂土岸坡

图 7.52　物理模型箱分层压实填筑

为了模拟生态袋不同放置方式的稳定性，试验时设置三种工况，如图 7.53 所示。其中，工况 1 生态袋长边与模型箱短边平行，共 6 个，如图 7.53（a）所示；工况 2 生态袋长边与模型箱长边平行，共 6 个，如图 7.53（b）所示；工况 3 中 4 个生态袋长边与模型箱长边平行，1 个生态袋长边与模型箱短边平行，共 5 个，如图 7.53（c）所示。值得指出的是，上述三种生态袋放置方式均为生态袋斜铺施工方式，且没有考虑连接扣对生态袋整体性及岸坡土体稳定性的影响。

生态袋放置稳定后，将模型箱一端选用数显的 10t 千斤顶抬升使其倾斜，形成倾斜坡面以近似模拟河道的岸坡，并通过测角仪测量箱体的倾角。同时，观察生态

| （a）工况1 | （b）工况2 | （c）工况3 |

图 7.53　生态袋三种放置方式

袋随箱体倾角增大出现的移动变形现象。室内试验过程如图 7.54 所示。

| （a）工况1 | （b）工况2 | （c）工况3 |

图 7.54　室内试验过程

　　在上述含水率试验结束后，向模型箱内土体喷洒一定水量并放置 12h 后重复上述试验（图 7.55），探讨岸坡土体含水率变化对生态袋与土体界面强度的影响规律。同时，试验结束后需对箱体表层土体取样测定其最终含水率与密度，如图 7.56 所示。

图 7.55　改变填筑土体的含水率后　　　图 7.56　表层土体取样测定最终含水率
　　　　　　重复试验　　　　　　　　　　　　　　　与密度

生态袋与黏性土界面摩擦模型试验结果见表 7.17。

表 7.17 生态袋与黏性土界面摩擦模型试验结果

试验工况	试验频次	原始岸坡		试验频次	增水岸坡	
		角度/(°)	坡面生态袋/个		角度/(°)	坡面生态袋/个
工况 1	1 次	22	6	1 次	27	6
		24	5		49	2
		32	1		54	0
	2 次	21	6	2 次	27	6
		30	4		46	2
		39	0		50	0
工况 2	1 次	26	6	1 次	25	6
		34	2		47	4
		37	1		48	2
		38	0		50	0
	2 次	26	6	2 次	27	6
		33	4		42	5
		34	2		44	3
		40	0		48	0
工况 3	1 次	27	5	1 次	26	5
		35	2		47	3
		38	0		51	0
	2 次	27	5	2 次	26	5
		30	4		47	2
		38	0		50	0

由表 7.17 可以看出，原始岸坡模型试验中，工况 1 中当模型倾斜角度在 32°～39°时发生整体滑移，超过 24°时即出现滑移现象；工况 2 中当模型倾斜角度在 38°～40°发生整体滑移，超过 26°时即出现滑移现象；工况 3 中当模型倾斜角度在 38°时发生整体滑移，超过 27°时即出现滑移现象。

增水岸坡模型试验中，工况 1 中当模型倾斜角度在 50°～54°时发生整体滑移，超过 27°时即出现滑移现象；工况 2 中当模型倾斜角度在 48°～50°发生整体滑移，超过 26°时即出现滑移现象；工况 3 中当模型倾斜角度在 50°～51°发生整体滑移，超过 27°时即出现滑移现象。同时，岸坡土体含水率增大时，生态袋与岸坡土体稳定发生整体滑移的角度呈增大趋势，表明岸坡土体与生态袋的摩擦性能良好。

同时，选用体积 60mm³ 环刀对黏性土密度进行测定，结果为 1.72g/cm³、1.75g/cm³ 和 1.83g/cm³，其均值为 1.77g/cm³，大于填筑时的 1.67g/cm³；烘干法测定其增水后的含水率，测试结果为 20.18%、19.85%，均值为 20.02%，大于填筑时的 15.34%。

2. 砂土岸坡物理模型试验

黏性土岸坡摩擦试验结束后，将模型箱上部厚度 10cm 的土体挖除，再分层压实回填砂土，直至与箱体上边平齐。填筑的砂土为质地纯净的河砂。

室内筛分试验选取 800g 风干试样，将细筛放在振筛机上振摇，振摇时间为 10—15min。由最大孔径筛开始，依次将各筛取下，并分别称量留在各筛上的试样质量。试验时进行两次平行试验（1# 和 2#），减少试验误差。结果见表 7.18。

表 7.18　　　　　　　　　　试验用砂室内筛分试验结果

试验编号	孔径/mm	>2	1	0.5	0.25	0.075	<0.075
1#	试样质量/g	39.5	73.5	264.4	180.1	222.5	13.6
	质量占比/%	4.9	9.2	33.1	22.5	27.8	1.7
2#	试样质量/g	35.2	70.6	239.3	203.8	226.0	16.2
	质量占比/%	4.4	8.8	30.0	25.5	28.2	2.0

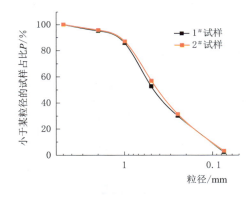

图 7.57　试验用砂的筛分级配曲线

由表 7.18 可以看出，1# 试样和 2# 试样筛分试验结果均为中砂，即粒径大于 0.25mm 的质量占比为 69.7% 和 68.6%，因此，模型试验选用河砂为中砂。同时，以小于某粒径的试样质量占试样总质量的百分数为纵坐标，颗粒粒径为横坐标，在单对数坐标上绘制颗粒大小分布曲线，如图 7.57 所示。

根据图 7.58 的级配曲线，分别计算试验用砂的有效粒径 d_{10}、中值粒径 d_{30} 和限制粒径 d_{60}，进而确定试验用砂的不均匀系数 C_u 和曲率系数 C_c，结果见表 7.19。

表 7.19　　　　　　　　　　试验用砂的物理性质指标

试验编号	有效粒径 d_{10}/mm	中值粒径 d_{30}/mm	限制粒径 d_{60}/mm	不均匀系数 C_u	曲率系数 C_c
1#	0.11	0.25	0.59	5.36	0.96
2#	0.11	0.24	0.52	4.73	1.01

由表 7.19 可以看出，1# 试样曲率系数 $C_c<1$，不均匀系数 $C_u>5$，级配不良。2# 试样曲率系数 $1<C_c<3$，不均匀系数 $C_u<5$，属于级配不良。因此，模型填筑的

砂土为级配不良的中砂土。

砂土岸坡物理模型试验时生态袋放置方式、试验步骤等均与黏性土模型试验过程相同。室内试验过程如图 7.58 所示。试验结果见表 7.20。

图 7.58 砂土岸坡模型试验及取样

表 7.20 砂土岸坡模型试验结果

试验工况	试验频次	原始岸坡		试验工况	试验频次	增水岸坡	
		角度/(°)	坡面生态袋/个			角度/(°)	坡面生态袋/个
工况 1	1 次	22	6	工况 2	1 次	26	6
		35	4			37	4
		37	0			39	0
	2 次	29	6		2 次	28	6
		36	4			37	3
		40	0			40	0
工况 3	1 次	27	5	工况 3	2 次	26	5
		38	3			38	4
		41	0			40	0

由表 7.20 试验结果可以看出，工况 1 中，当模型倾斜角度在 37°时发生整体滑移，超过 35°时即出现滑移现象；工况 2 中，当模型倾斜角度在 39°～40°时发生整体滑移，超过 34°时即出现滑移现象；工况 3 中，当模型倾斜角度在 40°～41°时发生整体滑移，超过 36°时即出现滑移现象。同时，选用体积 100mm³ 环刀对砂土的密实度进行 3 次测定，结果分别为 3.31g/cm³、3.32g/cm³ 和 3.32g/cm³，其均值约为

$3.32\mathrm{g/cm^3}$；利用烘干法 3 次测定其含水率，测试结果分别为 3.53%、4.30% 和 5.31%，其均值为 4.38%。

7.4 **岸坡底泥生态袋稳定性计算**

通过直剪试验与物理模型模拟试验分析了底泥生态袋与岸坡土体界面强度与变形特征，上述研究成果为底泥生态袋稳定性计算方法的构建提供了重要依据，也为底泥生态袋岸坡防护的稳定性计算提供了强度参数。根据资料收集分析，以及底泥生态袋岸坡防护技术特征，无限边坡稳定性计算模型适宜底泥生态袋岸坡防护的稳定性评价。

无限边坡稳定性计算模型的基本假设如下：

（1）滑动面平行于坡面，滑体厚度在任意点均相同。

（2）滑体的厚度远小于长度。

（3）滑体宽度无限，因此不考虑边界效应。

（4）渗流方向平行于滑动面向下。

根据摩尔库伦准则，岩土体的抗剪强度为

$$\tau_f = c' + \sigma'\tan\varphi' \tag{7.4}$$

式中　τ_f——抗剪强度，kPa；

　　　c'——有效黏聚力，kPa；

　　　σ'——法向应力，kPa；

　　　φ'——有效内摩擦角，（°）。

无限边坡分析模型如图 7.59 所示。

块 $abcd$ 作用在 ab 边上的力分别为

$$N_r = \gamma_{sat}LH\cos\beta \tag{7.5}$$

式中　N_r——垂直与 ab 边的力，kPa；

　　　γ_{sat}——饱和重度，$\mathrm{kN/m^3}$；

　　　L——滑面 ab 的长度，m；

　　　H——表层滑移厚度，m；

　　　β——坡角，（°）。

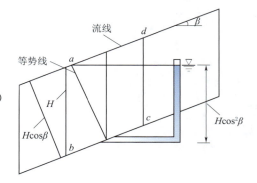

图 7.59　无限边坡分析模型

$$T_r = \gamma_{sat}LH\cos\beta \tag{7.6}$$

式中　T_r——平行与 ab 边的力，kPa。

bc 边上受到的法向应力和剪应力分别为

$$\sigma = \frac{N_r}{L/\cos\beta} = \gamma_{sat}H\cos^2\beta \tag{7.7}$$

式中 σ——bc 边上的法向应力，kPa。

$$\tau = \frac{T_r}{L/\cos\beta} = \gamma_{sat}H\cos\beta\sin\beta \qquad (7.8)$$

式中 τ——bc 边上的剪应力，kPa。

安全系数的计算公式为

$$F_s = \frac{\tau_f}{\tau} \qquad (7.9)$$

式中 F_s——安全系数。

则有

$$F_s = \frac{\tau_f}{\tau} = \frac{c'}{F_s} + (\sigma - u)\frac{\text{tg}\varphi'}{F_s} \qquad (7.10)$$

式中 u——孔隙水压力，kPa。

孔隙水压力可表示为

$$u = \gamma_w H\cos^2\beta \qquad (7.11)$$

式中 γ_w——水的重度，kN/m^3。

进而有

$$\gamma_{sat}H\cos\beta\sin\beta = \frac{c'}{F_s} + (\gamma_{sat}H\cos^2\beta - \gamma_w H\cos^2\beta)\frac{\text{tg}\varphi'}{F_s} \qquad (7.12)$$

则安全系数 F_s 可以表示为

$$F_s = \frac{c'}{\gamma_{sat}H\cos^2\beta\text{tg}\beta} + \frac{\gamma'}{\gamma_{sat}}\frac{\text{tg}\varphi}{\text{tg}\beta} \qquad (7.13)$$

式中 γ'——有效重度，kN/m^3。

将上述安全系数计算公式借助 Excel 计算工具进行编程，实现计算电子化，提高计算效率。计算参数选取主要根据室内直剪试验与模型试验结果，并参考已有研究成果综合确定。根据生态袋厚度与岸坡坡度分为四种工况（工况 1~工况 4），其中生态袋厚度分别为 0.5m、1.0m、1.5m 和 2.0m，岸坡边坡坡度分别为 30°、35°、40° 和 45°。参数选取及计算结果见表 7.21。

表 7.21　基于无限边坡的底泥生态袋稳定性计算结果

序号	有效黏聚力/kPa	有效摩擦角/(°)	有效重度/(kN/m³)	饱和重度/(kN/m³)	岸坡角度/(°)	袋体厚度/m	安全系数
工况 1	10	24	14	16	30	0.5	3.66
	10	24	14	16	30	1.0	2.22
	10	24	14	16	30	1.5	1.74
	10	24	14	16	30	2.0	1.50

续表

序号	有效黏聚力/kPa	有效摩擦角/(°)	有效重度/(kN/m³)	饱和重度/(kN/m³)	岸坡角度/(°)	袋体厚度/m	安全系数
工况 2	10	24	14	16	35	0.5	3.26
	10	24	14	16	35	1.0	1.93
	10	24	14	16	35	1.5	1.48
	10	24	14	16	35	2.0	1.26
工况 3	10	24	14	16	40	0.5	3.02
	10	24	14	16	40	1.0	1.75
	10	24	14	16	40	1.5	1.32
	10	24	14	16	40	2.0	1.11
工况 4	10	24	14	16	45	0.5	2.89
	10	24	14	16	45	1.0	1.64
	10	24	14	16	45	1.5	1.22
	10	24	14	16	45	2.0	1.01

由表 7.21 可以看出，当岸坡土体为黏性土土坡时，其底泥生态袋的稳定性随着生态袋堆放高度增加而减小。同时，随着河湖岸坡坡度增大时，其稳定性也呈减小趋势。值得指出的是，基于无限边坡模型底泥生态袋稳定性计算时，未考虑连接扣对生态袋与岸坡的相互作用。根据生态袋施工经验，连接扣不仅可以保证生态袋整体性，而且对敷设于岸坡的生态袋的稳定性有显著的增强作用。

7.5　本章小结

通过室内小型直剪试验、大型直剪试验及物理模型试验，探讨了岸坡土体含水率、密度以及坡体类型对生态袋与岸坡土体界面强度和变形的影响规律。同时，在无限边坡计算模型的基础上，提出了底泥生态袋的稳定性评价方法并进行计算分析。主要结论如下：

（1）生态袋与岸坡土单面直剪试验表明，无论生态袋干燥还是饱和，界面摩擦系数都随着土体含水率的增大而减小。此外，土体含水率相同时，生态袋干燥条件下的界面摩擦系数小于生态袋饱和条件下的界面摩擦系数。

（2）生态袋与岸坡土体界面双面摩擦直剪试验表明，随着法向应力的增大，袋土界面抗剪强度增大，但界面摩擦系数与法向应力之间的关系没有明显的规律特征。

袋土界面的摩擦系数随着土体含水率的增大而减小，随着土体干密度的增大而增大。同时，相同的含水率及干密度条件下，袋体与沙土的界面摩擦系数小于黏性土。

（3）袋土界面的大型直剪试验表明，界面摩擦系数随着土体含水率的增大而减小，与小型直剪试验得到的结论一致。此外，随着土体含水率的增大，袋土界面的黏聚力 c 和内摩擦角 φ 都逐渐减小。

（4）底泥生态袋与岸坡土体的物理模型试验表明，生态袋三种不同斜铺形态下，其起始滑移角度不超过 $27°$，整体滑移角度为 $38°\sim40°$。同时，岸坡无论是黏性土或砂土均随着土体含水率增大时，生态袋整体滑移的角度呈增大趋势，即 $50°\sim54°$。

（5）选用无限边坡稳定性计算模型，对底泥生态袋的稳定性进行计算分析。计算结果表明，当岸坡地质结构相同时，随着生态袋厚度与岸坡坡度增大时，其底泥生态袋的稳定性呈减小趋势。

第 8 章

疏浚底泥生态袋抗冲刷性及稳定性试验研究

8.1 底泥生态袋选型

前已述及，河道底泥不仅与陆相沉积物具有相同组成成分外，而且含有重金属等污染物，将其改良后用于岸坡生态防护的生态袋装填材料时，生态袋本身除了强度、变形及其他因素满足要求外，其等效孔径与垂直渗透系数也要满足设计要求，防止袋内底泥土壤大量进入地表水体，而且需保证袋内土壤的水体能发生自由流动。

生态袋的等效孔径 O_{90} 是指当通过土工织物的颗粒重量与粒料总重量之比为 5% 时对应的粒径尺寸，又称为土工织物的表观最大孔径，是反映织物的透水性能与保持土颗粒能力的重要指标。采用振筛机进行干筛法获得。垂直渗透系数 K 是指当水流垂直于土工织物平面水力梯度等于 1 时的渗透流速，采用土工织物垂直渗透试验仪进行测定。

工程实践表明，用于坡面生态防护的生态袋施工方式主要分为斜铺与平铺两种，如图 8.1 所示。同时，生态袋岸坡砌筑时利用连接扣将生态袋连接在一起。连接扣其两面有刺，呈"倒枪刺"型设计，两面倒枪刺个数相同（6 刺），只是排列形式不同，其尺寸为 305mm×77mm×56mm，如图 8.2 所示。

（a）生态袋斜铺施工方式　　　　　　　　（b）生态袋平铺施工方式

图 8.1　用于坡面生态防护的生态袋施工方式

8.2 静态浸水试验

为了进行生态袋在静水状态下的土壤流失试验，购置了上一节所述深绿色生态袋（尺寸为 810mm×430mm），将其等比缩小后（尺寸约为 390mm×190mm），装

（a）连接扣正面　　　　　　　　　　　　　（b）连接扣反面

图 8.2　生态袋"倒枪刺"连接扣

入含水率为 12％的底泥土壤化改良土体（过 2mm 筛），袋体质量均为 2.5kg。将底泥生态袋放入盛水的塑料盆内，并使其完全浸没。同时，持续观察生态袋与水体的变化，试验结束后测量不同浸水时段袋内土壤的流失量。生态袋内填充土壤含水率控制见表 8.1。室内浸水试验如图 8.3 所示。

表 8.1　　　　　　　　　　生态袋内填充土壤含水率控制

盒号	盒重 m_0 /g	盒＋湿土质量 m_1 /g	盒＋干土质量 m_2 /g	含水率 w /％	平均含水率 /％
074	17.15	50.27	46.72	12.01	12.11
199	16.39	48.46	44.97	12.21	

（a）初始浸泡　　（b）浸泡24h　　（c）浸泡48h　　（d）浸泡4d　　（e）浸泡8d　　（f）浸泡12d

图 8.3　生态袋静态浸水状态

通过底泥生态袋不同时段的静态浸水试验发现，袋内底泥土壤浸水后其流失质量为 15.89～18.30g，流失质量占比 0.71％～0.82％，表明该型生态袋可以用作底泥土壤的装填袋。

8.3　动态浸水冲刷试验

为了进一步分析动态浸水冲刷条件下生态袋内改良土壤的流失情况，选取蓝田县岱峪河两处不同流速的平直河段进行生态袋冲刷试验。生态袋尺寸及袋内装填土壤与 8.2 节中静态浸水试验保持一致。其中 $1^{\#}$ 试验点水流流速为 0.71m/s，$2^{\#}$ 试验点流速为 0.8m/s。冲刷时间选取 30min 和 60min。同时，为了减小试验误差，每组试验选取 3 个生态袋，取其平均值作为袋内土壤流失的最终结果。袋内土壤流失量百分比通过袋内土壤流失量与袋内土壤质量之比确定。$1^{\#}$、$2^{\#}$ 试验点生态袋放置分别如图 8.4、图 8.5 所示。

图 8.4　$1^{\#}$ 试验点生态袋放置

图 8.5　$2^{\#}$ 试验点生态袋放置

$1^{\#}$、$2^{\#}$ 试验点生态袋土壤流失量测试结果分别见表 8.2、表 8.3。

表 8.2　　　　　　　　　　$1^{\#}$ 试验点生态袋土壤流失量测试结果

冲刷时间/min	生态袋编号	袋内土质量/g	浸水后土质量/g	流失量/g	流失量百分比/%
30	$3^{\#}$	2224.98	2150.73	74.25	3.34
	$4^{\#}$	2224.14	2415.18	74.73	3.36
	$7^{\#}$	2223.54	2148.25	75.29	3.39
60	$10^{\#}$	2233.59	2172.62	129.10	5.78
	$11^{\#}$	2251.07	2126.92	124.15	5.52
	$8^{\#}$	2223.39	2081.81	141.58	6.37

表 8.3　　　　　　　　2[#]试验点生态袋土壤流失量测试结果

冲刷时间 /min	生态袋编号	袋内土质量 /g	浸水后土质量 /g	流失量 /g	流失量百分比 /%
30	12[#]	2222.22	2200.00	121.33	5.46
	5[#]	2220.30	2109.00	119.23	5.37
60	9[#]	2241.18	2127.00	125.95	5.62
	6[#]	2219.83	2134.50	138.73	6.25
	2[#]	2223.47	2128.00	132.07	5.94

　　由表 8.2 和表 8.3 可以看出，1[#]试验点冲刷时间为 30min 时，生态袋土壤流失量百分比为 3.34%～3.39%，均值为 3.36%；冲刷时间为 60min 时，生态袋土壤流失量百分比为 5.52%～6.37%，均值为 5.89%。2[#]试验点冲刷时间为 30min 时，生态袋土壤流失量百分比为 5.37%～5.46%，均值为 5.42%；冲刷时间为 60min 时，生态袋土壤流失量百分比为 5.62%～6.25%，均值为 5.94%。由此可以看出，在流速相同时，随着冲刷时间的增加，生态袋内土壤流失量呈增大趋势。冲刷时间为 30min 时，2[#]试验点袋内土壤流失量大于 1[#]试验点；而冲刷时间为 60min 时，1[#]、2[#]试验点袋内土壤流失量基本一致，即随着冲刷时间的增加，在流速小于 1m/s 时袋内土壤流失量百分比基本接近于一定值，其土壤流失量百分比小于 7%，小于生态袋等效孔径。同时，动态浸水冲刷流失量是其静态流失量的 8 倍左右。同时，底泥生态袋冲刷试验发现，冲刷会使底泥土壤细颗粒嵌入生态袋织物孔隙，导致织物的单位面积质量及厚度增加，等效孔径降低，而渗透系数的变化不大。

8.4　底泥生态袋剪切与摩擦试验

8.4.1　底泥生态袋剪切试验

　　试验仪器采用 ZJ 型应变控制式直剪仪，将生态袋织物剪成环刀内径大小的圆片（直径 61.8mm），用万能胶将其粘贴到亚克力刚性块（厚 10mm、直径 61.8mm）上，在粘贴好生态袋织物的亚克力块的上部放置一平板，施加 200kPa 的荷载静置 24h，确保织物粘贴牢固。将贴好织物的亚克力块以织物朝上放入下剪切盒，在上剪切盒以织物朝下放置亚克力块，使生态袋织物在剪切盒的中间接触摩擦，进行直剪。生态袋织物摩擦剪切示意图如图 8.6 所示。

　　同时，试验设置生态袋织物为干燥和饱和两种工况，垂直荷载设置分别为 100kPa、

200kPa、300kPa 和 400kPa，剪切速率设置为 0.8mm/min，进行剪切试验并记录数据。室内剪切试验如图 8.7、图 8.8 所示。干燥及饱和生态袋抗剪强度曲线分别如图 8.9、图 8.10 所示。生态袋织物室内剪切试验结果见表 8.4。

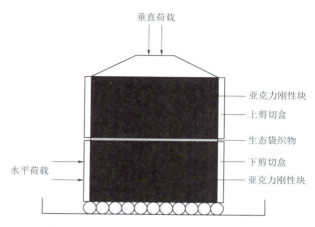

图 8.6　生态袋织物摩擦剪切示意图

由表 8.4 可以看出，生态袋织物间无论干燥或浸水饱和，其抗剪强度均随法向应力的增大而增大，而摩擦系数则没有明显的变化趋势。同时，根据摩尔-库仑强度理论对剪切试验结果进行线性拟合，得出织物界面间的内摩擦角与黏聚力。试验结果表明，干燥状态下织物间的内摩擦角和黏聚力均大于饱和时的对应值。

图 8.7　干燥生态袋剪切试验

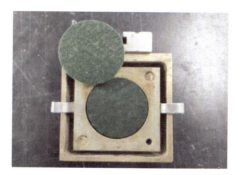

图 8.8　饱和生态袋剪切试验

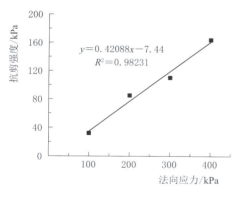

图 8.9　干燥生态袋抗剪强度曲线图

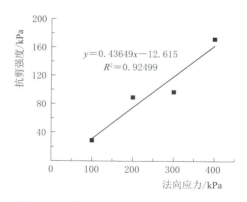

图 8.10　饱和生态袋抗剪强度曲线图

表 8.4　　　　　　　　　　　生态袋织物室内剪切试验结果

材料	测 试 参 数	法向应力/kPa			
		100	200	300	400
干燥生态袋	抗剪强度/kPa	32.0	88.0	110.2	171.6
	摩擦系数	0.320	0.440	0.367	0.429
	黏聚力/kPa	1.2			
	内摩擦角/(°)	22.0			
饱和生态袋	抗剪强度/kPa	28.7	85.0	96.7	163.3
	摩擦系数	0.287	0.425	0.322	0.408
	黏聚力/kPa	0.2			
	内摩擦角/(°)	20.8			

8.4.2　底泥生态袋摩擦试验

为了分析生态袋间的摩擦特性，室内选用简易的斜坡试验对其进行分析。其试验时将生态袋固定于一倾斜的木板上，并在其上放置一装填土壤的小型生态袋（质量 2.3kg），上部小型生态袋放置时分两种工况，一种为小型生态袋的长边与斜板的长边平行（工况 1）；另一种为生态袋长边与斜板长边垂直（工况 2），生态袋织物斜板摩擦室内试验过程如图 8.11 所示。试验时人工缓慢抬升斜板一侧，并用半圆仪测读斜板的角度变化情况，直至上部小型生态袋发生移动，记录此时的角度。生态袋织物斜板试验结果见表 8.5。

图 8.11　生态袋织物斜板摩擦室内试验过程

表 8.5　　　　　　　　　生态袋织物不同频次斜板试验结果

工况	频　　次								均值
	1	2	3	4	5	6	7	8	
工况 1	52°	52°	52°	55°	54°	54°	52°	56°	53.4°
工况 2	48°	47°	45°	50°	47°	46°	48°	46°	47.1°

由表 8.5 可以看出，工况 1 即生态袋长边与斜板长边平行时测量结果显示，斜板倾角最大值为 56°，最小值为 52°，平均值为 53.4°；工况 2 即生态袋长边与斜板长

边垂直，斜板倾角最大值为 50°，最小值为 45°，平均值为 47.1°。根据摩擦系数与斜板倾角的关系，可以确定工况 1 的摩擦系数为 1.35，工况 2 的摩擦系数为 1.08。

同时，斜板试验过程发现，斜板上生态袋两种不同放置形式其移动变形也具有明显差异。工况 1 生态袋的移动基本属滑动变形，而工况 2 在斜板角度增大时生态袋上部首先出现脱离斜坡，同时，随着斜坡角度增大出现滑动，部分出现翻滚现象。

8.5 单轴压缩试验

1. 底泥生态袋性能

底泥生态袋选用绿色涤丙混纺生态袋，尺寸为 810mm×430mm，如图 8.12 所示，其基本力学参数见表 8.6。考虑加载平台尺寸的限制，将原尺寸的生态袋加工成小尺寸的生态袋，其平摊尺寸为 390mm×190mm，装满时使其成型尺寸为 350mm×150mm×80mm，如图 8.13 所示。

表 8.6 试验用生态袋基本力学参数

单位面积质量 /(g/m²)	厚度 /mm	断裂强度/(kN/m)		伸长率/%	
		纵向	横向	纵向	横向
120	1	2.50	1.95	40	45

图 8.12 绿色涤丙混纺生态袋　　　　图 8.13 试验用成型生态袋

2. 加载试验设备

单轴抗压试验的加载装置采用 WAW-1000D 型微机控制电液伺服万能试验机，如图 8.14 所示，该设备轴向荷载达到 1000kN，压缩空间为 550mm，变形示值相对误差≤0.5%，位移示值相对误差≤0.1%，位移分辨率为 0.01mm。沉降变形试验机行程控制系统量测，精度为 0.01mm。

3. 试验方案及步骤

试验时主要考虑充填不同土壤质量（填充度）的生态袋单袋与复合体的无侧限压缩变形及破坏特征，为生态袋的设计及施工提供基础依据。生态袋填充度为 70%、

图 8.14　WAW - 1000D 型微机控制电液伺服万能试验机

80％和 90％。生态袋单袋或复合体的单轴抗压强度试验均进行两组平行试验，以消除试验误差。

　　试验步骤首先将生态袋置于刚性钢板上找平，再放置上部压板并与压缩机中轴垂直，使其压力位于压板中心，并测量生态袋在上部压板稳定后的初始高度，进行袋体压缩试验，加载至超过 600kN，记录袋体的破坏荷载，试验前后测定生态袋尺寸变化，并观察生态袋的变形破坏特征。

　　4. 试验结果及分析

　　底泥生态袋的室内单轴抗压试验过程如图 8.15 所示。生态袋单个袋体压力-位

（a）单袋压缩试验　　　　　　　　　　　　　　　（b）两袋叠置压缩试验

（c）三袋错台叠置压缩试验

图 8.15　底泥生态袋室内单轴抗压试验过程

移关系曲线如图 8.16 所示。生态袋两袋叠置的压力-位移关系曲线如图 8.17 所示。生态袋三袋错台叠置的压力-位移关系曲线如图 8.18 所示。

由图 8.16～图 8.18 可以看出，底泥生态袋无论是单个袋体、两袋叠置或三袋错台叠置，单轴压缩试验的压力-位移关系曲线均呈现出明显的两段变形特征。

第一段变形表现出在荷载较小时，袋内的底泥在压力作用下发生密实及位移使其生态袋发生拉伸变形，但未达到生态袋的伸长率，其竖向位移随着生态袋的伸长而快速发展。在压力-位移曲线图上，斜率比较小、曲线比较缓；第二段变形表现出在压力增加较小时，位移发生明显增大，曲线斜率比较大。此时生态袋拉伸应变

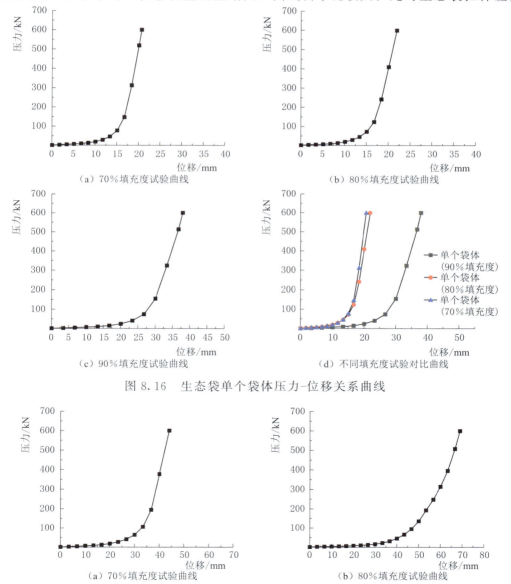

图 8.16　生态袋单个袋体压力-位移关系曲线

图 8.17（一）　生态袋两袋叠置的压力-位移关系曲线

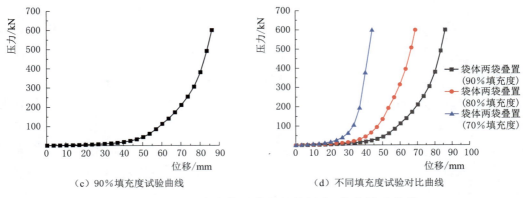

（c）90%填充度试验曲线　　　　　　（d）不同填充度试验对比曲线

图 8.17（二）　生态袋两袋叠置的压力-位移关系曲线

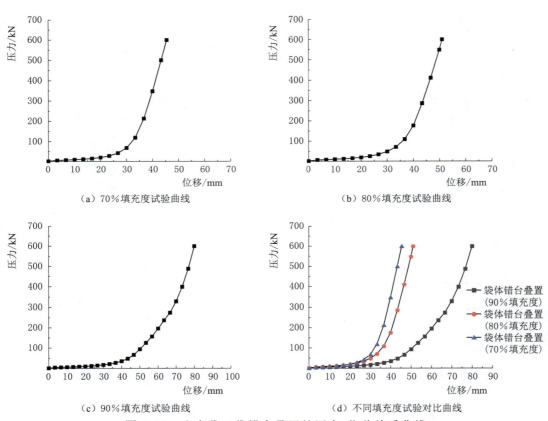

（a）70%填充度试验曲线　　　　　　（b）80%填充度试验曲线

（c）90%填充度试验曲线　　　　　　（d）不同填充度试验对比曲线

图 8.18　生态袋三袋错台叠置的压力-位移关系曲线

达到伸长率，袋内底泥土壤也达到很密实的程度，压力发展比较快，压力-位移曲线斜率出现缓慢增加。曲线斜率增加表明生态袋能很好地抑制沉降，即产生很小的变形需要很大的压缩应力。同时，底泥生态袋无论在单袋或复合形态下的压缩试验曲线形态均呈自然对数关系，通过试验压力与位移关系的拟合，拟合结果见表 8.7。

表 8.7 底泥生态袋单轴抗压试验拟合结果

试验工况	填充度/%	压力与位移拟合公式	判定系数
单个袋体	70	$s=3.25258\ln Q+0.07501$	0.97286
	80	$s=3.40177\ln Q-0.14025$	0.97803
	90	$s=5.73325\ln Q+0.92618$	0.98970
两袋叠置	70	$s=6.86752\ln Q+0.03354$	0.97965
	80	$s=10.53812\ln Q-1.12603$	0.98840
	90	$s=12.60437\ln Q+2.80621$	0.99438
三袋错台叠置	70	$s=7.59432\ln Q-3.80867$	0.96152
	80	$s=9.7544\ln Q-10.25482$	0.99725
	90	$s=12.89417\ln Q-8.09722$	0.96382

注 Q 表示破坏荷载；s 表示位移。

同时，由试验曲线可以看出，在相同压力下，随着生态袋填充度的增加，压缩变形量呈增大趋势，即填充度越大，其竖向承受压力呈减小趋势。不同填充度的底泥生态袋的破坏荷载与单轴抗压强度试验结果见表 8.8。由表可以看出，填充度为90%时，竖向承受压力最小；填充度为70%时，抗压强度最大。另外，工程实践表明，当填充量较小时，为植被生长提供的底泥土壤量较少，且未充分利用生态袋。填充度为80%时，抗压强度较高、位移变化相对较小，且能充分利用生态袋。因此，实际施工时适宜选取生态袋填充度为80%。

表 8.8 底泥生态袋单轴抗压强度试验结果

试验工况	填充度/%	破坏荷载/kN	单轴抗压强度/MPa
单个袋体	70	450	6.32
	80	422	6.00
	90	318	3.93
两袋叠置	70	280	3.29
	80	208	1.94
	90	155	1.08
三袋错台叠置	70	426	4.94
	80	395	4.13
	90	300	2.86

由试验结束的生态袋变形破坏特征可以看出，生态袋破坏区域主要分布于应力集中部位，如上、下压板边缘接触处、生态袋的缝制处，以及变形最大部位，即生

态袋边缘鼓胀、突出处。同时，随着填充度的增大，其变形破坏越明显，且生态袋两侧长边（纵向）部位易于发生变形破坏，并发生明显的侧向拉伸变形，生态袋中间部位发生明显的增宽。相同荷载作用下，底泥生态袋变形及破坏形态如图 8.19 所示。其中，相同荷载作用下，单个袋体两侧长边仅出现拉伸，变形，未出现明显的破坏，如图 8.19（a）所示。而两袋叠置与三袋错台叠置生态袋的两侧长边不仅出现侧向拉伸变形，而且出现明显的对称撕裂变形破坏，其在法向应力作用的平面上呈"X"形撕裂，如图 8.19（b）、图 8.19（c）所示。

（a）单个袋体破坏形态

（b）两袋叠置破坏形态

（c）三袋错台叠置破坏形态

图 8.19　底泥生态袋变形及破坏形态

　　同时，为了进一步分析单个袋体及复合生态袋的单轴压缩试验前后的生态袋变形情况，对试验前后的袋体尺寸变化进行了测量，如图 8.20 所示。测量结果见表 8.9～表 8.11。

图 8.20　底泥生态袋压缩前后袋体尺寸测量

表 8.9 单个袋体压缩前后袋体尺寸变化测量结果

袋体编号	填充度/%	压缩前			压缩后		
		长/cm	宽/cm	厚/cm	长/cm	宽/cm	厚/cm
1-1	90	36.0	17.0	6.0	38.0	17.5	2.4
1-2		37.0	16.5	6.0	38.5	17	2.5
2-1	80	36.0	16.5	4.0	38.0	17	2.0
2-2		37.0	18.5	4.5	38.0	20.0	2.4
3-1	70	36.0	17.5	3.7	37.5	19.0	2.1
3-2		35.5	17.5	3.5	37.0	19.0	1.8

由表 8.9 可以看出，单个袋体与复合体生态袋单轴压缩后，生态袋的长度与宽度均增大，其中长度增加 1～2cm，增加幅度为 2.7%～5.5%，宽度增加 0.5～4.5cm，增加幅度为 2.9%～27.3%。试验表明，底泥生态袋在压力作用下，纵向与横向均产生了明显的拉伸变形，且纵向拉伸变形量普遍大于横向拉伸变形量。

表 8.10 两袋叠置压缩前后袋体尺寸变化测量结果

袋体编号	填充度/%	压缩前				压缩后			
		长/cm	宽/cm	厚/cm	整体厚/cm	长/cm	宽/cm	厚/cm	整体厚/cm
1-1	90	34.0	17.0	7.5	11.5	43.0	33.5	2.1	4.3
1-2		34.0	17.5	6.5		43.0	35.0	2.0	
2-1	80	34.0	18.0	5.0	9.3	39.0	27.5	2.0	4.0
2-2		34.0	18.5	5.5		38.5	25.0	2.2	
3-1	70	35.5	19.0	4.0	7.4	37.0	23.0	2.3	3.9
3-2		34.0	18.5	4.5		36.5	23.0	2.0	

由表 8.10 可以看出，两袋叠置生态袋压缩后生态袋的长度与宽度均增大，填充度为 90% 的生态袋长度增加 9cm，增加幅度为 26.5%；宽度增加 16.5～17.5cm，增加幅度为 97.1%～100%。填充度为 80% 的生态袋长度增加 4.5～5.0cm，增加幅度为 13.2%～14.7%；宽度增加 6.5～9.5cm，增加幅度为 35.1%～52.8%。填充度为 70% 的生态袋长度增加 1.5～2.5cm，增加幅度为 4.2%～7.4%；宽度增加 4.0～4.5cm，增加幅度为 21.1%～24.3%。同时，在荷载作用下，生态袋厚度均大幅度减小，且填充度越大，减小幅度越大，减小量为 3.5～7.2cm，下降幅度为 47.3%～62.6%。

表 8.11　三袋错台叠置压缩前后袋体尺寸变化测量结果

袋体编号	填充度/%	压缩前				压缩后			
		长/cm	宽/cm	厚/cm	整体厚/cm	长/cm	宽/cm	厚/cm	整体厚/cm
1-3	90	33.5	17.5	6.4	10.3	37.5	28.0	2.5	4.0
1-4		33.5	17.5	6.6					
1-5		34.0	18.0	6.2					
2-3	80	35.0	17.5	5.2	8.6	37.5	25.5	2.3	3.8
2-4		34.0	19.0	4.7					
2-5		34.0	17.5	4.8					
3-3	70	35.5	19.0	4.0	7.1	37.5	23.0	1.8	3.2
3-4		35.5	19.0	4.0					
3-5		35.0	18.5	4.1					

由表 8.11 可以看出，三袋错台叠置生态袋压缩后生态袋的长度与宽度均增大，填充度为 90% 的生态袋长度增加为 3.8cm，增加幅度为 11.3%；宽度增加 10.3cm，增加幅度为 58.2%。填充度为 80% 的生态袋长度增加 3.2cm，增加幅度为 9.3%；宽度增加 7.5cm，增加幅度为 41.7%。填充度为 70% 的生态袋长度增加 2.2cm，增加幅度为 6.2%；宽度增加 4.2cm，增加幅度为 22.3%。同时，在荷载作用下，生态袋厚度均大幅度减小，且填充度越大，减小幅度越大，减小量为 3.9~6.3cm，下降幅度为 54.8%~61.2%。

8.6　压缩性能理论预测分析

压缩条件下生态袋内土体受力状态如图 8.21 所示。土体受到的应力 σ_1 和 σ_3 由外荷载 σ_{1f} 和 σ_{3f} 以及袋体内张力引起的附加应力 σ_{01} 和 σ_{03} 组成。

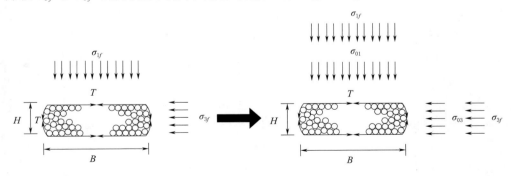

图 8.21　压缩条件下生态袋内土体受力状态

附加应力 σ_{01} 和 σ_{03} 可表示为

$$\sigma_{01} = \frac{2T}{B} \tag{8.1}$$

式中　T——张力，kN/m；

　　　B——袋体压缩后的最终长度，cm；

　　　σ_{01}——袋体内张力引起的附加应力，kPa。

$$\sigma_{03} = \frac{2T}{H} \tag{8.2}$$

式中　H——袋体压缩后的最终高度，cm；

　　　σ_{03}——袋体内张力引起的附加应力，kPa。

根据土力学理论，在生态袋被压破时，最大和最小主应力满足下式，即

$$\sigma_{1f} + \sigma_{01} = K_p(\sigma_{3f} + \sigma_{03}) \tag{8.3}$$

式中　K_p——被动土压力系数；

　　σ_{1f}，σ_{3f}——外荷载，kPa。

从而得到

$$c = \frac{T}{\sqrt{K_p}}\left(\frac{K_p}{H} - \frac{1}{B}\right) \tag{8.4}$$

式中　c——凝聚力，kPa。

由于受到生态袋的张力（T）作用，由原来的散粒（φ）材料变成具有凝聚力（c）的 $c-\varphi$ 材料。

生态袋在外荷载 σ_1 和 σ_3 的作用下，主应力之比 σ_{1m}/σ_{3m} 是主应变 ε_1 的函数，即

$$\frac{\sigma_{1m}}{\sigma_{3m}} = f(\varepsilon_1) \tag{8.5}$$

其中

$$\sigma_{1m} = \sigma_1 + \frac{2T}{B} \tag{8.6}$$

$$\sigma_{3m} = \sigma_3 + \frac{2T}{H} \tag{8.7}$$

$$f(\varepsilon_1) = a\,e^{-\varepsilon_1} + K_p \tag{8.8}$$

式中，a 为系数，由生态袋的初始状态决定，当 $\sigma_{1m}/\sigma_{3m} = 1$ 时，$\varepsilon_1 = 0$，由此得到 $a = 1 - K_p$。外荷载 σ_1 和 σ_3 与主应变 ε_1 的关系为

$$\sigma_1 = \sigma_3 f(\varepsilon_1) + \frac{2T}{B}\left[\frac{B}{H}f(\varepsilon_1) - 1\right] \tag{8.9}$$

生态袋的主应变（高度方向上）为

$$\varepsilon_1 = (H_0 - H)/H_0 \tag{8.10}$$

式中　H_0——生态袋的初始高度，cm。

假设生态袋的体积不变，即

$$B_0 H_0 = BH \tag{8.11}$$

式中　B_0——生态袋的初始长度，cm。

将式（8.10）、式（8.11）代入式（8.9），得到

$$\sigma_1 = \frac{f(\varepsilon_1)}{B_0}\left\{\sigma_3 B_0 - 2k\varepsilon_y \frac{m-1+\varepsilon_y}{(m+1)(1-\varepsilon_y)}\left[\frac{1-\varepsilon_y}{f(\varepsilon_1)} - \frac{m}{1-\varepsilon_y}\right]\right\} \tag{8.12}$$

式中　m——生态袋压缩后的最终长度与最终高度之比；

　　　k——材料常数，可以由生态袋的拉伸强度和伸长率确定，即为拉伸强度与伸长率之比；

　　　ε_y——土工编织袋的应变率。

用式（8.12）可以预测生态袋单轴压缩试验的应力-应变关系。

8.6.1　单个袋体单轴压缩预测分析

生态袋拉伸试验结果见表 8.12。单个袋体压缩理论预测计算参数见表 8.13。试验结果曲线与理论预测计算结果曲线如图 8.22～图 8.24 所示。

表 8.12　　　　　　　　　　　生态袋拉伸试验结果

材料类型	拉伸方向	宽度/mm	长度/cm	拉伸力/N	伸长量/mm	拉伸强度/(N/mm)	延伸率/%
生态袋	径向	40	400	100	160	25.0	40
	纬向	40	400	78	180	19.5	45

表 8.13　　　　　　　　　　单个袋体压缩理论预测计算参数

材料类型	填充度/%	张力/(N/cm)	伸长率/%	弹性系数/(N/cm)	内摩擦角/(°)	被动土压力系数	系数 a	压缩长度/cm	压缩高度/cm
生态袋	90	25	40	0.63	36	2.56	−1.56	36.0	6.0
	80	25	40	0.63	36	2.56	−1.56	36.0	4.0
	70	25	40	0.63	36	2.56	−1.56	36.5	3.5

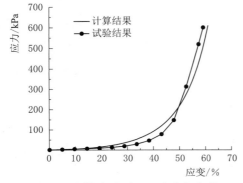

图 8.22　填充度为 70% 时生态袋单个袋体应力-应变关系曲线

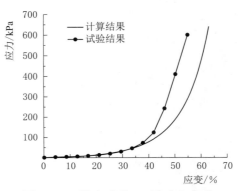

图 8.23　填充度为 80% 时生态袋单个袋体应力-应变关系曲线

由图 8.22 填充度为 70％时的生态袋应力-应变曲线可知，当应变小于 19％时，理论预测计算结果与试验结果基本一致（曲线基本重合），即同一低应力条件下，理论预测的应变值与试验结果基本一致；当应变在 19％～50％时，理论预测计算结果小于试验结果，即同一较高应力下，理论预测的应变值小于试验结果；当应变大于 50％时，理论预测计算结果大于试验结果，即同一高应力条件下，理论预测的应变值大于试验结果。

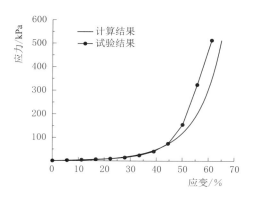

图 8.24 填充度为 90％时生态袋单个袋体应力-应变关系曲线

由图 8.23 填充度为 80％时的生态袋应力-应变曲线可知，当应变小于 34％时，理论预测计算结果与试验结果基本一致（曲线基本重合），即同一较低应力条件下，理论预测的应变值与试验结果基本一致；当应变大于 34％时，理论预测计算结果大于试验结果，即同一较高应力条件下，理论预测的应变值大于试验结果。

由图 8.24 填充度为 90％时的生态袋应力-应变曲线可知，当应变小于 45％时，理论预测计算结果与试验结果基本一致（曲线基本重合），即同一低应力条件下，理论预测的应变值与试验结果基本一致；当应变大于 45％时，理论预测计算结果大于试验结果，即同一较高应力条件下，理论预测的应变值大于试验结果。

8.6.2 两袋叠置单轴压缩预测分析

两袋叠置压缩理论预测计算参数选取见表 8.14。试验结果曲线与理论预测计算结果曲线如图 8.25～图 8.27 所示。

表 8.14 两袋叠置压缩理论预测计算参数

材料类型	填充度/％	张力/(N/cm)	伸长率/％	弹性系数/(N/cm)	内摩擦角/(°)	被动土压力系数	系数	压缩长度/cm	压缩高度/cm
生态袋	90	25	40	0.63	26	2.56	−1.56	34.0	11.5
	80	25	40	0.63	26	2.56	−1.56	34.0	9.3
	70	25	40	0.63	26	2.56	−1.56	34.5	7.4

由图 8.25 填充度为 70％时的生态袋应力-应变曲线可知，当应变小于 25％时，理论预测计算结果与试验结果基本一致（曲线基本重合），即同一低应力条件下，理论预测的应变值与试验结果基本一致；当应变大于 25％时，理论预测计算结果大于试验结果，即同一较高应力条件下，理论预测的应变值大于试验结果。

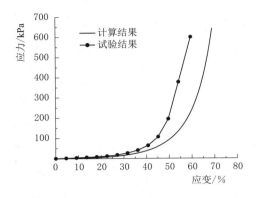

图 8.25　填充度为 70％时生态袋
两袋叠置应力-应变关系曲线

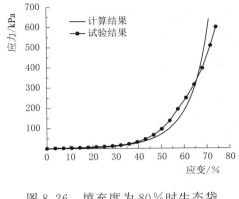

图 8.26　填充度为 80％时生态袋
两袋叠置应力-应变关系曲线

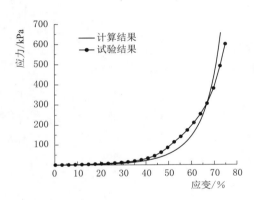

图 8.27　填充度为 90％时生态袋
两袋叠置应力-应变关系曲线

由图 8.26 填充度为 80％时的生态袋应力-应变曲线可知，当应变小于 40％时，理论预测计算结果与试验结果基本一致（曲线基本重合），即同一低应力条件下，理论预测的应变值与试验结果基本一致；当应变在 40％～65％时，理论预测计算结果大于试验结果，即同一较高应力条件下，理论预测的应变值大于试验结果；当应变大于 65％时，理论预测计算结果小于试验结果，即同一高应力条件下，理论预测的应变值小于试验结果。

由图 8.27 填充度为 90％时的生态袋应力-应变曲线可知，当应变小于 35％时，理论预测计算结果与试验结果基本一致（曲线基本重合），即同一较低应力条件下，理论预测的应变值与试验结果基本一致；当应变在 35％～68％时，理论预测计算结果大于试验结果，即同一较高应力条件下，理论预测的应变值大于试验结果；当应变大于 68％时，理论预测计算结果小于试验结果，即同一高应力条件下，理论预测的应变值小于试验结果。

8.6.3　三袋错台叠置单轴压缩预测分析

三袋错台叠置压缩理论预测计算参数选取见表 8.15。试验结果曲线与理论预测计算结果曲线如图 8.28～图 8.30 所示。

表 8.15　　　　　　　三袋错台叠置压缩理论预测计算参数

材料类型	填充度/%	张力/(N/cm)	伸长率/%	弹性系数/(N/cm)	内摩擦角/(°)	被动土压力系数	系数	压缩长度/cm	压缩高度/cm
生态袋	90	25	40	0.63	26	2.56	−1.56	33.7	10.3
	80	25	40	0.63	26	2.56	−1.56	35.0	7.8
	70	25	40	0.63	26	2.56	−1.56	35.3	7.1

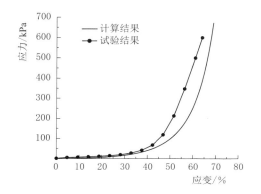

图 8.28　填充度为 70% 时生态袋三袋错台叠置应力-应变关系曲线

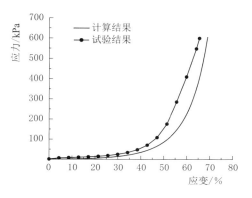

图 8.29　填充度为 80% 时生态袋三袋错台叠置应力-应变关系曲线

由图 8.28 填充度为 70% 时的生态袋应力-应变曲线可知，当应变小于 35% 时，理论预测计算结果与试验结果基本一致（曲线基本重合），即同一低应力条件下，理论预测的应变值与试验结果基本一致；当应变大于 35% 时，理论预测计算结果大于试验结果，即同一较高应力条件下，理论预测的应变值大于试验结果。

由图 8.29 填充度为 80% 时的生态袋应力-应变曲线可知，当应变小于 35% 时，理论预测计算结果与试验结果基本一致（曲线基本重合），即同一低应力条件下，理论预测的应变值与试验结果基本一致；当应变大于 35% 时，理论预测计算结果小于试验结果，即同一高应力条件下，理论预测的应变值小于试验结果。

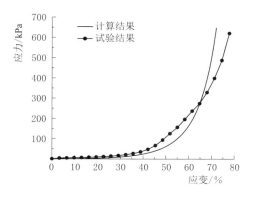

图 8.30　填充度为 90% 时生态袋三袋错台叠置应力-应变关系曲线

由图 8.30 填充度为 90% 时的生态袋应力-应变曲线可知，当应变小于 35% 时，理论预测计算结果与试验结果基本一致（曲线基本重合），即在同一较低应力条件下，理论预测的应变值与试验结果基本一致；当应变在 35%～65% 时，理论预测计算结果大于试验结果，即同一较高应力条件下，理论预测应变值大于试验结果；当应变大于 68% 时，理论预测计算结果小于试验结果，即同一高应力条件下，理论预测的应变值小于试验结果。

8.7　本章小结

（1）岸坡生态防护常用的生态袋尺寸为 810mm×430mm，装土后规格为 650mm×300mm×160mm，其用于坡面防护的铺放方式主要有斜铺和平铺两种。同时，袋体之间常用连接扣，以增强其与岸坡岩土间的摩擦，进而增加其坡面稳定性。

（2）底泥生态袋静态浸水试验表明，浸水 4～12d，袋内土壤的流失量为 15.89～18.30g，流失质量占比为 0.71%～0.82%，流失量比较小。

（3）底泥生态袋动态浸水冲刷试验表明，同一流速下，袋体冲刷时间越长，袋内土壤流失量越大；流速越大，相同冲刷时间下的土壤流失量越大。此外，在流速小于 1m/s 时，随着冲刷时间的增加，袋内土壤流失量呈增大趋势，但冲刷时间超过 60min 时，流失量占比基本不变，且小于 7%。同时，动态浸水冲刷流失量是静态浸水的 8 倍左右。由此可以看出，试验选用的底泥生态袋可以满足岸坡生态防护的要求。

（4）底泥生态袋剪切试验表明，无论是处于干燥状态还是饱和状态随着法向应力的增大，生态袋织物间的剪切强度和摩擦系数均呈增大趋势。

（5）室内斜板摩擦试验结果表明，生态袋长边与斜板的长边平行（工况 1）和垂直（工况 2）的摩擦系数分别为 1.35 和 1.08。另外，工况 1 的变形基本属滑动变形，而工况 2 主要表现出翻滚移动变形。

（6）室内单轴压缩试验结果表明，随着底泥生态袋填充度的增加，单个袋体、两袋叠置与三袋错台叠置的单轴抗压强度均呈减小趋势；在相同的填充度下，单个袋体的单轴抗压强度大于两袋叠置与三袋错台叠置的抗压强度，且两袋叠置的单轴抗压强度最小。因此，为了保证底泥生态袋具有较高的抗压强度、较小的位移变化，工程上优先选用生态袋填充度为 80%。

（7）室内单轴压缩试验与计算分析结果均表明，单个袋体、两袋叠置与三袋错台叠置压缩试验的压力-位移关系曲线均呈现出明显的两段变形特征，且呈自然对数关系。同时，理论预测计算结果与压缩试验结果随袋体设置方式、填充度等不同存在一定的差异，但基本可以反映生态袋压缩变形情况，这为生态袋岸坡防护工程设计、施工、变形与稳定性分析提供了重要依据。

（8）单轴压缩试验结果显示，生态袋的破坏区域主要分布于应力集中部位，如上、下压板边缘接触处、生态袋的缝制处，以及变形最大部位，即生态袋边缘鼓胀处。此外，袋体三种不同摆放方式的破坏形式具有明显的差异。

参 考 文 献

［1］ 何光俊，李俊飞，谷丽萍．河流底泥的重金属污染现状及治理进展［J］．水利渔业，
    2007，(5)：60－62．

［2］ 金相灿，荆一凤，刘文生，等．湖泊污染底泥疏浚工程技术——滇池草海底泥疏挖及
    处置［J］．环境科学研究，1999，(5)：14－17．

［3］ 王越兴，尹魁浩，彭盛华，等．深圳市河流底泥重金属的污染现状及生态风险评价
    ［J］．环境与健康杂志，2011，28 (10)：918－919．

［4］ Caille N，Tiffreau C，Leyval C，et al. Solubility of metals in an anoxic sediment during
    prolonged aeration［J］．Science of the Total Environment，2003，301 (1－3)：239－250．

［5］ 范拴喜，甘卓亭，李美娟，等．土壤重金属污染评价方法进展［J］．中国农学通报，
    2010，26 (17)：310－315．

［6］ 邵立明，何品晶，洪祖喜．受污染疏浚底泥用作植物培植土的环境影响分析［J］．环
    境科学研究，2004，(3)：51－54．

［7］ 孟波．滇池有机物及氮、磷污染底泥雨水淋滤试验分析［J］．云南环境科学，2003，
    (S1)：104－105．

［8］ 李磊，朱伟，赵建，等．西五里湖疏浚底泥资源化处理的二次污染问题研究［J］．河
    海大学学报（自然科学版），2005，(2)：127－130．

［9］ 黄雪娇，石纹豪，倪九派，等．紫色母岩覆盖层控制底泥磷释放的效果及机制［J］．
    环境科学研究，2016，37 (10)：3835－3841．

［10］ 周锴，钟小燕，庾从蓉，等．太湖河道水深对底泥营养物质再释放过程的影响［J］．
    环境科学学报，2020，40 (2)：597－603．

［11］ 李雨平，姜莹莹，刘宝明，等．过氧化钙（CaO_2）联合生物炭对河道底泥的修复
    ［J］．环境科学学报，2020，41 (8)：3629－3636．

［12］ 金晓丹，吴昊，陈志明，等．长江河口水库沉积物磷形态、吸附和释放特性［J］．环
    境科学，2015，36 (2)：448－456．

［13］ 李运奔，张建华，殷鹏，等．疏浚底泥脱水固结处理后氮磷营养盐释放特征研究［J］．
    江苏水利，2020，(12)：9－16．

［14］ Razzell W E. Chemical fixation，solidification of hazardous waste［J］．Waste Manage-
    ment & Research，1990，8 (2)：105－111．

［15］ Batchelor B. Overview of waste stabilization with cement［J］．Waste Management，
    2006，26 (7)：689－698．

［16］ Paria S，Yuet P K. Solidification-stabilization of organic and inorganic contaminants u-
    sing portland cement：a literature review［J］．Environmental Reviews，2006，14 (4)：
    217－255．

202

[17] Careghini A，Dastoli S，Ferrari G，et al. Sequential solidification/stabilization and thermal process under vacuum for the treatment of mercury in sediments [J]. Journal of Soils and Sediments，2010，10：1646 - 1656.

[18] 魏丽，于冰冰，冯国杰，等. 重金属污染河道底泥稳定化固化修复工程技术研究 [J]. 环境工程，2013，31 (S1)：151 - 155.

[19] 杨文弢，周航，邓贵友，等. 组配改良剂对污染稻田中铅、镉和砷生物有效性的影响 [J]. 环境科学学报，2016，36 (1)：257 - 263.

[20] 朱奇宏，黄道友，刘国胜，等. 改良剂对镉污染酸性水稻土的修复效应与机理研究 [J]. 中国生态农业学报，2010，18 (4)：847 - 851.

[21] 苏良湖，梁美生，赵由才. 不同固化剂对底泥重金属稳定化效果的研究 [J]. 环境工程学报，2010，4 (7)：1655 - 1658.

[22] 王刚，孙育强，杜立宇，等. 石灰与生物炭配施对不同浓度镉污染土壤修复 [J]. 水土保持学报，2018，32 (6)：379 - 383.

[23] 张鸿龄，马国峰，刘畅，等. 清淤底泥处置中添加粉煤灰/炉渣对重金属生物有效性及毒性的影响 [J]. 环境科学学报，2017，37 (1)：254 - 260.

[24] 张鸿龄，孙丽娜，孙铁珩. 重污染河道钝化底泥对紫花苜蓿生长及重金属吸收的影响 [J]. 生态环境学报，2013，22 (1)：141 - 146.

[25] 彭丽思，付广义，陈繁忠，等. 城市河道底泥的固化处理及机理探讨 [J]. 环境工程，2016，34 (S1)：747 - 752.

[26] 贾晓蕾. 水泥—粉煤灰稳定/固定重金属污染底泥 [D]. 长沙：湖南大学，2010.

[27] 薛传东，杨浩，刘星. 天然矿物材料修复富营养化水体的实验研究 [J]. 岩石矿物学杂志，2003，(4)：381 - 385.

[28] Chen Q，Ke Y，Zhang L，et al. Application of accelerated carbonation with a combination of Na_2CO_3 and CO_2 in cement-based solidification/stabilization of heavy metal-bearing sediment [J]. Journal of Hazardous Materials，2009，166 (1)：421 - 427.

[29] Tomasevic D D，Dalmacija M B，Prica M D，et al. Use of fly ash for remediation of metals polluted sediment-Green rernediation [J]. Chemosphere，2013，92 (11)：1490 - 1497.

[30] Dubois V，Abriak N E，Zentar R，et al. The use of marine sediments as a pavement base material [J]. Waste Management 2009，29 (2)：774 - 782.

[31] Dang T A，Kamali-Bernard S，Prince W A. Design of new blended cement based on marine dredged sediment [J]. Construction and Building Materials，2013，41：602 - 611.

[32] Yan D Y S，Tang I Y，Lo I M C. Development of controlled low-strength material derived from beneficial reuse of bottom ash and sediment for green construction [J]. Construction and Building Materials，2014，64：201 - 207.

[33] Dermatas D，Meng X. Utilization of fly ash for stabilization/solidification of heavy metal contaminated soils [J]. Engineering Geology，2003，70 (3 - 4)：377 - 394.

[34] 李雪菱，张雯，李知可，等. 红壤原位覆盖对河流底泥氮污染物释放的抑制研究 [J]. 环境污染与防治，2018，40 (1)：28 - 32.

[35] 谭小飞. 生物炭原位修复作用下土壤和底泥中重金属的迁移转化研究 [D]. 长沙：湖

南大学，2017.

[36] 靳前，高传宇，张玉斌，等．玉米秸秆生物炭对黑土与泥炭土性质和重金属铅形态分布的影响 [J]．吉林农业大学学报，2021：1－13.

[37] 曹琛洁．河道黑臭底泥的稳定化与重金属固化研究 [D]．西安：西安理工大学，2021.

[38] 曹璟，王鹏飞，陈俊伊，等．改性生物炭材料原位修复污染底泥的效果 [J]．环境工程技术学报，2020，10 (4)：661－670.

[39] 蔡彩媛．生物炭/白腐霉真菌对底泥堆肥中重金属稳定性的影响 [D]．广州：广州大学，2020.

[40] 彭志龙．沸石与生物炭改良底泥中重金属稳定化的持久性效应探究 [D]．长沙：湖南大学，2018.

[41] 任琪琪，唐婉莹，殷鹏，等．镧改性膨润土对底泥内源磷控制效果 [J]．中国环境科学，2021，41 (1)：199－206.

[42] Tanyol M，Yonten V，Demir V．Removal of phosphate from aqueous solutions by chemical-and thermal-modified bentonite clay [J]．Water，Air，Soil & Pollution，2015，226：1－12.

[43] Kasama T，Watanabe Y，Yamada H，et al．Sorption of phosphates on Al-pillared smectites and mica at acidic to neutral pH [J]．Applied Clay Science，2004，25 (3－4)：167－177.

[44] 冯琳琳．含铝废弃物资源化应用于污水处理及底泥修复的试验研究 [D]．西安：西安建筑科技大学，2020.

[45] 石稳民，黄文海，罗金学，等．襄阳护城河清淤底泥资源化制备种植土工艺设计 [J]．中国给水排水，2020，36 (6)：91－96.

[46] 冯波，石鸿韬，陶润礼，等．环保疏浚底泥改良用于绿化种植土技术研究 [C]//中国地质学会．第十一届全国工程地质大会论文集．2020：38－43.

[47] 张茅，杨迎春，郑琳琳，等．固化淤泥作为河湖堤岸绿化草种植土的应用研究 [J]．施工技术，2020，49 (18)：13－15，19.

[48] 卢珏，王宇峰，金涛，等．基于底泥堆肥的园林绿化基质生产研究 [J]．杭州师范大学学报 (自然科学版)，2019，18 (4)：411－417.

[49] 胡浩南．利用河道底泥制备草皮种植基质研究 [D]．杭州：浙江大学，2021.

[50] Hansen E L R．The suitability of stabilized soil for building construction [J]．University of Illinois Bulletin，1941，39 (17)：1－46.

[51] 刘强，邱敬贤，何曦．土壤固化剂的研究进展 [J]．再生资源与循环经济，2018，11 (2)：41－44.

[52] Bell F．An assessment of cement-PFA and lime-PFA used to stabilize clay-size materials [J]．Bulletin of Engineering Geology & the Environment，1994，49 (1)：25－32.

[53] Kamon M，Gu H．Improvement of mechanical properties of ferrum lime stabilized soil with the addition of aluminum sludge [J]．Journal of the Society of Materials Science，Japan，2001，50 (3Appendix)：47－53.

[54] Alhassan H M，Olaniyil F．Effect of 'ionic soil stabilizer 2500' on the properties of black cotton soil [J]．British Journal of Applied Science & Technology，2013，3 (3)：

406 - 416.

[55] Agarwal P, Kaur S. Effect of bio-enzyme stabilization on unconfined compressive strength of expansive soil [J]. International Journal of Research in Engineering and Technology, 2014, 3 (5): 30 - 33.

[56] Locat J, Lefebvre G, Ballivy G. Mineralogy, chemistry, and physical properties inter-relationships of some sensitive clays from Eastern Canada [J]. Canadian Geotechnical Journal, 1984, 21 (3): 530 - 540.

[57] Tomohisa S, Sawa K, Naito N. Hedoro hardening treatment by industrial wastes; Sangyo haikibutsu wo mochiita hedoro no koka shori ni tsuite [J]. Zairyo (Journal of the Society of Materials Science, Japan), 1995, 21 (3): 530 - 540.

[58] Attom M F, Al-Sharif M M. Soil stabilization with burned olive waste [J]. Applied Clay Science, 1998, 13 (3): 219 - 230.

[59] Tsuchida T, Porbaha A, Yamane N. Development of a geomaterial from dredged bay mud [J]. Journal of Materials in Civil Engineering, 2001, 13 (2): 152 - 160.

[60] Tremblay H, Duchesne J, Locat J, et al. Influence of the nature of organic compounds on fine soil stabilization with cement [J]. Canadian Geotechnical Journal, 2002, 39 (3): 535 - 546.

[61] Phetchuay C, Horpibulsuk S, Arulrajah A, et al. Strength development in soft marine clay stabilized by fly ash and calcium carbide residue based geopolymer [J]. Applied Clay Science, 2016, 127: 134 - 142.

[62] 刘志琦. 淤泥固化土路用性能研究 [D]. 淮南: 安徽理工大学, 2019.

[63] 吴王正. 淤泥质土的固化改良及其作用机理研究 [D]. 成都: 成都理工大学, 2019.

[64] 樊恒辉, 高建恩, 吴普特. 土壤固化剂研究现状与展望 [J]. 西北农林科技大学学报（自然科学版), 2006, (2): 141 - 146, 152.

[65] 吕晓姝, 史可信, 翟玉春. 粒状高炉矿渣的研究和利用进展 [J]. 材料导报, 2005, 19 (F5): 382 - 384.

[66] 王艳彦, 梁英华, 芮玉兰. 碱渣的综合利用发展状况研究 [J]. 工业安全与环保, 2005, (2): 29 - 31.

[67] 徐雪源, 徐玉中, 陈桂松, 等. 工业废料磷石膏的工程特性试验研究 [J]. 岩石力学与工程学报, 2004, (12): 2096 - 2099.

[68] 丁建文, 张帅, 洪振舜, 等. 水泥—磷石膏双掺固化处理高含水率疏浚淤泥试验研究 [J]. 岩土力学, 2010, 31 (9): 2817 - 2822.

[69] 任葳葳. 高分子材料改性淤泥质土及其机理研究 [D]. 重庆: 重庆大学, 2015.

[70] 汪多仁. 纳米膨润土的应用开发 [J]. 中国粉体技术, 2002, (4): 33 - 37.

[71] 梁文泉, 何真, 李亚杰, 等. 土壤固化剂的性能及固化机理的研究 [J]. 武汉水利电力大学学报, 1995, (6): 675 - 679.

[72] 黄殿瑛, 张可能, 曾祥熹. SF 对水泥土的影响初探 [J]. 大地构造与成矿学, 1995, (3): 284 - 287.

[73] 荀勇. 含工业废料的水泥系固化剂加固软土试验研究 [J]. 岩土工程学报, 2000, (2): 210 - 213.

[74] 裴向军，吴景华．搅拌法加固海相软土水泥外掺剂的选择 [J]．岩土工程学报，2000，(3)：319-322.

[75] 王银梅，韩文峰，谌文武．新型高分子固化材料与水泥加固黄土力学性能对比研究 [J]．岩土力学，2004，(11)：1761-1765.

[76] 邵玉芳，何超，楼庆庆．西湖疏浚淤泥的固化试验 [J]．江苏大学学报（自然科学版），2007，(5)：442-445.

[77] 郭印，徐日庆，邵允铖．淤泥质土的固化机理研究 [J]．浙江大学学报（工学版），2008，(6)：1071-1075.

[78] 曹玉鹏，卞夏，邓永锋．高含水率疏浚淤泥新型复合固化材料试验研究 [J]．岩土力学，2011，32 (S1)：321-326.

[79] 王朝辉，刘志胜，王晓华，等．应用新型 CVC 固化剂固化淤泥路用性能 [J]．长安大学学报（自然科学版），2012，32 (5)：1-6.

[80] 赵辰洋，王保田．吸水树脂快速固化高含水率疏浚淤泥试验 [J]．河海大学学报（自然科学版），2013，41 (1)：59-63.

[81] 唐晓博，孙振平，刘毅．三乙醇胺助磨剂对水泥与聚羧酸系减水剂适应性的影响及其机理 [J]．材料导报，2018，32 (4)：641-645.

[82] 牛恒，孙德安，阮坤林．掺粉煤灰和二灰上海软土的力学特性 [J]．防灾减灾工程学报，2020，40 (6)：992-1000.

[83] 周世娟．生态袋护坡与生态浮岛组合技术修复污染水体的研究 [D]．南京：东南大学，2018.

[84] 程洪，谢涛，唐春，等．植物根系力学与固土作用机理研究综述 [J]．水土保持通报，2006，(1)：97-102.

[85] 赵航，方佳敏，付旭辉，等．河道生态护坡技术综述 [J]．中国水运，2020，(11)：113-116.

[86] Seifert A. Naturnaherer wasserbau [J]. Deutsche Wasserwirtschaft，1938，33：361-366.

[87] 吴丹子．河段尺度下的城市渠化河道近自然化策略研究 [J]．风景园林，2018，25 (12)：99-104.

[88] Perrier H. Use of soil-filled synthetic pillows for erosion protection [C] //Third International Conference on Geotextiles，Vienna，Austria. 1986：1115-1119.

[89] Shields Jr F D. Stream corridor restoration：Principles，processes，and practices (new federal interagency guidance document) [J]. Journal of Hydraulic Engineering，1999，125 (5).

[90] Bittmann E. Grundlagen und Methoden des biologischen Wasserbaus [J]. Der biologische Waaserbau an den Bundeswasserstrassen，1965，17-78.

[91] 刘晓涛．城市河流治理若干问题的探讨 [J]．规划师，2001，(6)：66-69.

[92] Krahn T，Blatz J，Alfaro M，et al. Large-scale interface shear testing of sandbag dyke materials [J]. Geosynthetics International，2007，14 (2)：119-126.

[93] Niu B，Zhang C，Chen X，et al. A semi-Analytical method to calculate the consolidation problem of the soilbag filled with mud soil buried with PVD [J]. Applied Mechanics

and Materials，2014，638：345－349.

[94] Zheng D，Zhou J，Yang J，et al. Applied research on the eco-bags structure for the Riverside collapse slope in seasonal frozen soil zone [J]. Procedia Engineering，2012，28：855－859.

[95] 刘斯宏，松冈元. 土工袋加固地基新技术 [J]. 岩土力学，2007，(8)：1665－1670.

[96] Liu S，Gao J，Wang Y，et al. Experimental study on vibration reduction by using soilbags [J]. Geotextiles and Geomembranes，2014，42 (1)：52－62.

[97] Wang L，Liu S，Zhou B. Experimental study on the inclusion of soilbags in retaining walls constructed in expansive soils [J]. Geotextiles and Geomembranes，2015，43 (1)：89－96.

[98] 刘斯宏，樊科伟，陈笑林，等. 土工袋层间摩擦特性试验研究 [J]. 岩土工程学报，2016，38 (10)：1874－1880.

[99] 姜海波，侍克斌，刘亮. 复合土工膜与粗粒料的摩擦特性试验研究 [J]. 中国农村水利水电，2011，(3)：86－89，93.

[100] 周波，王红雨，王小东. 排水沟边坡分层土直剪及与土工织物摩擦试验研究 [J]. 水力发电，2016，42 (2)：111－115，122.

[101] 田巍巍. 复合土工膜与砂浆界面摩擦特性试验研究 [J]. 广东水利水电，2019，(3)：48－50，60.

[102] 高军军，刘斯宏，白福清. 袋装淤泥土土工袋的强度变形研究 [J]. 三峡大学学报（自然科学版），2014，36 (1)：33－36.

[103] 赵明华，蒋德松，陈昌富，等. 岩质边坡生态防护现场及室内抗冲刷试验研究 [J]. 湖南大学学报（自然科学版），2004，(5)：77－81.

[104] 张静，丁金华. 冲刷试验下土工织物袋物理力学性质变化规律 [J]. 长江科学院院报，2010，27 (11)：67－70，80.

[105] 吴海民，田振宇，束一鸣，等. 土工管袋充填泥砂浆脱水特性吊袋模型试验研究 [J]. 天津大学学报（自然科学与工程技术版），2021，54 (5)：487－496.

[106] 章华，吴雪萍. 土工编织袋单轴压缩试验研究 [J]. 公路工程，2009，34 (1)：17－20，24.

[107] 樊科伟，刘斯宏，廖洁，等. 袋装石土工袋剪切力学特性试验研究 [J]. 岩土力学，2020，41 (2)：477－484.

[108] 李开斌. 生态袋护坡技术在市政道路边坡绿化中的应用 [J]. 城市建设理论研究（电子版），2018，(6)：109－111.

[109] 李润成. 生态袋防护在汾河流域生态修复工程中的应用 [J]. 山西水利，2019，35 (5)：33－34，40.

[110] 李旭. 生态袋护坡技术在河道治理工程中的应用 [J]. 黑龙江水利科技，2018，46 (11)：136－138.

[111] 裴旸. 生态袋在水工保护工程实践中的应用研究 [J]. 石化技术，2018，25 (5)：72－73.

[112] 田青怀，寿春江. 生态袋在边坡生态修复中的应用 [J]. 北方园艺，2020，(20)：137－142.

[113] Canet R，Chaves C，Pomares F，et al. Agricultural use of sediments from the Albufera Lake (eastern Spain) [J]. Agriculture，Ecosystems & Environmental，2003，95 (1)：29 - 36.

[114] 朱本岳，朱荫湄，李英法，等. 底泥化肥复混肥的加工及其在蔬菜上的应用效果 [J]. 浙江农业科学，2000，(6)：23 - 25.

[115] 朱广伟，陈英旭，王凤平，等. 城市河道底泥直接园林应用的初步研究 [J]. 浙江大学学报（农业与生命科学版），2001，(1)：49 - 50.

[116] 朱广伟，陈英旭，王凤平，等. 景观水体疏浚底泥的农业利用研究 [J]. 应用生态学报，2002，(3)：335 - 339.

[117] 高俊，汤莉莉. 秦淮河底泥投放对盆栽前后土壤养分含量的影响 [J]. 安徽农业科学，2010，38 (4)：1926 - 1927，2068.

[118] 李伟斯，杜耘，吴胜军. 东湖底泥肥料化利用研究——以培养小白菜为例 [J]. 安徽农业科学，2009，37 (31)：15202 - 15204.

[119] 薄录吉，王德建，冉景，等. 苏南村镇河道疏浚底泥农用对水稻生长、产量及品质的影响 [J]. 土壤，2014，46 (4)：644 - 650.

[120] 刘旭. 乌梁素海底泥农田利用可行性分析及其环境风险评价 [D]. 呼和浩特：内蒙古农业大学，2013.

[121] 苏德纯，胡育峰，宋崇渭，等. 官厅水库坝前疏浚底泥的理化特征和土地利用研究 [J]. 环境科学，2007，(6)：1319 - 1323.

[122] 马伟芳. 植物修复重金属——有机物复合污染河道疏浚底泥的研究 [D]. 天津：天津大学，2006.

[123] 杨丹，范欣柯，刘燕，等. 河道疏浚底泥农业利用可行性分析 [J]. 科技通报，2017，33 (1)：235 - 239.

[124] 朱广伟，陈英旭，王凤平，等. 城市河道疏浚底泥农田应用的初步研究 [J]. 农业环境保护，2001，(2)：101 - 103.

[125] 朱奇宏，黄道友，刘国胜，等. 马家沟底泥在花卉用肥上的应用研究 [J]. 东北农业大学学报，1999，(2)：51 - 55.

[126] 谢瑞桃. 黑臭河流底泥在绿化种植中的资源化利用研究 [D]. 马鞍山：安徽工业大学，2017.

[127] 徐会显，徐江宇，熊正伟，等. 荆江三口疏浚泥资源化利用研究 [J]. 环境科学与技术，2020，43 (S1)：128 - 133.

[128] 李成. 湖泊疏浚底泥对 9 种植物生长状况的影响分析 [D]. 武汉：湖北大学，2017.

[129] 黄玉婷. 疏浚底泥填料制作及污水处理效果研究 [D]. 杭州：浙江大学，2015.

[130] 杨星，张家兴，霍兴阳，等. 黑臭水体底泥无害化处置及资源化利用堆肥技术 [J]. 农业工程，2021，11 (4)：68 - 71.

[131] 蒋士磊. 重金属污染底泥堆肥改良及资源化利用 [D]. 合肥：安徽建筑大学，2015.

[132] 代浩，李连龙，包强，等. 投加菌剂对清淤底泥好氧堆肥效果的强化作用 [J]. 中国给水排水，2021，37 (13)：70 - 76.

[133] 王中平，徐基璇. 利用苏州河底泥制备陶粒 [J]. 建筑材料学报，1999，(2)：86 - 91.

[134] 李娜，薛凯茹，罗敏，等. 疏浚土免烧裹壳骨料在混凝土中的应用 [J]. 硅酸盐通

报，2020，39（11）：3617－3623，3635.

[135] 章泓立 . 河道底泥高温烧制陶粒的工艺研究 [D]. 杭州：浙江工业大学，2020.

[136] Lim Y，Lin S，Ju Y，et al. Reutilization of dredged harbor sediment and steel slag by sintering as lightweight aggregate [J]. Process Safety and Environmental Protection，2019，126：287－296.

[137] Liu M，Liu X，Wang W，et al. Effect of SiO_2 and Al_2O_3 on characteristics of lightweight aggregate made from sewage sludge and river sediment [J]. Ceramics International，2018，44（4）：4313－4319.

[138] Liu M，Wang C，Bai Y，et al. Effects of sintering temperature on the characteristics of lightweight aggregate made from sewage sludge and river sediment [J]. Journal of Alloys and Compounds，2018，748：522－527.

[139] 张国伟 . 河道底泥制备陶粒的研究 [D]. 上海：东华大学，2007.

[140] 刘贵云 . 河道底泥资源化—新型陶粒滤料的研制及其应用研究 [D]. 上海：东华大学，2002.

[141] 王建超，章泓立，王军良，等 . 河道底泥陶粒烧制的工艺条件及性能研究 [J]. 环境污染与防治，2019，41（7）：788－792，802.

[142] 梁标，黄寿琨，蔡德所，等 . 疏浚底泥—大理石废粉陶粒的制备工艺及性能 [J]. 功能材料，2021，52（5）：5166－5175.

[143] 杨磊，计亦奇，张雄，等 . 利用苏州河底泥生产水泥熟料技术研究 [J]. 水泥，2000，（10）：10－12.

[144] 王雨晴，李媛，王永利，等 . 利用水泥窑协同处置河道底泥工艺的研究与应用 [J]. 中国建材科技，2021，30（2）：33－35.

[145] Tay J H，Show K Y，Hong S Y. Reuse of industrial sludge as construction aggregates [J]. Water Science and Technology，2001，44（10）：269－272.

[146] 薛世浩，汪竹茂 . 利用淤泥制砖的半工业性试验 [J]. 砖瓦，1999，（3）：26－27.

[147] 刘贵云，姜佩华 . 河道底泥资源化的意义及其途径研究 [J]. 东华大学学报（自然科学版），2002，（1）：33－36，60.

[148] 蒋正武，田润竹，严希凡，等 . 河道淤泥自保温烧结多孔砖生产技术 [J]. 新型建筑材料，2012，39（3）：17－19，39.

[149] 林映津，曾小妹，谢贻冬，等 . 水体底泥和猪粪理化性质分析及生态砖制备工艺初探 [J]. 绿色科技，2021，23（16）：42－46，50.

[150] 李启华，丁天庭，陈树东 . 免烧淤泥砖的设计制备优化及抗冻性能研究 [J]. 硅酸盐通报，2016，35（9）：3036－3040.

[151] Samara M，Lafhaj Z，Chapiseau C. Valorization of stabilized river sediments in fired clay bricks：Factory scale experiment [J]. Journal of Hazardous Materials，2009，163（2－3）：701－710.

[152] Wang L，Chen L，Tsang D C W，et al. Recycling dredged sediment into fill materials，partition blocks，and paving blocks：Technical and economic assessment [J]. Journal of Cleaner Production，2018，199：69－76.

[153] 张春雷，朱伟，李磊，等 . 湖泊疏浚泥固化筑堤现场试验研究 [J]. 中国港湾建设，

2007，（1）：27 - 29.

[154] Yee T W，Lawson C R，Wang Z Y，et al. Geotextile tube dewatering of contaminated sediments，Tianjin Eco-City，China [J]. Geotextiles and Geomembranes，2012，31：39 - 50.

[155] 杨兰琴，胡明，王培京，等. 北京市中坝河底泥污染特征及生态风险评价 [J]. 环境科学学报，2021，41（1）：181 - 189.

[156] Muller G. Index of geoaccumulation in sediments of the Rhine River [J]. 1969，2（3）：108 - 118.

[157] 薛澄泽，肖玲，吴乾丰，等. 陕西省主要农业土壤中十种元素背景值研究 [J]. 西北农林科技大学学报（自然科学版），1986，（3）：30 - 53.

[158] Hakanson L. An ecological risk index for aquatic pollution control. A sedimentological approach [J]. Water Research，1980，14（8）：975 - 1001.

[159] Jiang S，Liu J，Wu J，et al. Assessing biochar application to immobilize Cd and Pb in a contaminated soil：a field experiment under a cucumber-sweet potato-rape rotation [J]. Environmental Geochemistry and Health，2020，42（12）：4233 - 4244.

[160] 曾秀君，黄学平，程坤，等. 石灰组配有机改良剂对农田铅镉污染土壤微生物活性的影响 [J]. 环境科学研究，2020，33（10）：2361 - 2369.

[161] 陶玲，张倩，张雪彬，等. 凹凸棒石—污泥共热解生物炭对玉米苗期生长特性和重金属富集效应的影响 [J]. 农业环境科学学报，2020，39（7）：1512 - 1520.

[162] Luo M，Lin H，He Y，et al. The influence of corncob-based biochar on remediation of arsenic and cadmium in yellow soil and cinnamon soil [J]. Science of the Total Environment，2020，717.

[163] Xu W，Hou S，Li Y，et al. Bioavailability and Speciation of Heavy Metals in Polluted Soil as Alleviated by Different Types of Biochars [J]. Bulletin of Environmental Contamination and Toxicology，2020，104（4）：484 - 488.

[164] 刘勇，王平，胡曰利，等. 蛭石在 SBR 系统中的应用研究 [J]. 环境科学与技术，2005，（2）：90 - 91，119.

[165] Zhu W，Cui L，Ouyang Y，et al. Kinetic adsorption of ammonium nitrogen by substrate materials for constructed wetlands [J]. Pedosphere，2011，21（4）：454 - 463.

[166] 袁东海，景丽洁，高士祥，等. 几种人工湿地基质净化磷素污染性能的分析 [J]. 环境科学，2005，（1）：51 - 55.

[167] 连亚欣，李科林，肖剑波，等. 蛭石吸附及解吸锌离子特性研究 [J]. 环境科学与管理，2009，34（8）：65 - 68.

[168] 吴平霄，廖宗文，毛小云. 高表面活性矿物对 Zn^{2+} 的吸附机理及其环境意义 [J]. 矿物学报，2001，（3）：335 - 340.

[169] Stylianou M A，Inglezakis V J，Moustakas K G，et al. Removal of Cu（Ⅱ）in fixed bed and batch reactors using natural zeolite and exfoliated vermiculite as adsorbents [J]. Desalination，2007，215（1 - 3）：133 - 142.

[170] Padilla-Ortega E，Leyva-Ramos R，Mendoza-Barron J. Role of electrostatic interactions in the adsorption of cadmium（Ⅱ）from aqueous solution onto vermiculite [J].

Applied Clay Science，2014，（88 - 89）：10 - 17.

[171] Abate G，Masini J C. Influence of pH，ionic strength and humic acid on adsorption of Cd（Ⅱ）and Pb（Ⅱ）onto vermiculite [J]. Colloids and Surfaces A：Physicochemical and Engineering Aspects，2005，262（1 - 3）：33 - 39.

[172] Liu Y，Li H，Zhu X. Competitive adsorption of Ag^+，Pb^{2+}，Ni^{2+}，and Cd^{2+} ions on vermiculite [J]. Separation Science and Technology，2010，45（2）：277 - 287.

[173] 谭光群，丁利华，李晖. 蛭石对镉吸附作用的研究 [J]. 广西化工，2000，（S1）：45 - 48.

[174] Lee M-E，Park J H，Chung J W. Comparison of the lead and copper adsorption capacities of plant source materials and their biochars [J]. Journal of Environmental Management，2019，236：118 - 124.

[175] Bowman R S. Applications of surfactant-modified zeolites to environmental remediation [J]. Microporous and Mesoporous Materials，2003，61（1 - 3）：43 - 56.

[176] Lan Q，Bassi A S，Zhu J X J，et al. A modified Langmuir model for the prediction of the effects of ionic strength on the equilibrium characteristics of protein adsorption onto ion exchange/affinity adsorbents [J]. Chemical Engineering Journal，2001，81（1 - 3）：179 - 186.

[177] Ng C，Losso J N，Marshall W E，et al. Freundlich adsorption isotherms of agricultural by-product-based powdered activated carbons in a geosmin-water system [J]. Bioresource Technology. 2002，85（2）：131 - 135.

[178] Febrianto J，Kosasih A N，Sunarso J，et al. Equilibrium and kinetic studies in adsorption of heavy metals using biosorbent：a summary of recent studies [J]. Journal of Hazardous Materials，2009，162（2 - 3）：616 - 645.

[179] Ao D，Ap L，Am O. Langmuir，Freundlich，Temkin and Dubinin-Radushkevich isotherms studies of equilibrium sorption of Zn^{2+} unto phosphoric acid modified rice husk [J]. IOSR Journal of Applied Chemistry，2012，3（1）：38 - 45.

[180] Mei Y，Li B，Fan S. Biochar from rice straw for Cu^{2+} removal from aqueous solutions：Mechanism and contribution made by acid-soluble minerals [J]. Water，Air，& Soil Pollution，2020，231（8）：420.

[181] 李瑞月，陈德，李恋卿，等. 不同作物秸秆生物炭对溶液中 Pb^{2+}、Cd^{2+} 的吸附 [J]. 农业环境科学学报，2015，34（5）：1001 - 1008.

[182] 洪亚军，徐祖信，冯承莲，等. 水葫芦/污泥共热解法制备生物炭粒及其对 Cr^{3+} 的吸附特性 [J]. 环境科学研究，2020，33（4）：1052 - 1061.

[183] 王俊楠，程珊珊，展文豪，等. 磁性生物炭的合成及对土壤重金属污染的钝化效果 [J]. 环境科学，2020，41（5）：2381 - 2389.

[184] Zhang G，Guo X，Zhu Y，et al. Effect of biochar on the presence of nutrients and ryegrass growth in the soil from an abandoned indigenous coking site：the potential role of biochar in the revegetation of contaminated site [J]. Science of the Total Environment，2017，601：469 - 477.

[185] Liang J，Yang Z，Tang L，et al. Changes in heavy metal mobility and availability

from contaminated wetland soil remediated with combined biochar-compost [J]. Chemosphere，2017，181：281－288.

[186] Mukherjee A，Zimmerman A R，HARRIS W. Surface chemistry variations among a series of laboratory-produced biochars [J]. Geoderma，2011，163（3－4）：247－255.

[187] Wang X，Chen H，Wang J，et al. Influences of mineral matters on biomass pyrolysis characteristics [J]. 燃料化学学报（中英文），2008，36（6）：679－683.

[188] Wallace C A，Afzal M T，Saha G C. Effect of feedstock and microwave pyrolysis temperature on physio-chemical and nano-scale mechanical properties of biochar [J]. Bioresources and Bioprocessing，2019，6（1）：1－11.

[189] 杨若鹏，李爷福，李杰. 蛭石引发对盐胁迫下番茄种子萌发、幼苗生长及生理特性的影响 [J]. 江苏农业科学，2018，46（4）：135－139.

[190] 常瑶，李明，姚东伟，等. 蛭石引发对高温胁迫下小白菜种子萌发和幼苗生长的影响 [J]. 上海农业学报，2013，29（6）：40－43.

[191] 陈展祥，陈传胜，陈卫平，等. 凹凸棒石及其改性材料对土壤镉生物有效性的影响与机制 [J]. 环境科学，2018，39（10）：4744－4751.

[192] Burke I C，Lauenroth W K，Coffin D P. Soil organic matter recovery in semiarid grasslands：implications for the conservation reserve program [J]. Ecological Applications，1995，5（3）：793－801.

[193] 白雪，李小英，邱宗海. 添加生物炭与菌肥的复合基质对元宝枫幼苗生长的影响 [J]. 西南林业大学学报（自然科学），2020，40（4）：14－22.

[194] 魏彬萌，李忠徽，王益权. 渭北果园土壤紧实化改良效果初探 [J]. 干旱地区农业研究，2019，37（5）：165－170.

[195] 张登晓. 生物质炭对作物生产力、农田温室气体排放及土壤养分转化的影响 [D]. 南京：南京农业大学，2017.

[196] 吴骥子. 新型钙基磁性生物质炭的制备及其对砷和镉复合污染土壤修复机理的研究 [D]. 杭州：浙江大学，2020.

[197] Yuan J，Xu R，Zhang H. The forms of alkalis in the biochar produced from crop residues at different temperatures [J]. Bioresource Technology，2011，102（3）：3488－3497.

[198] 赵迪，黄爽，黄介生. 生物炭对粉黏壤土水力参数及胀缩性的影响 [J]. 农业工程学报，2015，31（17）：136－143.

[199] 刘祥宏. 生物炭在黄土高原典型土壤中的改良作用 [D]. 北京：中国科学院研究生院（教育部水土保持与生态环境研究中心），2013.

[200] 盘丽珍. 大豆秸秆生物炭对金属硫化物尾矿污染土壤的修复作用 [D]. 湘潭：湖南科技大学，2017.

[201] 杨刚. 高灰基生物炭农用对镉污染的控制机制及生态风险评价 [D]. 南京：南京大学，2018.

[202] 黄超，刘丽君，章明奎. 生物质炭对红壤性质和黑麦草生长的影响 [J]. 浙江大学学报（农业与生命科学版），2011，37（4）：439－445.

[203] 刘学. 陕西高速公路生态护坡研究 [D]. 西安：长安大学，2013.

[204] 高德彬，陈增建，倪万魁，等. 陕西省公路黄土路堑高边坡植被防护研究 [J]. 水土

保持通报，2008，（5）：155-160.

[205] 谢三桃．城市河流硬质护坡生态修复技术研究 [D]．南京：河海大学，2007.

[206] 苏雨靖．北京 5 条河流廊道植物景观特征及多样性研究 [D]．北京：北京林业大学，2019.

[207] 陈冬霞．高效去除污染物的城市内河滨岸缓冲带植物筛选及配置研究 [D]．哈尔滨：东北林业大学，2017.

[208] 杨卓，王伟，李博文，等．高羊茅和黑麦草对污染土壤 Cd，Pb，Zn 的富集特征 [J]．水土保持学报，2008，（2）：83-87.

[209] 冯鹏，孙力，申晓慧，等．多年生黑麦草对 Pb、Cd 胁迫的响应及富集能力研究 [J]．草业学报，2016，25（1）：153-162.

[210] 温丽，傅大放．两种强化措施辅助黑麦草修复重金属污染土壤 [J]．中国环境科学，2008，（9）：786-790.

[211] 李方敏，姚金龙，王琼山．修复石油污染土壤的植物筛选 [J]．中国农学通报，2006，（9）：429-431.

[212] 高彦征，凌婉婷，朱利中，等．黑麦草对多环芳烃污染土壤的修复作用及机制 [J]．农业环境科学学报，2005，（3）：498-502.

[213] 丁克强，骆永明，刘世亮，等．黑麦草对菲污染土壤修复的初步研究 [J]．土壤，2002，（4）：233-236.

[214] 肖亮亮．以中药渣生物炭为基质的组合钝化剂对 Cu、Cd 复合污染土壤的修复 [D]．南昌：南昌航空大学，2019.

[215] 肖亮亮，丁园．药渣生物炭基质联合麦饭石对土壤—黑麦草体系的调控与机制 [J]．环境科学，2019，40（10）：4668-4677.

[216] 夏阳．生物炭对滨海盐碱植物生长及根际土壤环境的影响 [D]．青岛：中国海洋大学，2015.

[217] Wang G，Xu Z．The effects of biochar on germination and growth of wheat in different saline-alkali soil [J]．Asian Agricultural Research，2013，5（11）：116-119.

[218] 李程，李小平．生物质炭制备及不同施用量对土壤碳库和植物生长的影响 [J]．南方农业学报，2015，46（10）：1786-1791.

[219] 张明月．生物炭对土壤性质及作物生长的影响研究 [D]．泰安：山东农业大学，2012.

[220] 王逸飞．铝污泥在生态修复中的应用 [D]．西安：长安大学，2019.

[221] 梁成凤．生物炭对底泥吸附固定重金属的影响 [D]．杭州：浙江大学，2014.

[222] 王小波，王艳，卢树昌，等．蛭石对镉污染土壤油菜产量和土壤中镉形态的影响 [J]．生态环境，2008，17（6）：2246-2248.

[223] 杨思楠．改性蛭石—蒙脱土在矸石充填土壤区修复镉应用 [D]．合肥：安徽大学，2020.

[224] 许剑臣，李晔，肖华锋，等．改良剂对重金属复合污染土壤的修复效果 [J]．环境工程学报，2017，11（12）：6511-6517.

[225] 邝臣坤，张太平，万金泉．城市河涌受污染底泥的固化/稳定化处理 [J]．环境工程学报，2012，6（5）：1500-1506.

213

[226] 邝臣坤. 城市河涌受污染底泥的固化/稳定化及其植生性能研究 [D]. 广州：华南理工大学，2012.

[227] 张瑞. 生物炭对滨海盐碱土理化特性和小白菜生长的影响研究 [D]. 上海：上海交通大学，2015.

[228] 王晓维，徐健程，孙丹平，等. 生物炭对铜胁迫下红壤地油菜苗期叶绿素和保护性酶活性的影响 [J]. 农业环境科学学报，2016，35（4）：640 - 646.

[229] Deenik J L，Mcclellan A，Uehara G. Biochar volatile matter content effects on plant growth and nitrogen transformations in a tropical soil [C] //Western Nutrient Management Conference. 2009：8：26 - 31.

[230] 尹小红，陈佳娜，雷涛，等. 生物炭对土壤化学性质及水稻苗期生长的影响 [J]. 中国稻米，2021，27（5）：90 - 92.

[231] Laird D A，Fleming P，Davis D D，et al. Impact of biochar amendments on the quality of a typical Midwestern agricultural soil [J]. Geoderma，2010，158（3 - 4）：443 - 449.